Obst- und Gartenbauverlag München

Hermine Hofbauer

Verwertung von Obst und Gemüse aus dem Garten

Bayerischer Landesverband für Gartenbau und Landespflege e. V.

Herausgeber:
Bayerischer Landesverband für Gartenbau und Landespflege e. V.
Herzog-Heinrich-Straße 21, 80336 München, Deutschland

E-Mail:
info@gartenbauvereine.org

Internet:
www.gartenratgeber.de

Auflage:
5. Auflage 2015, ISBN 978-3-87596-124-9

Bearbeitung:
Texte: Hermine Hofbauer · Fotos: Werner Hofbauer,
Siegfried Stein (146, 151), Friederike Take / botanikfoto (114r)

Reproduktion:
F&W Perfect Image GmbH, Rosenheim

Druck:
F&W Druck- und Mediencenter GmbH, Kienberg

Zu diesem Buch

Die Verwertung von Obst und Gemüse aus dem eigenen Garten findet wieder zunehmendes Interesse. Die Freude an der Vorratshaltung resultiert aus einer Mischung von Spaß am Selbermachen, einer sinnvollen Freizeitbeschäftigung und aus dem Bewusstsein heraus, dass Selbstgemachtes besser schmeckt als gekaufte Konserven. Vor allem aber bieten selbst gefertigte Produkte die Sicherheit, über die Zusammensetzung, die Inhaltsstoffe und damit auch den Geschmack selbst bestimmt zu haben.

Neben der Freude, die einen Gartenbesitzer nach arbeitsreichen Monaten bei der Ernte erfüllt, kann auch ein klein wenig Bedauern darüber aufkommen, dass viele Früchte und Gemüse nur sehr kurze Zeit frisch zur Verfügung stehen. Lagerung und Haltbarmachung von Obst und Gemüse bieten dagegen die Möglichkeit, die Produkte aus dem eigenen Garten über einen längeren Zeitraum genießen zu können.

Obst und Gemüse kann bewusst für die nachfolgende Lagerung angebaut werden. Hierfür werden besonders gut geeignete Arten und Sorten gewählt, entsprechend gepflegt und zum richtigen Zeitpunkt geerntet. So wird das Augenmerk bereits von Anfang an auf ein qualitativ hochwertiges, lagerfähiges Produkt gelegt.

Die Wahl der richtigen Verwertungsart muss je nach anfallendem Erntegut und dem weiteren Verwendungswunsch gewählt werden. Denn nicht jede Methode ist für jede Obst- und Gemüseart gleich gut geeignet. So können beispielsweise Tomaten gut eingekocht, Blumenkohl und Brokkoli hingegen gut tiefgefroren werden, was wiederum bei Tomaten zu keinem befriedigenden Ergebnis führt.

Wichtig ist auch der richtige Erntetermin. Obst für die Lagerung wird beispielsweise kurz vor dem für den Frischverzehr optimalen Reifezustand geerntet, da ansonsten die Lagerfähigkeit deutlich abnimmt. Erntegut, das weiterverarbeitet wird, sollte dagegen vollreif sein, da dann die Inhaltsstoffe am ausgeprägtesten sind.

In diesem Buch werden ausführlich alle häuslichen Verwertungsverfahren (Saftgewinnung, Wein- und Essigherstellung, Tiefgefrieren, Sauerkonservieren, Einkochen, Einlegen in Alkohol, Trocknen usw.) für alle Gartenprodukte beschrieben. Erwähnt werden die Vor- und Nachteile und auf was man bei den einzelnen Verfahren achten muss. Dazu kommen Hinweise für den richtigen Erntezeitpunkt, die Lagerung und viele Verarbeitungsrezepte.

Bayerischer Landesverband für Gartenbau und Landespflege

Inhalt

Haltbar machen durch Gärung

Was sich alles zur Sauerkonservierung eignet

Sauerkraut und anderes Sauergemüse

Die Sauerkonservierung ist uralt und war schon 6000 v. Chr. bei den Chinesen bekannt. Sie ist einfach, natürlich, schonend und umweltfreundlich, denn sie kommt ohne den Einsatz von Energie aus. Unsere Vorfahren stampften Kraut für den ganzen Winter in großen Fässern ein und beschwerten es. Dann begannen die Milchsäurebakterien ihre Arbeit.

Unentbehrliche Milchsäurebakterien

Diese Bakterien wurden zwar zuerst in der Milch entdeckt, sie sind aber überall anzutreffen. Milchsäurebakterien „verarbeiten" Zucker zu Milchsäure. Bei ihrem Stoffwechsel entsteht Kohlendioxid, ein Gas, das in Blasen aufsteigt und in einem geschlossenen Behälter Druck ausübt. Dadurch wird der Sauerstoff verdrängt, der für viele Schadbakterien lebensnotwendig ist. Milchsäurebakterien dagegen kommen in diesem sauerstoffarmen Milieu gut zurecht. Die Milchsäure verhindert die Vermehrung unerwünschter Mikroorganismen und sorgt für lange Haltbarkeit.

Im Handel werden Starterkulturen angeboten. In der Regel sind aber auf dem Ausgangsprodukt die Milchsäurebakterien ausreichend vorhanden. Als Starthilfe kann etwas unerhitzter Saft aus einer vorangegangenen milchsauren Gärung zugesetzt werden.

Die erste Phase der Gärung soll schnell erfolgen, sie wird durch Wärme begünstigt. Salz ist nicht unbedingt erforderlich, fördert aber den Austritt des Zellsaftes. In der Anfangszeit unterdrückt es unerwünschte Mikroorganismen, später übernimmt das die Milchsäure. Eine Salzmenge von 1 % (10 g für 1 kg Gemüse) ist ausreichend für die gute Geschmacksbildung. Die Menge kann auch geringer sein.

Verschiedene Gärgefäße

In Frage kommen **Einmachgläser** mit Gummiring und Klammer oder Bügelverschluss. Diese „Minifässer" lassen sich gut reinigen, transportieren und unterbringen.

Abgedeckt wird das Gärgut mit einer unbehandelten Holzscheibe, die etwas kleiner als die Glasöffnung ist. Damit das Holz nicht auf der Lake schwimmt, wird es mit einem Stiel (rund oder eckig) versehen, der im gefüllten, geschlossenen Glas gegen den Deckel drückt und als Steinersatz dient. Beide Holzteile lassen sich ohne Nagel (mit Zapfen und Loch) verbinden. Die Länge des Stiels liegt bei 0,7-l-Gläsern bei 5 cm, bei 1-l-Gläsern bei 6 cm. Dieser Abstand ist notwendig, damit das Gärgut Spielraum hat. Die Holzteile lassen sich, im Gegensatz zu einem großen Holzdeckel, nach Gebrauch auch auskochen und wesentlich leichter erneuern.

Das Eingesäuerte hält sich in diesen Kleingefäßen ungeöffnet bis zur nächsten Ernte, wenn das Gemüse mit Lake bedeckt ist. Da die Gläser während und nach der Gärung verschlossen bleiben,

Hilfsmittel zur Sauerkonservierung: Gläser, Gummiringe, Klammern, Holzscheiben mit Abstandshalter, Gemüsehobel, Reibeisen

entsteht keine Geruchsbelästigung. Außerdem bildet sich auf der Oberfläche keine weiße Kahmhefe. Diese ist zwar gesundheitlich unbedenklich, kann aber den Geschmack beeinträchtigen. In offenen Gefäßen ist ein wiederholtes Entfernen notwendig. Dadurch wird auch immer etwas Eingesäuertes mit abgeschöpft.

Spezialgärtöpfe

Spezialgärtöpfe gibt es in verschiedenen Größen. Kunststoff-Fässer oder glasierte Steingutbehälter besitzen eine Wasserrinne, in die ein Spezialdeckel passt. Die Außenluft wird dadurch am Eindringen gehindert, aber die entstehenden Gase können entweichen. Säurefeste Beschwerungssteine drücken das Gemüse nieder. So bleibt es in der konservierenden Lake. Auch bei diesem Gärtöpfen kann sich etwas Kahmhefe bilden, weil Sauergemüse wiederholt entnommen wird und dadurch Luft eindringt. Mehrere kleinere Gefäße sind für eine Familie zweckmäßiger als ein großer Bottich. Sie sind auch leichter zu transportieren. Das Gemüse hält sich darin 4–6 Monate lang.

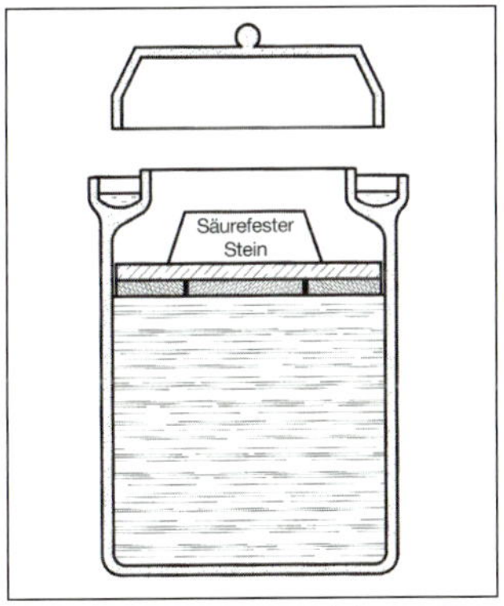

Käuflicher Sauerkrauttopf für größere Mengen

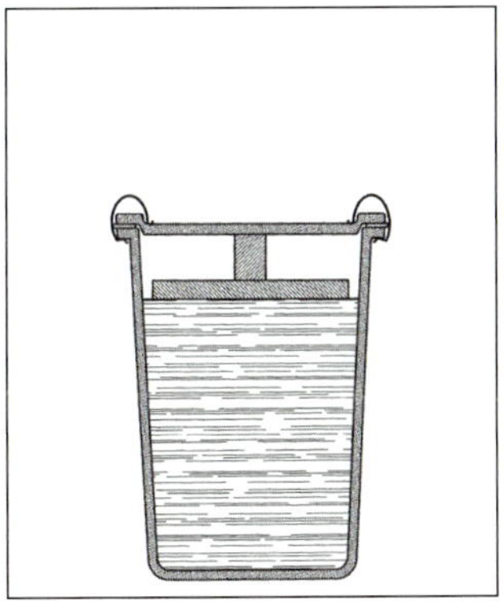

Einmachglas mit selbst gefertigtem Abstandshalter für Kleinportionen

So wird's gemacht: Das gesalzene Gemüse einstampfen und mit einem Tuch abdecken. Die halbkreisförmigen Beschwerungen aus glasiertem Steingut auflegen. Die Rinne mit Wasser füllen. Den Tauchdeckel aufsetzen. Wenn sich Kahmhefe bildet, muss sie entfernt werden.

Gemüseallerlei zum Einsäuern

Nicht nur Weißkraut ist geeignet, sondern auch Blaukraut, Blumenkohl, Brokkoli, Gurken, Kohlrabi, Kürbis, Gelbe Rüben, Paprika,

Haushaltsgerechte Portionen werden rascher verbraucht und behalten dadurch ihre Qualität.

Pastinaken, Rettiche, Rote Rüben, Sellerie, Tomaten, Wasserrüben, Wirsing, Zucchini und Zwiebeln. Günstig sind Mischungen. Sie bringen nicht nur Farbe, sondern auch mehr Geschmack. Ideal ist die Verbindung mit Weißkraut, besonders bei Gurken, Paprika, Tomaten, Zucchini und Zwiebeln.

Kürbis, Gelbe und Rote Rüben sind zuckerreich, sie säuern deshalb stark. Auch hier wirkt Weißkraut ausgleichend. Hartes Gemüse (Blumenkohl, Brokkoli) zieht oft zu wenig Wasser. Raspeln und Zusatz von Weißkraut bringt ein besseres Ergebnis.

Kohlrabi, Rettich und Wasserrüben können auch für sich allein eingesäuert werden. Bohnen sind im rohen Zustand giftig. Die Gärung baut zwar einiges ab, trotzdem ist Blanchieren oder späteres Kochen notwendig.

Neben Gewürzen (Chilischote, Dillsamen, Knoblauch, Koriander, Kümmel, Senfkörner, Wacholder, Zwiebel) bringen auch die Verarbeitungsweisen wie Raspeln und Hobeln Abwechslung. Die Zugabe von Gewürzen ist auch bei der späteren Zubereitung möglich. So ist man bei den verschiedenen Rezepten ungebunden.

Wer wenig Platz hat, stellt nur kleine Mengen her und macht dafür wiederholt Gärgemüse ein. Die Herstellung ist nicht nur auf den Herbst beschränkt. Fast das ganze Jahr über stehen Ernteprodukte zur Verfügung.

Bewährte Mischung

2/3 Weißkraut, 1/3 Mischgemüse mit Farbe (z. B. Gelbe Rüben, Kürbis, rote Paprikaschoten), 10 g jodiertes Salz (1 gestr. EL) für

1 kg Gemüse, nach Belieben Gewürze. Auch die Verwendung von Diätsalz ist möglich.

Tipp: Einweckgläser in den unterschiedlichsten Größen sind ideal zum Ausprobieren verschiedener Mischungen. Große Gärgefäße eignen sich kaum zum Experimentieren.

Gärgemüse mit Zusatzlake

Bei Gemüse, das nicht zerkleinert (z. B. kleine Gurken) oder in größeren Stücken (z. B. Bohnen, Paprika) eingelegt wird, bildet sich zu wenig Eigensaft. Es muss dann Flüssigkeit (20–50 g Salz je l Wasser) zugegeben werden. Die Ergebnisse befriedigen nicht immer. Der Geschmack ist gewöhnungsbedürftig.

Küchentipps

Unerhitztes Sauergemüse nicht waschen. Kostbare Inhaltsstoffe werden sonst ausgeschwemmt. Gärgemüse wird milder durch Beigabe von Frischgemüse, rohen Äpfeln oder Sahne. Wird das milchsaure Gemüse in kleinen Mengen den Rohkostsalaten zugefügt, tritt die Säure nicht stark hervor. Die Essigzugabe erübrigt sich dann. Auch eine Unterbrechung der Gärung durch Temperaturen unter 8 °C oder Einfrieren ist vertretbar.

Sauerkrautrohkost mit Rettichen, Gelben Rüben und Äpfeln

Wer mildes Gärgemüse wünscht, sollte sich keine zu großen Vorräte anlegen, sondern besser wieder neu ansetzen. Dies ist mit kleinen Gärgefäßen (Einweckgläsern) leicht möglich.

Milchsaures Gemüse bereichert auch Suppen, Brotaufstriche, Eintöpfe und Kartoffelbrei. Bei heißen Gerichten erst zum Schluss zugeben, möglichst nicht erhitzen.

So sieht die Praxis aus – Einmachgläser

- Einmachgläser heiß waschen, Gummiringe kurz erhitzen. Holzteile mit einem Schuss Essig auskochen.
- Gemüse zerkleinern: Kraut hobeln, Kürbis, Gelbe Rüben, Sellerie mittelgrob raspeln oder streifig schneiden (Julienne-Hobel, Spezialscheibe).
- Alles mit Salz gut durcharbeiten, evtl. einen Holzstampfer einsetzen, damit sich Saft bildet.
- In Gläser einfüllen und pressen, bis sich Flüssigkeit zeigt.
- Ein paar Zentimeter freilassen (hängt von der Länge des Abstandshalters ab).
- Holzscheibe mit Abstandshalter auf das Gemüse legen, gut andrücken, Deckel probeweise auflegen. Wenn nötig, Korrekturen vornehmen (Gemüse zugeben oder entnehmen). Der Holzstempel soll im geschlossenen Glas festsitzen, er darf nicht hin- und her rutschen. Das Brettchen muss von der Lake bedeckt sein. Zu viel Flüssigkeit ist ungünstig (abschöpfen), weil sonst der Saft bei der Gärung austritt. Fehlende Flüssigkeit (ist nicht die Regel) mit einer 1 %igen Salzlösung (10 g = 1 gestr. EL/l Wasser) ersetzen.
- Mit Gummiring, Glasdeckel und Klammern oder Bügelverschluss verschließen.
- Da etwas Flüssigkeit beim Gären austreten kann, Gläser in einen Behälter (z. B. Wanne, Eimer) geben und an einen warmen Ort (15–20 °C) stellen. Vor Lichteinfall schützen.
- Etwa 7–14 Tage dauert die Hauptgärung, bei der reichlich Säure für die Haltbarkeit entsteht. Danach das Gärgemüse möglichst kühl stellen, die Arbeit der Milchsäurebakterien wird dadurch gebremst. Die Säuerung schreitet langsamer fort. Es ist für den Geschmack und die Beschaffenheit günstiger, wenn das Gemüse eher kürzer als zu lange in der Wärme gärt.
- Die Industrie unterbricht den Gärungsvorgang durch Erhitzen, damit die Milde erhalten bleibt. Dabei werden wertvolle Inhaltsstoffe zerstört.

Milchsaures Gemüse – ein ausgezeichnetes Heilmittel

Natursaures Gemüse gehört zu den gesündesten Lebensmitteln. Vitamine sind reichlich vorhanden, vor allem Vitamin C, das durch die Säure geschützt wird. Milchsäurebakterien reichern das Gemüse noch mit Vitamin B12 an, das in Pflanzen normalerweise nicht vorkommt. Es ist für die Blutbildung wichtig. Wertvoll sind auch die Mineralstoffe Kalium, Calcium, Phosphor, Magnesium und die gesundheitsfördernden Pflanzenstoffe. Das Gärgemüse ist reich an Ballaststoffen, die Verstopfungen beseitigen, den Körper entschlacken und entgiften. Außerdem geben sie dem Magen Füllstoffe. Hungergefühl tritt nicht so schnell auf. Da der Kaloriengehalt zudem noch sehr niedrig liegt (100 g Sauerkraut enthalten 17 kcal = 70 kJ), ist milchsaures Gemüse ein ausgezeichneter Schlankmacher. Die Milchsäure wirkt harmonisierend auf die Säureproduktion des Magens, hat einen günstigen Einfluss auf die Darmflora und ist Nährboden für die nützlichen Darmbakterien. Entzündungen werden gehemmt und geheilt, das Abwehrsystem gestärkt.
Auch für Diabetiker ist milchsaures Gemüse wertvoll, da leicht lösliche Kohlenhydrate weitgehend vergoren werden.

Alkoholische Gärung

Ausgangsmaterial für die Weinbereitung sind süße Press-Säfte mit einem gewissen Säuregehalt, der für Geschmack und Haltbarkeit notwendig ist. Süßer, säurearmer Birnensaft ist ungünstig. Die Vermischung mit säurereichem Apfelsaft liefert ein besseres Ergebnis. Der süße (unvergorene) Saft wird als **Most** bezeichnet.

Beeren- und Steinobst lässt sich auch zerkleinert, zerdrückt oder zerstampft als Fruchtbrei, sogenannte **Maische**, verarbeiten. Dadurch erfolgt eine bessere Farbauslaugung, der Geschmack wird voller und harmonischer. Durch eine 2- bis 4-tägige Gärung wird die Masse dünnflüssiger, die Saftausbeute höher. Der Zusatz von Wasser und Zucker ist in der Regel notwendig.

Saftarme Früchte (z. B. Hagebutten, Weißdorn, Schlehen) werden in Zuckerwasser oder Apfelsaft angesetzt.

Gewinnung kalt gepresster Säfte

Haushalts-Saftzentrifuge (für kleinere Mengen)

Festes Obst (Äpfel, Birnen, Quitten) lässt sich in einem elektrischen Haushaltsentsafter auspressen. Weiche Früchte sind dagegen meist nicht gut geeignet. Vieles wird musig und erschwert den Abfluss.

Haushaltszentrifuge für kleinere Saftmengen

Alle Fabrikate sind ähnlich gebaut. Die Früchte gelangen durch den Fülltrichter auf eine rotierende Reibe. Unterstützend wirkt dabei ein Stöpsel. Die Fruchtrückstände sammeln sich im Sieb, das nach einer bestimmten Verarbeitungsmenge entleert werden muss. Bei Geräten mit einem automatischen Tresterauswurf gelangt der Rest in einen seitlich angebrachten Behälter, der eine größere Aufnahmefähigkeit hat. Der mehr oder weniger dünne Saft fließt durch die Zentrifugalkraft (ähnlich wie bei einer Wäscheschleuder) durch Abflussrinnen nach außen. Die Saftausbeute kann, je nach Gerätetyp, etwas unterschiedlich sein. Sie ist bei Maschinen ohne Tresterauswurf meist höher.

Kleinkorbpresse

Schneller, ergiebiger und rationeller arbeitet bei größeren Erntemengen eine Kleinkorbpresse. Die Früchte (alle Obstsorten sind geeignet) werden zuerst in einer Obstmühle zerkleinert. Das Produkt, das als Maische bezeichnet wird, kommt nun in die Korbpresse. Mit einem Druckwerk, das mit einer Übersetzung arbeitet, wird der Saft verhältnismäßig leicht abgepresst. Bei Beeren- und Steinobst am besten den Trester (Pressrückstände) mit Wasser (10–20 % der Ausgangsmenge) vermischen und nochmals pressen.

Packpresse

Die besten Ergebnisse liefern bei allen Obstarten die Packpressen. Eine Zerkleinerung der Früchte ist auch hier notwendig. Die Maische wird in spezielle Presstücher gefüllt und anschließend zwischen Pressplatten oder Pressrosten mit hohem Druck gepresst. Die Saftausbeute ist hoch (80 % und mehr). Langsames Anpressen verbessert die Ausbeute.

Lohnkeltereien und die Keltereien mancher Gartenbauvereine sind mit Geräten zur Gewinnung von Säften gut ausgerüstet. Bei größeren Mengen lohnt es sich, dort pressen zu lassen.

Hinweis: Maische und Fruchtsaft nicht in Zink-, Eisen- oder Kupfergefäße geben.

Korbpresse und Handmühle bringen befriedigende Ergebnisse.

Mit Packpresse und elektrischer Mühle gelingt eine hohe Ausbeute.

Weinbereitung

Bei der Umwandlung des süßen Saftes in Wein ist man wie beim Sauerkraut auf die Hilfe der Mikroorganismen angewiesen. Für den Wein sind allerdings die **Hefepilze** zuständig. Diese winzigen, unsichtbaren Mitarbeiter befinden sich ständig in unserer Umwelt, auch an den Früchten. Sie reichern sich rasch in süßen Säften an. In Apotheken und übers Internet (Stichworte: Kellerei-, Mostereibedarf) Zuchthefen aus verschiedenen Stämmen mit unterschiedlicher Gärkraft und Temperaturempfindlichkeit. Die Gärung kommt dadurch schneller in Gang, sie verläuft besser und risikoloser. Unerwünschte Nebengärungen werden unterdrückt. Der Wein wird harmonischer, reintöniger. Reinzuchthefen sind bei Dessertweinen mit höherem Alkoholgehalt und bei weniger günstigen Gärbedingungen (unter 15 °C) stets notwendig. Die Hefe wird dem frisch gepressten Süßmost sofort zugesetzt. Damit werden vorhandene Wildhefen unterdrückt, die Reinzuchthefen setzen sich durch.

Hefepilze verarbeiten den Zucker. Dabei entstehen Alkohol und Kohlendioxid. Die Süße geht somit weitgehend oder ganz verloren. In wenig süßen Säften entsteht nicht so viel Alkohol wie in süßen Lösungen.

Das entstehende Gas (Kohlendioxid) macht sich durch Bläschen und Schaumbildung bemerkbar. Es übt in einem geschlossenen Behälter einen starken Druck aus. Deshalb werden die Gärbehälter offen gehalten und nur zu 3/4 oder 4/5 (wegen der Gefahr des Überschäumens) gefüllt.

Ein mit Wasser gefüllter **Gäraufsatz**, der mit einem Gummistopfen fest mit dem Behälter verbunden ist, verhindert das Eindringen von Luft. Sie könnte unerwünschte Essigbakterien mitbringen. Das aufsteigende Kohlensäuregas kann problemlos entweichen.

Ein gut temperierter, nicht zu kühler Raum fördert die Arbeit der Mikroorganismen. Zu hohe Temperaturen sind ungünstig, weil dann die Gärung zu stürmisch verläuft und Geruchs- und Geschmacksstoffe verloren gehen. Temperaturschwankungen während der Gärzeit sind zu vermeiden. Der Gärungsprozess ist beendet, wenn keine Bläschen mehr aufsteigen. Dann ist der Zucker vergoren. Man spricht von einem trockenen Wein (günstig für Diabetiker). Wird der Alkoholgehalt zu hoch (Dessertwein), stellen die Hefepilze ihre Arbeit ein. Durch Vergärung können deshalb nur Alkoholgehalte bis maximal 17 % erreicht werden. Der Restzucker verbleibt.

Der Verlauf der ganzen Entwicklung lässt sich mit einer einfachen Mess-Spindel, der sogenannten **Oechslewaage**, verfolgen. Mit diesem Gerät lassen sich Zucker- und Alkoholgehalt bestimmen. Apfelweine haben je nach Süße der Äpfel 5–6,5 Vol.-%, Weiß- und Rotweine 10–13 Vol.-% Alkohol.

Praxis der Weinherstellung – Saftgärung

- Apfel-, Birnen- und Traubensaft unverdünnt verwenden. Zuckerzugabe ist in der Regel nicht notwendig. Anders sieht es bei sauren Früchten aus. Der Säuregehalt von Brombeeren, Himbeeren, Johannisbeeren, Sauerkirschen und Stachelbeeren liegt zwei- bis fünfmal höher als bei Äpfeln. Aus Geschmacksgründen werden die zu reichlich vorhandenen Fruchtsäuren durch Wasserzugabe verdünnt, ein Nachzuckern ist notwendig.
- Die Gärbehälter nur zu 3/4 oder 4/5 füllen. Reinzuchthefe zugeben oder auf die Arbeit der Wildhefen vertrauen.
- Gärverschluss mit Wasser aufsetzen, damit keine Kahmhefen oder Essigbakterien eindringen. Nun beginnen die Hefepilze mit der Umwandlung des Zuckers in Alkohol. Wenn die Hefen gute Arbeitsbedingungen (Wärme, ausreichend Zucker) vorfinden, vermehren sie sich enorm. Dies ist sicht- und hörbar. Es sprudelt und blubbert, Schaumkronen bilden sich. Nach 3–4 Wochen ist die Hauptarbeit erledigt, der Winzer sagt, die „stürmische Gärung" ist vorüber. Nun beginnt die weitere Verarbeitung.
- Gärgefäße mit gleichaltrigem Jungwein randvoll füllen oder in kleinere Behälter umfüllen (Vermeidung von Kahmhefe). Den gereinigten, wassergefüllten Gäraufsatz wieder aufsetzen, da nun die **Nachgärung** einsetzt.
- Nach Beendigung der Nachgärung, die 3–4 Wochen dauert, den Wein vorsichtig mit einem Schlauch in einen tiefer liegenden Behälter **abziehen**. Die Heferückstaände am Boden nicht aufwirbeln oder mitnehmen, sie verderben den Geschmack. Es wird „spundvoll" (randvoll) eingefüllt.
- Nach 4–8 Wochen ein zweites Mal abziehen (ggf. in Flaschen). Den Verschluss nur locker aufsetzen. Erst nach Beruhigung des Weines kräftig verschließen. Kühl und dunkel lagern und regelmäßig kontrollieren. Der vergorene Saft ist haltbar, weil der Alkohol konservierend wirkt.
- Der Wein sollte in keiner Entwicklungsstufe, auch nicht ausgegoren, mit Luft in Verbindung kommen. Sonst können sich Kahmhefen bilden oder Essigbakterien ansiedeln. Die Gefäße also immer mit einem Gäraufsatz versehen oder randvoll füllen und verschließen.
- Die Gärzeit liegt bei 2–4 Monaten. Weine mit geringerem Zuckergehalt sind schneller vergoren als Dessertweine. Außerdem spielt die Gärtemperatur eine erhebliche Rolle.

Der Gärspund verhindert Zufuhr von Luft und unerwünschten Mikroorganismen.

Maischegärung

Sie kommt in erster Linie für das Beeren- und Steinobst in Frage. Nach dem Zerkleinern oder Stampfen wird nach Bedarf Zucker und Wasser (auf 1 kg Frucht etwa 50–100 g Zucker und 200 ml Wasser) zugegeben. Die zerkleinerte Masse (Maische) 2–4 Tage in einem nicht zu warmen Raum zugedeckt angären lassen, dann abpressen. Saft mit Wasser und Zucker ergänzen. Je saurer die Früchte, desto mehr Flüssigkeit und Süßungsmittel sind erforderlich. Nicht zu stark verdünnen, eine gewisse Säure ist für die Haltbarkeit notwendig. Die Weiterbehandlung erfolgt wie bei der Saftgärung.

Fruchtweine sind komplizierter in der Herstellung als Apfelweine. Die verschiedenen Früchte (Brombeeren, Erdbeeren, Hagebutten, Heidelbeeren, Himbeeren, Johannisbeeren, Kirschen, Mirabellen, Schlehen, Stachelbeeren) weisen im Säure- und Zuckerverhältnis beachtliche Unterschiede auf. Nur durch Wasserzugabe und künstliche Nachzuckerung erhält man einen harmonischen Fruchtwein.

Zusatzstoffe – Hilfsstoffe

Antigeliermittel. Bei Früchten, die viel Pektin enthalten (z. B. Beerenfrüchte) und dadurch leicht gelieren, ist die Saftausbeute beim Kaltpressen nicht so hoch, weil die Masse leicht zähflüssig wird. Deshalb empfiehlt sich der Zusatz eines Antigeliermittels (Enzympräparat). Die Saft- und Farbausbeute wird dadurch höher. Nach einer Einwirkungszeit von mehreren Stunden erfolgt die Pressung.
Mostmilchsäure. Säurearmes Obst (z. B. Erdbeeren) erfordert den Zusatz von Säure, z. B. als Mostmilchsäure.

Hefenährsalz (Ammoniumphosphat) wird verdünnten Fruchtsäften zugesetzt, um die Arbeit der Hefepilze zu beschleunigen.

Reinzuchthefen können unerwünschte Nebengärungen unterdrücken, höhere Alkoholgehalte bilden und auch bei niedrigen Temperaturen arbeiten.

Schönungsmittel (z. B. Kieselsol, Gelatine u. a.) werden gebraucht, um Gerbstoffe, Schleimstoffe und Trubstoffe zu beseitigen. Dadurch wird der Wein klarer.

Schweflige Säure (Kaliumdisulfit) wird zur Aufhellung, Verminderung der Braunfärbung, Unterdrückung von gärschädigenden Mikroorganismen, zur Geschmacksverbesserung und für eine gute Haltbarkeit häufig empfohlen. Die erste Schwefelung erfolgt beim frisch gepressten Saft 4–6 Stunden vor der Zugabe der Reinzuchthefe. Die zweite und dritte Schwefelung wird beim Abziehen des Weines in andere Behälter durchgeführt.

Schweflige Säure kann aber verschiedene Enzyme im Körper hemmen und auch das Nervenvitamin B1 zerstören. Empfindliche Menschen bekommen möglicherweise Kopfschmerzen, Migräne- oder Asthma-Anfälle. Außerdem ist Schwefeln für die Weiterverarbeitung zu Essig ungünstig. Essigbakterien könnten versagen.

Der Verzicht auf schweflige Säure setzt mehr Hygiene voraus. Das beginnt schon bei den Früchten. Fauliges Obst deshalb aussortieren oder sorgfältig ausschneiden. Das Obst gründlich waschen und schnell verarbeiten. Arbeitsgeräte und Behälter am besten über Nacht einweichen oder gut befeuchten. So keimen auch Dauersporen aus und werden dann durch heißes Waschen vernichtet.

Aus Äpfeln wird Apfelsaft gewonnen und zu Apfelwein vergoren. Daraus entsteht durch die in der Luft enthaltenen Essigbakterien der Apfelessig.

Bewertung der häuslichen Weinherstellung

Für hauseigene Weine werden hauptsächlich Produkte aus dem eigenen Garten oder von Streuobstwiesen verwendet.

- In der Regel werden hier wenig oder keine Dünge- und Schädlingsbekämpfungsmittel eingesetzt. Auch Stoffe, die der einheitlichen Reifung, Kosmetik oder Haltbarkeit dienen, sind bei naturfreundlich erzeugten Produkten nicht zu finden. Dies trifft besonders für das Kernobst zu.
- Die Transportwege sind kurz, der Energieverbrauch, z. B. für Kraftstoff, bleibt gering.
- Abfälle (z. B. Trester) können verfüttert werden oder bereichern den Kompost.
- Wegwerfflaschen wie bei anderen alkoholischen Getränken sind hier nicht üblich.
- Die Press-Säfte für die Weinherstellung benötigen keine Erhitzung. Bioaktive Stoffe bleiben dadurch eher erhalten.
- Die Herstellung von voll ausgegorenen Weinen (z. B. für Diabetiker) ist möglich.

Wein kann noch bei einer starken Verdünnung Viren und Bakterien im Magen- und Darmbereich abtöten. Untersuchungen ergaben, dass für diese antimikrobiellen Aktivitäten nicht der Alkohol, sondern bioaktive Stoffe (Farbstoffe, Gerbsäuren, Flavonoide) des Obstes verantwortlich sind. Dies trifft auch für den günstigen Einfluss des Weines auf die Blutgerinnung zu (Verringerung des Herzinfarkt-Risikos).

Obstessig

Wein und Essig sind nahe Verwandte. Lässt man ein leichtes alkoholisches Getränk offen stehen, verwandelt es sich nach einer gewissen Zeit durch Bakterien aus der Natur in Essig.

Die winzigen Essigbakterien sind ausgesprochene „Alkoholiker". Winzer lieben sie nicht, denn sie ernähren sich vom Alkohol und scheiden Essigsäure aus. Wein- und Essiggärung müssen getrennt ablaufen, sonst kann der Wein einen Essigstich bekommen.

Essigbakterien sind unbedingt auf Sauerstoff angewiesen. Dazu werden die Behälter offen gelassen, die Weinoberfläche soll möglichst groß sein. Frischluft wird durch Bewegung, Berieselung oder Einblasen zugeführt. In modernen Anlagen wird Essig fast ausschließlich im Schnellverfahren (24 Stunden) preiswert hergestellt. Feinschmecker bevorzugen aber nach wie vor die alte, oft jahrelange Tradition der Essiggärung in speziellen Holzfässern.

Kräuter, frische und gefrorene Früchte in Essig

Essigherstellung – keine Zauberei

Ausgangsmaterial dafür ist selbst hergestellter Obstwein (günstig ist Apfelwein), möglichst ungeschwefelt, weil sonst die Essiggärung gehemmt wird. Er kommt in eine bauchige oder weite Flasche, die nur zur Hälfte gefüllt wird, damit die Essigbakterien ausreichend Sauerstoff erhalten. Die Öffnung des Gefäßes wird mit einem luftdurchlässigen Stoff oder noch besser mit Watte abgedeckt, damit die Essigbakterien Zutritt haben. Man kann auf das Eintreffen der Essigbakterien vertrauen, denn diese befinden sich ständig in der Umgebung.

In der Flüssigkeit bildet sich gelegentlich ein gallertartiges, zähes Gebilde, das als **Essigmutter** bezeichnet wird. Von dieser konzentrierten Ansammlung von Essigbakterien geht eine rege Tätigkeit aus, die mit der Wirkung von Sauerteig zu vergleichen ist. An einem warmen Ort, bei Temperaturen von 22–28 °C, sind die wärmeliebenden Mikroorganismen besonders aktiv. Allerdings bleiben bei niedrigeren Temperaturen die Aromastoffe besser erhalten. Mehrmaliges Schütteln bringt mehr Sauerstoff zu den Bakterien. Alkoholgehalte über 9 Vol.-% bekommen ihnen nicht.

In der Natur gibt es verschiedene Arten von Essigbakterien, die mehr oder weniger aromatische Produkte liefern. Bei ihnen ist man weitgehend dem Zufall ausgeliefert. Man kann aber auch gezielt Essigbakterien zusetzen. Der Handel bietet spezielle **Essigkulturen** an. Damit lässt sich der Wein impfen. Das gelingt aber auch gut mit naturvergorenen, unerhitzten Essigsorten (z. B. aus Naturkostläden).

Die Gärung kann 2–10 Wochen dauern, je nach Außentemperatur. Zwischendurch sind Kostproben gestattet. Wenn der Alkohol verbraucht ist, stoppt die Essigproduktion. Den fertigen Essig lässt man durch ein Tuch oder einen Kaffeefilter laufen. Er ist nicht glasklar, aber das ist keine Wertminderung. Die Industrie schwefelt ihn, damit er schöner aussieht und besser verkäuflich ist.

Bleibt in der Gärflasche ein Rest Essig zurück, hat man eine Starterkultur für eine neue Essiggeneration.

Der Essig kann mehr oder weniger stark sein (Apfelessig hat durchschnittlich 5–6 % Säure). Dies hängt vom Alkoholgehalt des Weines ab, der wiederum vom Zuckergehalt des Obstsaftes bestimmt wird. Alkohol- und Essigprozente liegen fast auf gleicher Höhe. Essigbakterien bilden aus 1 g Alkohol 1,3 g Essigsäure.

Essig und Gesundheit

Forscher unserer Zeit stellten fest, dass Essig verstärkt die Produktion der Bauchspeicheldrüse und ist beim Abbau von Fett, Kohlenhydraten und Eiweiß hilfreich.
Besonders hoch im Kurs steht heute der Apfelessig mit seinen wertvollen Inhaltsstoffen (hoher Kalium- und Pektingehalt). Mit lauwarmem Wasser verdünnt (1 TL Essig auf 100–200 ml Wasser), wirkt er vor dem Frühstück belebend. Vor den Hauptmahlzeiten eingenommen, ist dieses Getränk ein wohlschmeckender Aperitif und idealer Durstlöscher, der sogar das Hungergefühl verringern soll. Besonders mild schmeckt Obstessig mit etwas Honig (1 TL auf ein Glas) oder Molke (wird auch von Magenempfindlichen gut vertragen). Mischungen mit Apfelsaft und Mineralwasser sind ebenfalls angenehme Varianten. Essig fördert die Bildung von Verdauungssäften stärker als Zitronensaft.

Vielseitige Verwendung im Haushalt

Mit Obstessig konserviert man Gemüse, macht Fleisch durch die Beize haltbarer, milder, mürber (Lockerung des Muskelgewebes) und viele Speisen schmackhafter. Durch Zugabe von etwas Essig wird Fisch fester, er zerfällt nicht so leicht. Fast unentbehrlich ist er für die Salatmarinade. Selbst hergestellter Obstessig gewinnt noch durch die Zugabe von Kräutern, Gewürzen oder Beeren.
Hinweis: Nie Essig oder Essigspeisen (z. B. Kartoffelsalat) in Gefäße aus Kupfer oder Zink geben. Es entstehen giftige Salze. Essig am besten kühl und in dunklen Glasflaschen aufbewahren.

Trocknen – haltbar machen durch Wasserentzug

Eine der ältesten Methoden ist das Trocknen. Mithilfe der Sonne, des Windes, der Luft oder der Ofenwärme werden seit langer Zeit viele Nahrungsmittel getrocknet. Durch den hohen Wasserentzug (85–90 %) fehlt den Mikroorganismen eine wichtige Lebensgrundlage. Trotz moderner Konservierungsmethoden hat das Trocknen auch heute noch seine Berechtigung im Haushalt.

Das spricht für das Trocknen

- Nährstoffe werden nicht ausgelaugt. Durch den Wasserentzug kommt es zur Anreicherung der Inhaltsstoffe und Verstärkung der Geschmackseigenschaften. So ist z. B. getrocknetes Obst natürlich süß und verdauungsfördernd.
- Die gesundheitsfördernden Inhaltsstoffe bleiben bei schonender Trocknung (bei 30–50 °C) gut erhalten.
- Ein Zucker- oder Salzzusatz ist nicht erforderlich.
- Getrocknetes lässt sich platzsparend und energieunabhängig (ungekühlt) lagern. Teilmengen sind gut entnehmbar.
- Im Gegensatz zu Gefriergeräten ist der Energiebedarf elektrischer Trocknungsgeräte von kurzer Dauer. Werden Sonnenenergie, Wind und Luft genutzt, ist Trocknen billig.

Elektrisches Trockengerät mit Petersilie

Trocknen einst und jetzt

Bei unseren Vorfahren war der **Dachboden** beliebt. Auf Horden und Regalen ausgebreitet oder in Büscheln aufgehängt, konnten vor allem Kräuter ungehindert und vor der direkten Sonne geschützt trocknen. Das Verfahren war allerdings nicht immer hygienisch (Staub, Insekten). Bei feuchtem Wetter (Regen, Nebel) dauerte der Trocknungsvorgang lange, es kam zu Verfärbungen und Inhaltsverlusten. Birnen und Zwetschgen wurden gerne im **Herd** durch die Abwärme getrocknet. Das Backrohr oder der Kachelofen waren bei kleineren Mengen brauchbar, während große Mengen nach dem Brotbacken in den Backofen wanderten.

Das Trocknen in modernen Backröhren mit Temperaturregelung kann aus meiner Sicht nur als Notbehelf angesehen werden, etwa zum Nachtrocknen von Pilzen. Bei Kräutern dagegen wird es schon problematisch. Niedrige Temperaturen (um 30 °C) sind kaum einzustellen. Haupterschwernis ist der mangelhafte Feuchtigkeitsabzug. Wird nicht gelüftet (z. B. durch Einklemmen eines Holzlöffels oder Korkens in die Backofentüre), dünstet das Trockengut im eigenen Saft. Im Heißluftherd ist die Luftzirkulation durch das Gebläse besser, der Trockenprozess verläuft aber sehr rigoros.

Elektro-Trocknungsgeräte

Der Handel bietet heutzutage verschiedene Geräte an. Durch das feste Gehäuse können Staub, Fliegen, Wespen und auch Licht weniger eindringen als bei der offenen Trocknung. Die Wärme wird im unteren, manchmal auch im oberen Teil des Dörrapparates elektrisch erzeugt. Mit oder ohne Gebläse streicht die Warmluft an der zu trocknenden Ware vorbei und entweicht durch Lüftungsschlitze. Das Trocknen in mehreren Etagen ist unabhängig vom Wetter möglich. Ein Thermostat sorgt für eine gleichmäßige Temperatur. Durch die zügige Trocknung bleiben Wertstoffe und Aussehen besser erhalten, die Überwachung ist einfacher.

Beim Aufstellen des Gerätes wird die meist zu trockene Zimmerluft befeuchtet und erwärmt, aber auch mit guten Düften (besonders bei Kräutern) angereichert. Bei saftreicher Ware ist allerdings gutes Lüften notwendig, damit die Feuchtigkeit abziehen kann. **Hinweis:** In manchen elektrischen Dörrgeräten lassen sich Kräuter mit ihren ätherischen Ölen, die sich bei zu viel Wärme verflüchtigen, nicht schonend genug trocknen, weil die erforderlichen niedrigen Temperaturen (um 30 °C) bauartbedingt überschritten werden. Deshalb ein Thermometer zum Trockengut legen und kontrollieren. Bei Überschreitung dieser Temperatur besser an der Luft trocknen (z. B. staubfreier, luftiger Dachboden).

Trockenschrank mit Birnen, Zwetschgen und Äpfeln

Zum rascheren Trocknen werden zu große Teile zerkleinert.

Unterschiedliche Trockenzeiten

Den Gartenprodukten soll möglichst rasch das Wasser entzogen werden, dann haben Fäulnis erregende Mikroorganismen wenig Chancen. Es wäre aber falsch, mit hohen Temperaturen zu arbeiten, weil es dadurch zu einem Wertverlust kommt. Deshalb in der Anfangsphase nicht zu viel Wärme zuführen, um eine Verkrustung der Oberfläche zu vermeiden. Mäßige 30–50 °C sind für die gesamte Trocknungsdauer vorteilhaft.

Manchen Früchten lässt sich das Wasser nur schwer entziehen. Die Schale, Haut oder Oberfläche sind bei ihnen widerstandsfähig gegen Umwelteinflüsse, dadurch auch gegen Flüssigkeitsverlust. Wenn das zu trocknende Gut zerkleinert wird, zerstört man diese Schutzschicht bewusst und das Wasser kann leichter verdunsten.

Zwischen den Produkten gibt es beachtliche Unterschiede. So geht der Wasserentzug bei Pilzen und Auberginen verhältnismäßig schnell, bei Tomaten, Aprikosen und Kirschen wesentlich langsamer. Auch bei den Kräutern ist die Trocknung nicht einheitlich. Im Vergleich zu Petersilie benötigt Basilikum wesentlich mehr Zeit. Blüten der Kapuzinerkresse brauchen länger als die der Kamille.

Die Trocknungszeit hängt nicht nur vom Feuchtigkeitsgehalt des Produktes, von der Sorte, dem Reifezustand und der Zerkleinerung, sondern auch von der Temperatur ab. Kalte Luft kann weniger Feuchtigkeit aufnehmen als erwärmte. An warmen Tagen mit geringer Luftfeuchtigkeit geht das Trocknen rascher vor sich. Warmluft fördert den Wasserverlust, weil das Austrocknen der Oberfläche das Wasser aus dem inneren Gewebe zieht. Auch die Menge des Trockengutes ist bedeutsam. Bei einem gefüllten Trockengerät muss mehr Zeit veranschlagt werden als beim einzelnen Sieb. es empfiehlt sich daher, anfangs mit kleinen Mengen zu experimentieren.

Der Wassergehalt von Obst und Gemüse beträgt etwa 80–90 %. Für die Haltbarkeit muss der Feuchtigkeitsgehalt auf 10–15 % sinken, also auf 1/10–1/7 des ursprünglichen Gewichtes.

Trockenfrüchte im Handel enthalten oft bis zu 25 % Feuchtigkeit. Dadurch sind sie saftiger, ohne Einweichen essbar aber auch anfälliger und deshalb meistens chemisch konserviert. Im Haushalt sollte man keine Konservierungsstoffe einsetzen. Wenn alles gut getrocknet wird, besteht keine Schimmel- oder Faulnisgefahr. Das Trockengut ist fertig gedörrt, wenn es beim Durchbrechen keine saftigen Stellen mehr aufweist. Im Zweifelsfalle lieber länger trocknen. Gemüse und Obst werden lederartig, Pilze lassen sich leicht brechen und Kräuter mühelos zerreiben.

Die Trocknungszeit und damit auch die Energiekosten lassen sich niedrig halten, wenn schwach getrocknete Früchte, die noch elastisch sind, eingefroren werden. Die Endphase beim Trocknen zieht sich lange hin, denn die Durchlässigkeit des Zellgefüges für den Wasserabzug wird zunehmend geringer. Schwach Getrocknetes entspricht also mehr der käuflichen Ware, ist weicher und angenehmer zum Essen. Es muss nach einer kurzen Auftauzeit nicht eingeweicht werden. Je nach Verwendungszweck (z. B. für Müsli, Früchtekuchen, Obstsalat, Rumtopf oder als Zugabe für Kompott) kann vor dem Einfrieren eine Zerkleinerung erfolgen. Weiche Trockenware ist auch in flüssige Schokolade (weiß oder braun) getaucht eine Leckerei.

Aufbewahrung und Verwendung

Das Trockengut neigt dazu, Feuchtigkeit aus der Luft aufzunehmen. Um dies zu unterbinden, ist eine luftdichte Aufbewahrung in Gläsern oder Gefrierbehältern notwendig. Das Getrocknete ist so auch vor Schmutz und Insekten sicher. In Stoffsäckchen kann neben der Luftfeuchtigkeit auch die Dörrobstmotte zur Eiablage eindringen, deren Larven das Trockengut verderben. Außerdem verflüchtigen sich die Aromastoffe leicht.

Feuchtwarme Räume (Küche) meiden. Eine kühle, trockene Speisekammer ist ideal. Auch Lichteinfall ist ungünstig. Besonders Vitamine und Aromastoffe leiden darunter, ebenso die Farbe, die viele gesundheitsfördernde Substanzen enthält. Die Aufbewahrung in dunklen Behältern, Schränken und Räumen wirkt dem entgegen. Durchsichtige Gläser sind dekorativ, mindern aber die Qualität.

Getrocknetes ist bei richtiger Aufbewahrung jahrelang haltbar. Um den Verlust gering zu halten, sollte es aber bis zur nächsten Ernte verbraucht sein. Bei süßen Früchten kann mit der Zeit Zucker an der Oberfläche auskristallisieren. Dies ist nicht mit Schimmelbildung zu verwechseln und auch keine Qualitätsminderung.

Trockenobst

Es hat besonders in der Weihnachtszeit eine lange Tradition. Kletzen-, Früchte- und Quittenbrot sind nach wie vor beliebt. „Zwetschgenmanderl" gibt es auch heute noch auf Adventsmärkten.

Tipps rund um das Trocknen

- Das Trocknen ist keine Abfallverwertung. Qualitativ schlechte Ware brungt kein gutes Ergebnis. Fade und unreife Ware wird durch Trocknen nicht besser.
- Nur voll ausgereifte Früchte bringen viele Aromastoffe mit. So werden z. B. Spätzwetschgen bevorzugt, die auf dem Baum bereits am Stiel leicht einziehen.
- Johannisbeeren, Himbeeren und Brombeeren sind ungeeignet, weil die Konzentration der Kerne auf engem Raum wenig mundet.
- Bei Apfel- und Birnenspalten die Schale belassen.
- Kletzenbirnen und Quitten im Backrohr vorbacken. Sie werden dadurch schmackhafter.
- Äpfel, Aprikosen, Birnen, Mirabellen und Pfirsiche verfärben sich leicht. Die Industrie unterbindet dies meistens durch Schwefeln. Wer unbedingt hellere Früchte haben möchte, kann sie vor dem Trocknen kurz in konzentriertes Zitronenwasser tauchen.
- Kirschen, Mirabellen, Pfirsiche und Zwetschgen entsteinen und zerkleinern. Ganze Früchte haben eine sehr lange Trockenzeit. Zudem lassen sich die Steine beim Trockengut schlecht entfernen.
- Bei festem Gemüse kann manchmal kurzes Blanchieren oder Vordämpfen das Trocknen beschleunigen. Da sich viele Gemüsearten auch im Einschlag gut halten, nur leicht Verderbliches trocknen.
- Kräuter zum Trocknen an sonnigen Vormittagen sammeln.
- Damit die ätherischen Öle in den Kräutern erhalten bleiben und sich nicht verflüchtigen, ist eine schonende Trocknung notwendig. Eventuell feines Baumwolltuch unterlegen (bei Kamille und Holunder), damit die Feinteile nicht durchfallen.
- Stark Riechendes gesondert trocknen.
- Trockengut möglichst gleichmäßig zerkleinern und locker auf Siebe oder Gitterrahmen nebeneinander, nicht übereinander legen. Zu dickes Bepacken behindert die Luftzirkulation. Häufig kontrollieren, bei Bedarf umdrehen, umschichten und die Siebe gegeneinander austauschen.
- Für gute Durchlüftung sorgen. Die Feuchtigkeit kann dann besser und schneller abziehen. Je trockener die Luft ist, desto mehr Wasser kann sie aufnehmen und desto schneller verläuft der Trocknungsprozess.
- Den Trocknungsvorgang nicht unnötigerweise unterbrehen, sondern zügig trocknen.
- Die neu zu trocknende Ware im Trockenschrank in die oberen Etagen geben, Angetrocknetes in den tiefer liegenden Bereich. Es bekommt dort nicht die Feuchtigkeit der Frischware mit.
- Wenn im Freien getrocknet wird, das Trockengut abends ins Haus holen, besonders bei feuchter Witterung und kühlen Nächten.
- Hohe Temperaturen (über 50 °C) verkürzen zwar die Trocknungszeit, wertvolle Inhaltsstoffe können sich aber ungünstig verändern oder auch verloren gehen. Niedrige Temperaturen schonen die bioaktiven Stoffe.

Verschiedene Trockenprodukte zerkleinert oder pulverisiert

In der Vollwertküche ist getrocknetes Obst ein natürliches Süßungsmittel, für Aufläufe, Müsli, Kompott, Fruchtsoßen, Quarkspeisen, Joghurt, Kuchen, Füllungen. Durch den starken Wasserentzug ist vorheriges Einweichen (z. B. in Fruchtsaft) in der Regel notwendig. Je nach Zerkleinerungsgrad und Fruchtart kann dies Stunden dauern. Für Gebäckteig ist Eingeweichtes oft zu nass (ideal ist schwach Getrocknetes aus dem Gefrierfach). Gute Ergebnisse gibt es im Dampf (günstig ist der gelochte Einsatz des Schnellkochtopfes). Das Trockengut wird dort weich, elastisch, aber nicht matschig.

Mit ihrem geringen Wassergehalt eignen sich Trockenfrüchte gut für den Rumtopf und zum Ansetzen von Likören und Schnäpsen. Eingeweichtes gemischtes Obst, eventuell mit geriebenen Nüssen, kann auch als Brotaufstrich dienen.

Gemüse und Pilze

In getrockneter Form bereichern sie Suppen, Eintöpfe, Aufläufe und Soßen. Für eine schnelle Verwendung ist Gemüse- und Pilzpulver ideal. Gut getrocknetes Ausgangsmaterial wird hierzu am besten in einer elektrischen Kaffeemühle mit Schlagmesser pulverisiert und dann in ein dunkles Schraubglas abgefüllt.

Kräuter

Getrocknete Kräuter ergeben nicht nur guten Tee. Als Pulver (in einem Keramikmörser oder einem Universalzerkleinerer) und mit Salz vermischt entsteht ein aromatisches Kräutersalz.

Tiefgefrieren – haltbar machen durch Kälte

Für eine kurzfristige Aufbewahrung sind der Kühlschrank oder auch kalte Räume gut geeignet (Speisekammer, Vorratsraum, Keller), die 4–12 °C bei 50–70 % Luftfeuchtigkeit aufweisen, lichtgeschützt, frostsicher und lüftbar sind. Einen wesentlich längeren Schutz verspricht das Tiefgefrieren. Die starke Kälte (-18 °C) hemmt die Tätigkeit der Enzyme, die Aussehen, Geschmack und Geruch negativ verändern können. Noch stärker ist die Wirkung auf Verderbnis verursachende Bakterien, Hefen und Schimmelpilze. Sie werden aktionsunfähig und stellen ihre Vermehrung ein. Bei höheren Temperaturen werden sie wieder aktiv. So ist es möglich, Backhefe, Sauerteig und Joghurt einzufrieren. Diese Produkte sind nach dem Auftauen wieder voll funktionsfähig.

Wer den Frühling, Sommer und Herbst mit den vielseitigen, erfrischenden und üppigen Saisonangeboten des Gartens einfangen möchte, ist mit einem Gefriergerät gut bedient. Der Speisezettel lässt sich abwechslungsreicher gestalten. Aussehen, Geruch und Geschmack sind nach dem Auftauen im Allgemeinen recht gut.

Die wertvollen Inhaltsstoffe bleiben wesentlich besser als beim Einkochen erhalten. Der Vitaminabbau ist bei der Verarbeitung frisch geernteter Ware gering. Eine Stunde Warmhalten oder ein Tag im Kühlschrank kosten oft mehr Wertstoffe als ein Monat im

Tiefgefrorene Bohnen, Tomaten, Johannisbeeren und Heidelbeeren

Gefriergerät. Vitamin C ist hierbei verhältnismäßig stabil. Erst bei längerer Lagerung erfolgt ein Abbau. Aufgetaute Früchte schmecken auch unerhitzt.

Obst lässt sich auch ohne Zucker einfrieren, was nicht nur bei Diätkost vorteilhaft ist. Manche Nahrungsmittel (Kohl, Hülsenfrüchte, Pilze, Kirschen, Zwetschgen) werden durch Lockerung oder Veränderung des Gewebes leichter verdaulich, blähen weniger oder werden schmackhafter (Grünkohl, Rosenkohl, Kornelkirschen, Schlehen). Bei tiefgefrorenen Erbsen, Bohnen und Spinat wird das Eisen vom Körper besser verwertet. Das gilt auch für einige Vitamine der B-Gruppe.

Fertiggerichte mit langer Garzeit oder hohem Arbeitsaufwand (frisch gepresste Säfte, Obstkuchen) lohnen sich eher, wenn sie in größerer Menge hergestellt und eingefroren werden. Gemüse, das beim Pasteurisieren Probleme macht (Erbsen, Bohnenkerne, Spargel), ist beim Einfrieren leicht zu handhaben.

Ein üppiger Erntesegen (besonders von leicht verderblichen Gartenprodukten) lässt sich mit einem Gefriergerät leichter bewältigen. Der Arbeitsaufwand ist in der Regel geringer als beim Einkochen.

Gemüse im Kälteschlaf

Den Kälteschock verträgt nicht jede Gemüseart. Dazu gehören Blattsalate, die schlaff werden. Gurken verlieren ihre Knackigkeit. Tomaten büßen die straffe Gewebestruktur ein, behalten aber die Farbe sehr gut. Gemüsearten, die auch gekocht werden können, sind gefriertauglicher (Blumenkohl, Bohnen, Erbsen, Grünkohl, Kohlrabi, Gelbe Rüben, Rosenkohl, Spinat). Es gibt davon Sorten, die sich besonders gut zum Tiefgefrieren eignen. Auf der Samenpackung ist dies meistens vermerkt. Fertiggerichte halten sich besser, wenn sie sparsam mit Fett und Gewürzen zubereitet werden. Auch gekochtes Gemüsepüree aus Auberginen, Grünkohl, Kürbis, Spinat oder Zucchini verträgt das Tiefgefrieren recht gut. Die Lagerdauer sollte nicht länger als 3–6 Monaten sein. Manchmal ist es erwünscht, dass das Gemüse (mehr noch das Obst) beim Auftauen Wasser abgibt. Durch dieses so genannte Frostentsaften gewinnt man auf einfache und schonende Weise gesunde Gemüsesäfte. Sehr gut eignen sich dafür Gurken, Zucchini und Tomaten. Der unerhitzte Saft schmeckt pur oder auch in Verbindung mit anderen Getränken (Molke, Buttermilch, Kefir, Gelbe-Rüben-, Johannisbeer-, Apfel-, Birnensaft) recht erfrischend.

Aber nicht jede Gemüseart, die gefriertauglich ist, muss auch gefrostet werden. Schon Platzgründe sprechen dagegen. Kohlrüben, Kürbisse, Gelbe Rüben, Pastinaken, Rote Rüben, Schwarzwurzeln und Sellerie halten sich auch im Winterlager recht gut.

Blanchierte Erbsen, Bohnen und Kohlrabi

Blanchieren – wichtig beim Gemüse

Blanchieren ist ein kurzfristiges Eintauchen in kochendes Wasser (2–4 Minuten ab Kochpunkt), gefolgt von anschließendem Abkühlen. Wird dies beim Gemüse unterlassen, leiden Farbe, Geschmack, Geruch und Vitamin-C-Gehalt. Grüne Farbtöne werden durch das Blanchieren intensiver. Das Blanchiergut wird zudem elastischer und somit besser einfüllbar. Auch Blanchieren im Dampf ist möglich (z. B. im Locheinsatz des Schnellkochtopfes). Die Zeiten verlängern sich aber um etwa 50 %. Anschließendes Abschrecken im kalten Wasser ist bei dieser Methode ebenfalls notwendig.

Nicht blanchiert werden Kräuter und Fruchtgemüsearten (Aubergine, Gurke, Paprika, Tomate, Zucchini).

So wird's gemacht: Gemüse putzen, je nach Art auch zerkleinern. Anschließend in reichlich kochendes Wasser geben. Höchstens 1/2–1 kg Gemüse auf einmal blanchieren, damit der Kochprozess schnell eintritt. Siebkörbe, die nur eingehängt werden, sind eine Erleichterung. Nach der empfohlenen Blanchierzeit in möglichst kaltem Wasser abschrecken. Ideal ist die Zugabe von Eiswürfeln, dann erfolgt die Abkühlung rascher. Auslaugzeit und Wasserverbrauch sind dabei geringer. Die Abkühlphase im Wasser sollte etwa so lange dauern wie das Blanchieren. Ein zu langes Heißbleiben schadet der Farbe und dem Aroma, der Vitamin-C-Gehalt nimmt rasch ab. Anschließend abtropfen lassen und einfrieren.

Obst einfrieren

Äpfel, Birnen, Kiwi, Mispeln, Quitten, Weintrauben sind im kühlen Lagerraum besser aufgehoben als in einem Tiefkühlgerät. Anders sieht es bei leicht verderblichen Obstarten aus. Zum Gefrieren ist besonders solches Obst empfehlenswert, das nach dem Auftauen roh gegessen wird. Sonst kann es sinnvoller sein, es gleich als Kompott, Konfitüre, Saft, Wein oder Trockenfrucht zu konservieren.

Gute Gefriereigenschaften weist das Beerenobst auf. Das gilt vor allem für Brombeeren, Beeren der Felsenbirne, Erdbeeren (mit kräftig roter Farbe und festem Fruchtfleisch), Heidelbeeren, Himbeeren, Johannisbeeren und Preiselbeeren. Allerdings können die Früchte beim Frosten zusammenkleben, besonders im nassen oder zerdrückten Zustand. Werden sie auf einer flachen Platte vorgefroren und dann erst verpackt, sind sie einzeln verfügbar. So sind sie brauchbar für Joghurt, Kompott, Kuchen, Müsli, Milchgetränke, Süßspeisen, aber auch als Garnierung. Ein Obstkuchenboden lässt sich mit Beeren belegen, vorgefrieren und anschließend verpacken. Erst vor dem Verzehr kommt der Guss über das gefrorene Obst. So bleiben Aroma und Aussehen der Früchte gut erhalten.

Roh eingefrorene Fruchtsäfte (z. B. aus Johannisbeeren, Sanddorn, Kornelkirschen) sind eine Bereicherung für jedes Getränk, bringen Farbe und Kühle in den Tee, können aber auch für eine Salatmarinade Verwendung finden. Sie werden in kleinen Gefrierbehältern oder als Eiswürfel tiefgefroren.

Frostentsaften

Manches Obst lässt sich hervorragend frostentsaften. Nach dem Auftauen läuft aus dem Fruchtgewebe, das durch Kälte geschädigt wurde, Saft heraus. Wird mit einem Tuch oder kleinen Handfruchtpresse nachgeholfen, kann die Ausbeute so hoch sein wie beim Dampfentsaften. Hervorragend lassen sich auf diese Weise Rhabarber und Weintrauben entsaften, aber auch Beerenobst liefert gute Ergebnisse. Press-Rückstände sind meistens noch für Fruchtgetränke und Tee, aber auch zum Auslaugen in Apfelessig brauchbar.

Vorteile: Frostentsaften braucht keine zusätzlichen Geräte. Lange Maschinenreinigungs- und Kochzeiten entfallen. Vitamine und bioaktive Stoffe, einschließlich Aroma und Farbe, bleiben gut erhalten. Der unerhitzte Saft eignet sich zum Rohgenuss, auch in Verbindung mit Mineralwasser oder Apfel- und Birnensäften.

Wird Wert auf viel Saft gelegt, das Obst ausnahmsweise nicht schockgefrieren, weil die Zerstörung des Zellgewebes durch schnelles Gefrieren weniger rigoros abläuft. Die erwünschte Zerstörung des Zellgefüges ist dann nicht so groß, weniger Flüssigkeit tritt aus.

Gefrorenes Fruchtpüree als Eisblock, geriebener Fruchtschnee, Fruchteis mit Sahne und die dazugehörenden Arbeitsgeräte

Fruchteis – eine Köstlichkeit

Püriertes Obst lässt sich hervorragend einfrieren. Hieraus selbst bereitetes Fruchteis ist frei von Emulgatoren, Stabilisatoren, Weichmachern, Geschmacksverstärkern und chemischen Farbstoffen. Der Fruchtanteil liegt bei 50–75 %, beim handelsüblichen Fruchteis ist nur ein Anteil von 20 % vorgeschrieben. Da der Fruchtbrei ohne Sahne eingefroren wird, beträgt die Haltbarkeit etwa 6 Monate. Das Eis lässt sich nach dem persönlichen Geschmack süßen. Je nach Fruchtart beträgt der Honig/Zuckeranteil 10–20 %. Auch andere Süßungsmittel sind möglich. Das Fruchtpüree wird nicht erhitzt, die Wertstoffe bleiben dadurch gut erhalten. Mit den verschiedenen Früchten entstehen interessante Mischungen. Sehr schnell lässt sich das gefrorene Fruchtpüree in Eis umwandeln, auch bei einem Überraschungsbesuch.

So wird's gemacht: Frische, vollreife Früchte nach Bedarf entsteinen, zerkleinern, mixen, eventuell auch durchpassieren (z. B. Beerenobst). Fruchtmischungen nach Saisonangebot zusammenstellen. Nach eigenem Geschmack süßen (z. B. 1–2 gestr. EL Honig/Zucker pro 100 ml Fruchtbrei), bei Bedarf noch mit etwas Zitronensaft abschmecken. Pro Person rechnet man mit 50 ml Fruchtbrei, für ausgesprochene Eisliebhaber auch 100 ml. Den abgeschmeckten Fruchtbrei möglichst in flache Behälter füllen, tiefgefrieren.

Erst kurz vor Gebrauch das Gefrorene herausnehmen. Löst sich der Eisblock etwas schlecht, dann kurz den Behälter ins kalte Was-

Fruchteis-Variationen

ser tauchen. Die gefrorene Fruchtmasse fein reiben. Am besten geht dies mit kleinen Gemüsereibgeräten, bei denen man die zu bearbeitende Ware nicht direkt in der Hand hält. Bei größeren Mengen leistet eine elektrische Küchenmaschine gute Dienste.

Den Fruchtschnee nun etappenweise zur geschlagenen Sahne geben und vermischen. Für 200 ml/g Fruchtpüree/Eismasse rechnet man 50–100 ml Sahne, das entspricht 25–50 % der Fruchtmasse. Wer das Eis fruchtiger haben möchte, nimmt weniger Sahne. Diese Hausspezialität lässt sich auch vorbereiten. Das fertige Frucht/Sahne-Eis kann je nach Masse 1/2–1 Stunde im Gefriergerät bleiben, ohne seine lockere Struktur zu verlieren. Bei längerem Aufenthalt gefriert es stärker zusammen.

Tipps: Alles, was mit der Eisbereitung zu tun hat, vorkühlen (Reibgerät oder Reibeisen, Schüssel, Rührbesen, Rührgefäß, Teller, Eisbecher). Dann schmilzt das Eis nicht so schnell. Das ist besonders bei hochsommerlichen Temperaturen wichtig.

Blanchieren beim Obst

Im Gegensatz zum Gemüse ist Blanchieren beim Obst in der Regel nicht erforderlich. Äpfel, Aprikosen, Birnen, helle Kirschen, Mirabellen, Pfirsiche und Renekloden neigen allerdings zum Braunwerden. Nur bei diesem Problemobst wird kurzes Blanchieren (1–2 Minuten), eventuell auch Abziehen der Haut, Überstreuen mit Zucker oder Übergießen mit einer mit Vitamin C angereicherten Zuckerlösung (35–40 %) vor dem Gefrieren oder Auftauen empfohlen. Bei einer 35 %igen Zuckerlösung, die das Obst bedecken soll, kommen auf 1 l Wasser 540 g, bei einer 40 %igen sogar 670 g Zucker. Diese starke Zuckeranreicherung, die auch das Gefrieren verzögert, ist besonders für Diabetiker nachteilig. Aber auch Kalorien- und Gesundheitsbewusste werden sie vermeiden. Außerdem ist ungezuckertes Obst vielseitiger einsetzbar.

Fertiggerichte bringen Arbeitsersparnis

Oft ist es angenehm, auf einen Vorrat fertiger Mahlzeiten zurückgreifen zu können. Es wird Zeit und Arbeit (auch Geschirr) gespart, wenn größere Mengen zubereitet und ein Teil davon eingefroren wird. Das Tiefgefrieren lohnt sich besonders für ernteabhängige oder arbeitsintensive, energieaufwändige Speisen (Getreidekörner, Hülsenfrüchte), auch für die Kranken-, Säuglings- oder Diätkost.

Roh pürierte Aprikosen bleiben bei Zusatz von Vitamin C hell (vorne).

Hinweise für die Praxis

- Schwach würzen oder erst nach dem Auftauen abschmecken, denn bei längerer Lagerzeit verändert sich oft das Aroma. Manche Gewürze bekommen einen strengen oder leicht bitteren Geschmack (z. B. rohe Zwiebeln). Gut geeignet sind Meerrettich, Zimt, Nelken und Kümmel. Salz verkürzt dagegen die mögliche Lagerdauer.
- Wenig Fett (Speck, Schweineschmalz, Erdnussöl) beifügen. Es kann nach wenigen Monaten fremdartig, ranzig oder tranig schmecken.
- Sahne, Mayonnaise und Eigelb flocken leicht aus.
- Stärke, Gelatine und Sago verlieren durch das Einfrieren an Bindekraft. Mehl ist hier günstiger.
- Möglichst wenig Flüssigkeit zugeben (z. B. bei Suppen). Das spart Platz.
- Fertiggerichte schnell abkühlen (z. B. im Wasserbad), niemals warm ins Gerät geben.
- Nicht völlig garen, sonst zerfallen die Speisen leicht beim Erhitzen.
- Sahnetorten vorgefrieren, dann erst verpacken. Eventuell Kuchenstücke aufschneiden (günstig für eine gemischte Platte).
- Eintöpfe eignen sich für das Einfrieren besonders gut, ebenso Hülsenfruchtgerichte (Bohnen, Linsen, Erbsen).
- Die durchschnittliche Haltbarkeit beträgt 3 Monate. Eintopfgerichte mit viel Fett, ebenso Kohl, höchstens 1 Monat lang tiefkühlen.

Gute Verpackung

Verpackung schützt die Lebensmittel nicht nur vor Austrocknung und Aromaverlusten, sie verhindert auch die Geruchsübertragung. Das luft- und feuchtigkeitsundurchlässige, säure- und fettbeständige Verpackungsmaterial gibt es in verschiedenen Ausführungen als Kunststoff- und Aluminiumfolie, aber auch in Behälterform. **Ökotipps:** Der Umwelt zuliebe möglichst auf Alumaterial verzichten, das sehr aufwändig in der Herstellung ist. Außerdem kann Aluminium durch Säuren angegriffen werden. Mögliche Gesundheitsschäden sind dadurch nicht ausgeschlossen. Wieder verwendbare Behälter dem Wegwerfmaterial vorziehen.

Je kleiner und flacher die Packung ist, desto schneller gefriert sie und taut sie wieder auf.

Manchmal bieten sich Mischungen an (z. B. Gelbe Rüben mit Erbsen). Praktischer sind aber einzelne Gemüse- und Obstarten in kleinen Portionen. Sie lassen sich vielfältiger einsetzen.

Beim Verschließen möglichst wenig Luft in der Verpackung lassen. Sie beschleunigt auch das Austrocknen. Behälter aber nicht randvoll mit Flüssigkeit füllen, weil sie sich beim Gefrieren etwas ausdehnt.

Auch bei kurzfristiger Lagerung ist eine gute, luftdichte Verpackung wichtig. Sonst trocknet die Ware aus und die entzogene Feuchtigkeit schlägt sich in Form von Reif auf das Gerät nieder.

Gefrierpakete klar kennzeichnen. Die Beschriftung mit Fettstiften (in verschiedenen Farben) hält besser als mit Filzstiften. Eine Liste der eingelagerten Ware, mit einem Magneten an der Außenwand befestigt, erleichtert die Übersicht. Bei der Entnahme wird einfach durchgestrichen.

Richtig auftauen

Die einfachste Art aufzutauen ist das Abwarten. Doch ist dies nicht immer die beste Lösung. Vieles wird matschig, verliert an Aussehen und Geschmack. Besser ist es, Gemüse gefroren ins kochende Wasser zu geben oder etwas angetaut mit wenig Flüssigkeit zu dünsten.

Beim Obst richtet sich das Auftauverfahren nach dem Verwendungszweck. Für Kuchen, Tortenbeläge, Obstknödel, Bowlen und Mixgetränke werden die Früchte nicht oder nur leicht angetaut, während für Kompotte, Süßspeisen oder für den Rohgenuss das völlige Auftauen erforderlich ist.

Bei einem Gefrierblock (z. B. Gemüsebrei, Fertiggericht) ist es günstig, ihn so weit antauen zu lassen, dass er zerteilt werden kann. Sonst verkochen die Randschichten oder sie brennen an, während der Kern noch eisig ist. Torten lassen sich gefroren oder etwas angetaut leichter in Stücke schneiden. So sind sie auch schneller aufgetaut und verzehrbar.

Kurze Auftauzeiten sind besonders günstig für Vitamine, Aussehen und Geschmack. Außerdem können sich Keime nicht so rasch vermehren. Aufgetautes ist schneller dem Verderb ausgesetzt, deshalb bald verarbeiten oder verbrauchen. Für kleine Mengen oder leicht verderbliche Ware ist das Auftauen im Kühlschrank empfehlenswert. Zugedeckt auftauen, denn die Luft greift empfindliche Vitamine an.

Als Faustregel für die Auftauzeit werden für 1 cm Gefriergut bei Normaltemperaturen 1 Stunde, im Kühlschrank 3 Stunden veranschlagt. 1/2–1 kg Obst taut bei Raumtemperatur in 4–5 Stunden auf, im Kühlschrank sind 12–15 Stunden dazu notwendig.

Tipps rund ums Einfrieren

- Beim Auftauen tritt oft viel Saft mit den darin enthaltenen Nähr- und Geschmacksstoffen aus. Gemüse und Obst ist dann matschig. Schuld daran sind die großen Eiskristalle, die beim langsamen Einfrieren entstehen und die Zellwände verletzen. Kritisch für deren Bildung sind Temperaturen zwischen 0 und -5°C. Dieser Bereich sollte deshalb möglichst schnell verlassen werden. Dies wird durch kurzfristig tiefe Temperaturen erreicht. Viele Geräte haben dafür einen Schaltknopf, der mit der Hand bedient wird. Bei diesem Schock- oder Schnellgefrieren (-30 bis -45 °C) bilden sich kleine Eiskristalle. Sie schädigen die Struktur weniger. Nach dem Durchfrieren wird die Höchstleistung wieder zurückgenommen. Auch bei der Beschickung des Gerätes mit kleinen Mengen, die außerdem noch in flachen Behältern oder Beuteln verpackt sind und an den kältesten Stellen (Boden, Wände) gelagert werden, geht das Einfrieren rascher vor sich. Ein Vorkühlen im Kühlschrank oder im Winter auf Balkon oder Terrasse ist empfehlenswert, besonders bei größeren Mengen.
- Familiengerechte Portionen einfrieren. Bei Gemüse rechnet man mit 150–200 g pro Person und Mahlzeit.
- Max. 10 kg, besser nur 5 kg pro 100 l Fassungsvermögen auf einmal einlagern, die Temperatur steigt sonst zu sehr.
- Die neue Ware möglichst nicht mit dem gefrorenen Gefriergut in Verbindung bringen. Am besten in einem separaten Fach (Vorgefrierfach) nebeneinander stapeln.
- Frisches junges Gemüse und Obstprodukte halten sich länger in der Kältekammer als eine überreife Ernte. Die Haltbarkeit liegt bei 6–12 Monaten, bei empfindlichem Gefriergut beträgt sie 1–3 Monate. Die Alterung tritt allmählich ein. Überlagertes verliert geschmacklich und inhaltlich. Eiweiß und Fett können bei langer Lagerzeit durch Enzyme verändert werden. Grundsätzlich ist eine kürzere Lagerzeit für die Qualitätserhaltung immer günstiger.
- Die Ernte möglichst schnell verarbeiten und einfrieren, dann ist der Vitamin- und Geschmacksverlust gering. Deshalb nicht zu viel auf einmal ernten.
- Gegen das Zusammenkleben einzelner Stücke (z. B. bei Zwetschgendatschi) hilft eine dazwischengelegte Folie oder das Vorgefrieren.
- Trockene Kuchen können auch angetaut geschnitten werden, sie bröckeln weniger. Hefegebäck und Brötchen schmecken besonders frisch, wenn sie bei schwacher Mittelhitze gefroren in den Backofen, Elektrogrill oder in die Mikrowelle kommen. Das Glasieren und Verzieren erst nach der Entnahme aus dem Gefriergerät durchführen.
- Kräuter gefroren verwenden, sie werden sonst matschig.
- Ein Gefrierthermometer gibt Auskunft über die vorhandenen Temperaturen. Bei Stromausfall oder Defekt das Gerät möglichst nicht öffnen, damit die Kälte erhalten bleibt. Erst bei Temperaturen unter -10 °C wird es kritisch.
- Die Kochzeit ist gegenüber Frischware ca. um ein Drittel kürzer.
- Gefrorene Behälter vorsichtig öffnen, um den Deckel nicht zu beschädigen.
- Abtauen an kalten Wintertagen oder bei geringer Füllmenge. Reinigen mit Essigwasser wirkt keimhemmend und beseitigt Gerüche. Gummidichtung ohne Putzmittel säubern, warmes Wasser genügt. Gut nachtrocknen lassen, sonst beschlägt sich das Gerät schnell.

Haltbar machen durch Hitzeeinwirkung und Luftabschluss

Gefüllte Vorratskammern mit Eingemachtem waren der Reichtum unserer Ahnen. Damit wurden magere Zeiten überbrückt. Haltbar machen durch Erhitzen ist auch heute noch beliebt. Im Gegensatz zum Tiefgefrieren sind keine großen Anschaffungen notwendig. Außerdem gibt es beim Eingemachten keine Wartezeiten, es kann sofort verzehrt werden. Allerdings sind die Nährstoffverluste um einiges höher als bei der Kältebehandlung, denn Hitze tötet nicht nur ausschließlich Mikroorganismen, sondern vernichtet auch bioaktive Stoffe.

Pasteurisieren nennen Fachleute das Haltbarmachen durch Hitzeeinwirkung, während man sonst von Einmachen, Einkochen oder Einwecken spricht. Bei kaum einer anderen Konservierungsart tritt das Kulinarische so stark in den Vordergrund wie beim Einmachen. Eine Unzahl verlockender Rezepte und fotogener Abbildungen verführen zum Nachahmen. Da wird nicht nur mit Früchten, Zucker, Essig und Alkohol experimentiert, es sind auch die verschiedenen Gewürze und Aromaträger im Spiel. So entstehen immer neue Kombinationen eingefangener „Jahreszeiten-Genüsse“.

Wenn wir zu diesen Köstlichkeiten unsere naturfreundlich erzeugten Früchte aus dem eigenen Garten verwenden, haben wir erstklassige Ausgangsware. Wir können die richtige Reife abwarten, alles gartenfrisch verarbeiten, spezielle Mischungen ohne gesundheitsbedenkliche Schönungs- und Konservierungsstoffe herstellen, weniger Süßungsmittel einsetzen und unserer Fantasie freien Lauf lassen. Bei der Aufbewahrung im dunklen, kühlen Keller ist das Selbstgemachte besser geschützt als Handelsware, die oft monatelang in hellen, warmen Verkaufsräumen steht.

Abtöten der Schadorganismen

Es war Louis Pasteur, der im 19. Jahrhundert entdeckte, dass die meisten Bakterien, Hefen und Pilze, die Nahrungsmittel zum Verderben bringen, bei etwa 70 °C absterben. In der Praxis wird aus Sicherheitsgründen etwas höher erhitzt. Wichtig ist, dass diese Temperaturen auch im Innern der Lebensmittel erreicht werden. Eine kurze Erhitzung ist deshalb nur bei Säften oder sehr weichen und breiigen Produkten angebracht. Die Einmachzeiten sind also von der Beschaffenheit von Obst und Gemüse abhängig. Um Neubefall mit Mikroben zu verhindern, ist ein keimdichter Luftabschluss notwendig. Manche Lebewesen können sehr widerstandsfähige Sporen entwickeln, die gegen einfaches Kochen gefeit sind. Gefährdet sind besonders eiweißreiche Gemüse wie Blumenkohl, Rosenkohl, Bohnen, Erbsen, Pilze oder Spargel mit geringem Säuregehalt. Eine größere Sicherheit bietet Essigzusatz, ebenso ein erneutes Erhitzen nach etwa zwei Tagen. Die robusten Sporen keimen in dieser Zeit aus und sind nun gegen Erhitzen wesentlich empfindlicher.

Wird das Konservierte geöffnet, sollte es möglichst bald verbraucht werden, weil es erneut Mikroorganismen ausgesetzt ist. Die kühle Aufbewahrung zögert den Verderb nur etwas hinaus.

Heiß einfüllen – eine schnelle Konservierung

Diese Konserviermethode setzt sich immer mehr durch, weil heute genügend Gläser und Flaschen in allen Größen mit hervorragend dichten Verschlüssen zur Verfügung stehen. Bei der Handelsware sind meist die sogenannten **Twist-off-Deckel** aus Weißblech anzutreffen. Sie haben eine Innenbeschichtung und sitzen mit einer halben Drehung fest auf dem Glas. Neuere Konstruktionen zeigen den sinkenden Innendruck nach dem Einfüllen durch ein Knackgeräusch und die spätere Einwölbung an. Beim Öffnen löst ein intakter Vakuumverschluss das deutlich wahrnehmbare Geräusch der einströmenden Luft aus.

Die Verschlüsse gibt es billig zu kaufen. Das ist meist vorteilhafter als die Verwendung bereits gebrauchter Deckel, die beim Öffnen häufig gequetscht oder verbeult werden. Manchmal zeigen sie auch nach einiger Zeit Rostflecken oder andere Abnutzungserscheinungen, während die Gläser noch intakt sind.

Auch **Gummikappen** eignen sich. Sie sind aber nur für enge Flaschenhälse sinnvoll. Günstiger sind Glasgefäße mit weiten Öffnungen, die ein leichtes Reinigen und Füllen ermöglichen.

Braunes oder grünes Glas ist empfehlenswert. Es lässt weniger Licht durch. Die Vitalstoffe bleiben so besser erhalten. Farbiges Glas zeigt allerdings den Inhalt nicht so attraktiv. Deshalb ist das Weißglas als „schönes Schaufenster" meist beliebter.

Auch das **Einweckglas** eignet sich zum Heißeinfüllen (randvoll), wenn es sofort mit Gummiring, Glasdeckel, Klammern oder Bügelverschluss dicht verschlossen wird.

Der Vergangenheit gehört der nicht keimdichte **Cellophanverschluss** an, er schützt nur vor Staub.

Was das Heißeinfüllen so beliebt macht

- Spezialgeräte sind nicht erforderlich, ein einfacher Küchentopf genügt.
- Das Verfahren lohnt sich besonders für kleine Mengen oder für ein Probierglas.
- Durch das direkte Erhitzen (im Gegensatz zum Wasserbad oder zur Heißluft im Backofen) verkürzt sich die Kochzeit, der Energieverbrauch ist geringer.
- Die Überprüfung des Garstadiums und des Geschmacks sowie eine mögliche Nachbesserung oder Korrektur sind jederzeit möglich.
- Bei manchen Früchten (z. B. Johannisbeeren, Heidelbeeren, Zwetschgen) bildet sich beim langsamen Erhitzen genügend eigener Saft. Nur eine geringe Flüssigkeitszugabe und wenig Süßungsmittel sind notwendig. Ein dichtes, platzsparendes Einfüllen wird dadurch ermöglicht. Wer mehr Flüssigkeit wünscht, kann später frisch gepresste Säfte zugeben.
- Ein randvolles Befüllen ist möglich. Die Früchte liegen alle im Sud. Ein Verfärben der obersten Schicht (Mirabellen, Renekloden) tritt weniger auf. Das Glas lässt sich auch sofort nach dem Einfüllen auf den Kopf stellen.
- Wird sorgsam gearbeitet, hält sich der Glasinhalt so lange wie beim klassischen Einkochen.

Nachteile

Damit das Kochgut nicht mit neuen Keimen in Berührung kommt, muss rasch eingefüllt werden. Deshalb nicht zu große Mengen auf einmal zubereiten. Probleme bringt auch eine zäh fließende Masse oder dickes Mus, das Zwischenräume bildet. So kann unter Umständen ein Nacherhitzen zweckmäßig sein.

So sieht die Praxis aus

Gläser, Deckel und alle Geräte, mit denen gearbeitet wird, am besten über Nacht einweichen. Dies wirkt der Schimmelbildung entgegen. Vor Gebrauch heiß spülen, nicht abtrocknen. Deckel oder Gummikappen einige Minuten auskochen. Alles bis zur Verwendung im heißen Wasser liegen lassen.
Saft, Gelee, Fruchtpüree, Konfitüre, Gemüseallerlei etc. nach Rezept herstellen. Die heiße Masse (mindestens 75 °C) randvoll in Gläser füllen und sofort verschließen.
Schraubgläser einige Minuten auf den Kopf stellen, so wird auch der Innenbereich des Deckels keimfrei. Flaschen eventuell umlegen. Heiß Eingefülltes mit Tüchern abdecken, damit die keimtötende Wärme länger anhält. Nach dem Erkalten beschriften, kühl und dunkel lagern.
Vorsichtsmaßnahmen zur Vermeidung von Bruch sind bei den heutigen stabilen Gläsern praktisch nicht mehr erforderlich. Sicherheitshalber das Glas beim Einfüllen in eine Schüssel stellen, um kleine Überschwemmungen zu vermeiden.

Einkochen im Backofen

Gerätschaften zum Einkochen

Einkochen im Wasserbad

Hier wird die Haltbarkeit ebenfalls durch Hitze und Luftabschluss erreicht. Wasser ist der Wärmeüberträger. Die Luft in den Gläsern dehnt sich aus und entweicht nach außen. Nach dem Abkühlen herrscht Unterdruck, das Glas ist dadurch fest verschlossen.

Zur Grundausrüstung gehört ein großer **Einkochtopf**. Elektrische Kochplatten- oder felder sind für solche Mammuttöpfe zu klein. Der Kochprozess dauert länger, außerdem haben sie meistens keinen Spezialboden für den Elektroherd. Der Handel bietet elektrische Einkochtöpfe an, die mit Zeituhr und Thermostat ausgerüstet sind. So wird die eingestellte Temperatur gehalten und nach Wunsch auch abgeschaltet.

Einkochen im Backofen

Hier kommt man ohne Spezialtopf aus. Die vorbereiteten Gläser (nur Glasdeckel, keine Schraubgläser) in die 2–3 cm hoch mit Wasser gefüllte Fettpfanne des Backofens geben. Die Heißluft erhitzt das Einmachgut. Dies ist energieaufwändiger, dauert länger und strapaziert die Gummiringe (daher mit feuchten Tuch abdecken).

Die Kochzeit beginnt, wenn sich Wasserperlen im Glas zeigen. Die Temperatur soll bei 150–180 °C, mit Umluft bei etwa 150 °C liegen. Die Erhitzungszeit hängt vom Inhalt, dem Glasdurchmesser und der Anzahl der Gläser ab. Bei weichem Obst wird nach dem Perlen das Elektrorohr ausgeschaltet. Die Restwärme reicht dann aus. Beim Gemüse kann die Verweildauer 1–2 Stunden betragen.

Tipps rund ums Einwecken

- Gemüse und Obst mit langer Garzeit vorkochen.
- Um ein Verfärben von hellen Früchten zu vermeiden, rasch einkochen. Bei der Vorbereitung Zitronensaft oder Vitamin C zugeben.
- Keine brüchigen, klebrigen Gummiringe und keine verbeulten, rostigen Deckel verwenden.
- Möglichst gleich große und weite Gläser mit einheitlichem Inhalt in den Topf stellen. Sie können auch übereinander gestapelt werden. Die untere Schicht ist dann ganz im Wasserbad, die oberste Etage mindestens zu drei Vierteln. Sind die Gläser unterschiedlich, richtet man sich nach dem höchsten Behälter. Klammern und Gummiring verhindern, dass während des Einkochens Wasser von außen in die Gläser dringt. Luft, Dampf, auch etwas Flüssigkeit kann austreten, aber nicht von außen nach innen gelangen.
- Der Inhalt der Gläser und das Wasser im Einkochtopf sollten etwa die gleiche Ausgangstemperatur haben.
- Die Einkochzeit beginnt erst, wenn die erforderliche Temperatur erreicht ist – nicht mit dem Einstellen der Gläser. Bei Automaten auch einmal die Temperatur mit einem Kontrollthermometer nachmessen.
- Das Einmachgut nach der vorgeschriebenen Zeit herausnehmen. Nicht im Topf erkalten lassen. Der Inhalt wird sonst zu weich und die Gläser bekommen Kalkränder.
- Gläser mit Metalldeckeln nach dem Einkochen fest zudrehen und auf den Kopf stellen.
- Das fertig Eingemachte abdecken, später dunkel lagern.
- Klammern erst nach dem Erkalten abnehmen und das Glas auf Dichtigkeit überprüfen.
- Sollte ein Glas nach dem Einkochen noch offen sein, den Inhalt bald verzehren oder nochmals erhitzen und heiß in Schraubgläser füllen.
- Beim späteren Öffnen der Gläser vorsichtig die Gummilasche ziehen oder Spezialwerkzeug verwenden. Gläser, die sich schlecht öffnen lassen, nicht mit spitzen Gegenständen malträtieren. Der Gummiring kann verklebt (besonders bei Zuckerhaltigem), brüchig oder altersschwach sein. Am besten das Glas kopfüber auf einen Einsatz in einen Topf mit reichlich Wasser stellen und langsam erwärmen. Durch das Erhitzen erfolgt ein Ausdehnen der enthaltenen Luft, sodass der Deckel freigegeben wird.

Fehlerquellen, wenn Gläser aufgehen

- Der Deckel gehörte nicht zum Glas oder war beschädigt.
- Gummiringe verrutschten oder waren rissig.
- Es wurde so viel eingefüllt, dass der Rand verschmutzte.
- Das Einmachgut war überdüngt, überreif, nicht einwandfrei, säurearm oder es bildeten sich nachträglich Sporen.
- Die Klammern wurden zu früh abgenommen.

Zubehör

Ohne **Gläser** geht nichts. Es gibt sie in verschiedenen Größen mit den entsprechenden Glasdeckeln. Zu den Flachrand-, Massivrand- und Rillenrandgläsern gesellte sich auch das **Rundrandglas**, dessen Deckel vertieft ist. Dadurch ist beim Einwecken im Wasserbad das Einfüllen bis zum Rand (Ausnahme Breiiges) möglich. Der Luftraum ist dann gering. So verfärbt sich die obere Schicht nicht so sehr durch den restlichen Sauerstoff. Diese Gläser sind gut stapelbar, auch im Einkochtopf. Geeignet zum Einwecken im Wasserbad sind auch Gläser mit Schraubdeckeln. Damit die Gläser nicht direkt mit dem Boden Kontakt haben, werden sie auf einen Einlegerost gestellt.

Möglichst nur eine Art von Gläsern anschaffen, um Verwechslungen und das Sortieren von Deckeln zu vermeiden. Leere Gläser offen aufbewahren, sonst tritt leicht ein muffiger Geschmack auf.

Gummiringe sind für das luftdichte Verschließen unentbehrlich. Sie werden vor dem Gebrauch eingeweicht, dann, unter Zugabe von einem Schuss Essig, ein paar Minuten lang ausgekocht. Man bewahrt sie kühl auf und stapelt sie aufeinander. Nicht hängend aufbewahren, sonst verziehen sie sich. Beim Rundglas werden die Gummiringe am Deckel, nicht am Glasrand aufgelegt.

Die **Klammer** hält Glas, Deckel und Gummiring elastisch zusammen. Beim Einkochen kann die Luft entweichen. Die Klammern gibt es in verschiedenen Ausführungen und Qualitäten (z. B. rostfreier Edelstahl). Manche Gläser haben auch einen fest sitzenden Bügelverschluss.

Das **Einkoch-Thermometer** ist bei einem einfachen Einkochtopf erforderlich. Der Deckel hat dafür eine Öffnung. Spezialtöpfe besitzen einen eingebauten Thermostaten.

Das Verschütten von Einmachgut und Aufgussflüssigkeit wird mit einem **Einfülltrichter** weitgehend verhindert. Ränder und Rinnen der Gläser bleiben sauber. Eine weite Öffnung und ein Aufsetzrand leisten gute Dienste. Im Handel gibt es Trichter mit einer Stoppeinrichtung, wenn das Glas gefüllt ist. Dadurch wird ein Überlaufen erschwert.

Ein **Kurzzeitwecker** entlastet das Gedächtnis und kann überall hin mitgenommen werden. Mit einem **Glasheber** werden heiße Gläser aus dem Topf herausgenommen. Er mindert die Gefahr, die Finger zu verbrühen.

Für die Kennzeichnung gibt es eine große Auswahl an **Etiketten**. Sie können auch selbst hergestellt werden. Bei der Beschriftung das Herstellungsdatum nicht vergessen.

Saft – der flüssige Auszug

Eigentlich, so sagen Fachleute, sollte die ganze Frucht und nicht nur der Auszug genossen werden. Besonders die wertvollen Ballaststoffe werden dabei unterschlagen. Aber ohne Saftgewinnung wäre mancher Erntesegen im Garten nicht zu bewältigen.

Obstsäfte sind reich an Vitaminen, Mineralstoffen, Fruchtzucker, Fruchtsäuren, Pektinen und vielen anderen gesundheitsfördernden Substanzen. Besonders das Pektin weist viele gute Eigenschaften auf. So verzögert es die Magenentleerung, steigert das Sättigungsgefühl und wirkt sich günstig auf den Cholesterinspiegel aus. Es besitzt ein hohes Wasserbindungsvermögen und saugt wie ein Schwamm giftige Zersetzungsprodukte im Darm auf. **Pektin** ist besonders reich in saurem, nicht überreifem Obst enthalten.

Wird der gewonnene Saft mit Wasser oder Tee verdünnt und nicht zusätzlich stark gesüßt, ergibt er ein hervorragendes Getränk mit vielen bioaktiven Stoffen. Es ist den industriell hergestellten Erfrischungsgetränken überlegen. Säfte aus der Eigenproduktion müssen nicht glasklar sein. Der naturtrübe Zustand ist eher positiv zu werten, weil noch wertvolle Begleitstoffe enthalten sind.

Fruchtsäfte nicht mit blanken Metallteilen (Eisen, Messing, Zink, Zinn, Kupfer, Aluminium) in Kontakt bringen, weil die Fruchtsäuren sie angreifen und Metallspuren in Lösung gehen.

Obstsäfte sind auch eine gute Grundlage für die Herstellung von Gelee und Kompott.

Dampfentsaftung

Das Verfahren ist empfehlenswert für weiche, saftige Früchte (Beeren, auch Rhabarber). Obst mit hohem Pektingehalt (reichlich enthalten in Schalen und Kernen) eignet sich hervorragend für das Dampfentsaften, weil die Gelierstoffe sich durch die Hitzeeinwirkung besser lösen.

Hilfreich ist ein spezieller Dampfentsafter. Am Topfboden wird Wasser erhitzt. Der aufsteigende Dampf bringt die Früchte, die sich in dem mit Löchern versehenen Fruchtkorb befinden, zum Platzen. Durch die feinen Öffnungen fließt der Saft in den darunter befindlichen Auffangbehälter, der einen Abfüllschlauch mit Klemmen besitzt. So lässt sich der heiße Saft direkt in Flaschen abfüllen. Die Entsaftungszeit ist von der Obstart abhängig. Sie liegt zwischen 30–60 Minuten. Wichtig für die Haltbarkeit ist die heiße Abfüllung (75–80 °C) und der sofortige Verschluss.

Werden die Fruchtrückstände weiter verwendet (z. B. für Fruchtaufstrich), ist eine höchstmögliche Ausbeute nicht unbedingt erforderlich. Die Saftabgabe bewegt sich zwischen 50–70 % des Ausgangsgewichtes. Größere Mengen lassen sich auch im Einwecktopf verarbeiten, für den es Einsätze für das Dampfentsaften gibt.

Besonders schnell geht das Entsaften im **Dampfdrucktopf**, v. a. für kleine Mengen. Die Entsaftungsdauer ist wesentlich kürzer. Auf den Topfboden kommt Wasser, dann wird ein ungelochter Einsatz mit Füßen oder ein Dreifuß eingesetzt, darüber der Locheinsatz mit Früchten. Die Kochzeit (abhängig von der Fruchtart) bewegt sich zwischen 10–20 Minuten. Wenn das Ventil keinen Druck mehr anzeigt, wird die oberste Etage mit den Früchten herausgenommen, ebenso der darunter liegende Behälter mit dem Saft. Ist die Flüssigkeit nicht mehr heiß genug (mind. 75 °C) nochmals erhitzen, dann in Flaschen füllen und verschließen.

Wer über keinen Dampfentsafter verfügt, kann die Früchte auch mit Wasser kochen und in einem Tuch abtropfen lassen. Die restliche Flüssigkeit auspressen oder die Rückstände weiter verarbeiten.

Zuckerzusatz

Obstsäfte brauchen zur Konservierung in der Regel keinen Zucker. Wer unbedingt süßen will, kommt mit 5–15 % Zucker (50–150 g pro Liter Saft) aus.

Fruchtsirup

Früher wurde der Saft mit viel Zucker zu Sirup eingekocht, weil man oft keine guten Verschlüsse hatte. Außerdem hielt sich der geöffnete Sirupsaft auch ohne Kühlung wochenlang. Vor dem Trinken verdünnte man ihn mit Wasser. Beliebt war Himbeersirup. Gesundheitliche Gründe sprechen heute gegen diese Überzuckerung.

Verwendung

Ungesüßte Säfte lassen sich auch noch vor dem Trinken süßen oder mit anderen Säften mischen (z. B. Apfel-, Birnen-, Traubensaft). Ein Verschneiden von süßen und saueren Säften bringt gute Ergebnisse (z. B. Johannisbeersaft mit Birnensaft, Holundersaft mit Apfelsaft).

Johanisbeersaft aus der Handfruchtpresse

Kaltpressung

Obstsaft lässt sich auch ohne Erhitzen gewinnen. Besonders für die Herstellung von Apfelsaft, Apfelwein und Apfelessig spielt dies eine große Rolle. Es gibt verschiedene Geräte zum kalt Auspressen (ausführliche Beschreibung beim Wein – Gewinnung kalt gepresster Säfte). Bei kleinen Mengen und geeignetem Obst, auch bei aufgetauten Früchten, ist eine Handfruchtpresse brauchbar.

Werden die Säfte erhitzt (mind. auf 75 °C) und heiß in Flaschen mit guten Verschlüssen gefüllt, halten sie bis zur nächsten Saison.

Gemüsesaft
Gemüsesäfte lassen sich durch Dampfentsaften kaum gewinnen. Die Ausbeute ist meistens gering (Ausnahme Tomaten). Recht gute Ergebnisse liefert eine elektrische Saftzentrifuge bei Gurken, Kürbis, Rettich, Gelben und Roten Rüben, Sellerie, Topinambur und Zucchini. Diese kalt gepressten Säfte sind besonders für den Sofortgenuss empfehlenswert. Sie lassen sich mit Obstsäften gut kombinieren (z. B. mit Apfel- und Gelbe-Rüben-Saft, Quitten- und Rote-Rüben-Saft, Rettich- und Birnensaft).

Zum Erhitzen sind sie fast zu schade. Nur bei schlechten Lagerbedingungen kann man davon Gebrauch machen. Gemüsesäfte (Ausnahme Tomatensaft) enthalten wenig Säure, aber etwas Eiweiß. Damit es beim Konservieren keine Probleme gibt, mit säurereichen Fruchtsäften (z. B. Apfelsaft) mischen. Dadurch werden sie auch harmonischer im Geschmack.

Fruchtmus – Kompott – Obstgrütze

Fruchtmus

Während Säfte Auszüge sind, findet beim Fruchtmus die ganze Frucht Verwendung. Die Produkte werden ganz (z. B. Beeren) oder zerkleinert und entsteint mit mehr oder weniger Wasser gekocht, dann passiert oder gemixt. Ein Passiergerät aus Edelstahl ist empfehlenswert, es wird nicht von der Säure angegriffen. Quitten und Birnen sind manchmal steinig. Passieren ist dann ratsam.

Auch eine Fruchtpresse mit Schneckengewinde kann hilfreich sein, die Stiele, Spelzen, Schalen und Kerne gesondert auswirft. Je nach Größe der Sieböffnung ist der Press-Saft mehr oder weniger dick und wird dann als Fruchtpüree, -mus oder -soße bezeichnet.

Die Masse kann man nach Belieben süßen oder ungesüßt heiß in Gläser, Flaschen füllen und verschließen. Interessant sind auch Mischungen (z. B. Aprikosen/Apfel-Püree, Pfirsich/Birnen-Püree, Renekloden/Aprikosen-Soße).

Verwendung: Süße Fruchtbreie sind eine beliebte Beigabe zu Auflauf, Milchbrei, Flammeri, Pudding, Müsli, Eis und Sauermilchprodukten. Sie können auch Zwischenmahlzeiten sein. Verdünnt schmecken sie als Getränk (z. B. als Milchmixgetränk).

Kompott

Schöne, etwas feste Früchte eignen sich besonders gut für Kompotte. Je nach Fruchtart werden sie mit oder ohne Schale verarbeitet, enthäutet, entkernt, ganz gelassen oder zerkleinert (Viertel-, Achtelstücke, Ringe, Würfel). Dann dicht in Gläser geben und mit abgeschmeckter Flüssigkeit (durchschnittlich 1/3–1/4 des Glasinhaltes) bedecken, anschließend pasteurisieren. Die Erhitzungsdauer hängt von der Obstart ab. Heißeinfüllen empfiehlt sich für kleine Mengen und für Früchte, die gut die Form behalten.

Mischkompotte mit den verschiedenen Früchten der Saison bringen Abwechslung.

Küchentipps

- Wer seine Geschmacksnerven an wenig Süße gewöhnt hat, kommt bei manchen Früchten ohne zusätzlichen Zucker aus, wenn süßer Birnen- oder Apfelsaft zugefügt wird. Das ist besonders für Diabetiker günstig.
- Bei wenig aromatischen Früchten (z. B. hellen Süßkirschen, Äpfeln, Birnen) wirkt die Zugabe von Apfelwein geschmacksverbessernd.
- Bei saftigen Obstarten (z. B. Beeren) erübrigt sich oft eine Flüssigkeitszugabe. Sie bilden genug eigenen Saft.
- Hartes Obst, das eingeweckt wird, leicht vorkochen. Es lässt sich dann auch leichter und kompakter einfüllen. Zudem wird weniger Sud benötigt.
- Obst, das sich leicht verfärbt (Apfel, Birne, Quitte), in Zitronenwasser legen oder sofort mit heißer Lösung übergießen.
- Aprikosen, Pfirsiche und Renekloden lassen sich nach dem Eintauchen in kochendes Wasser leicht häuten.
- Beliebt ist auch süßsaures Kompott (z. B. mit Essig). Allerdings ist mehr Süßungsmittel erforderlich.
- Eingekochtes erreicht erst nach einiger Zeit das volle Aroma, vor allem bei Zugabe von Gewürzen.
- Beim Verzehr das Eingemachte durch Zugabe von Frischobst aufwerten.

Obstgrütze

Hierbei handelt es sich um ein sämiges Kompott. Gebunden wird die Flüssigkeit bei industriellen Produkten u. a. mit modifizierter Stärke und Johannisbrotkernmehl. Im Haushalt ist Stärkemehl üblich (z. B. bei Holundergrütze).

Beim Heißeinfüllen und Einwecken hat sich Agar-Agar (*Näheres siehe beim Fruchtaufstrich*) bewährt. Für 1 l Fruchtmasse reichen 1–2 gestrichene TL Agar-Agar (hängt vom Fabrikat ab). Dieses Geliermittel wird mit etwas Wasser angerührt und in die fast gare Masse gegeben. Die Kochzeit liegt zwischen 2–5 Minuten. Gesüßt wird nach Geschmack. Früchte mit etwas längerer Garzeit vorkochen.

Fruchtgrützen können je nach Saison recht abwechslungsreich sein. Auch Tiefgefrorenes ist geeignet. Saure und süße, helle und dunkle Früchte, Garten- und Wildobst mit mehr oder weniger großen Kernen lassen sich kombinieren. Auch die Verwendung nur einer Obstart ist möglich.

Varianten: Rhabarber mit entsteinten Frischkirschen und Erdbeeren, entsteinte Süßkirschen mit Johannisbeeren, Erdbeeren mit Heidelbeeren, Himbeeren und Stachelbeeren, entsteinte Sauerkirschen mit Heidelbeeren.

Verwendung: Fruchtgrütze ist beliebt als Dessert, als Zugabe zu Eis, Pudding, Flammeri, Quark und Reis. Noch milder schmeckt sie mit kalter Milch, Rahm oder Vanillesoße.

Gesundheitstipp: Frische Früchte oder Säfte der Saison (eventuell auch Tiefgefrorenes) zugeben. Das erhöht nicht nur den Gesundheitswert, sondern auch den Genuss.

Fruchtgrütze aus Johannisbeeren, Erdbeeren und Kirschen

Verschiedene Fruchtaufstriche, mit und ohne Kerne

Fruchtaufstrich (Marmelade, Konfitüre, Gelee, Mus)

Die EU-Verordnungen haben unsere Bezeichnungen für süßen Aufstrich ganz schön durcheinander gebracht. So darf im Handel nur ein aus Zitrusfrüchten hergestelltes Produkt als Marmelade verkauft werden. Was wir früher als Marmelade bezeichneten, heißt jetzt Konfitüre. Nur Gelee und Mus entsprechen noch unseren Vorstellungen. Für den Handel gibt es genaue Bestimmungen über Fruchtzusammensetzung, Zerkleinerung und Zuckergehalt. Bei der häuslichen Herstellung spielt dies – zum Glück – keine Rolle.

Der wunde Punkt: Hoher Zuckergehalt

Bei der Zubereitung wurde früher und auch heute noch reichlich gesüßt. Bei der klassischen Herstellung sind Frucht und Zucker gleich stark vertreten 1 kg Früchte werden mit 1 kg Zucker angereichert. Auch Diabetikeraufstrich, mit Fruchtzucker oder Sorbit, ist mit einem hohen Kalorienwert belastet.

Handelsübliche Ware (Konfitüre einfach, Konfitüre extra, Gelee einfach, Gelee extra, Marmelade) enthält mindestens 63 % Zucker, falls nicht anderes vermerkt. Selbst beim Pflaumen- oder Zwetschgenmus ist ein Mindestzuckergehalt von 50 % vorgeschrieben.

Gesundheitliche Gründe sprechen gegen diese hohe Zugabe. Der weiße, auch der braune Zucker ist fast ein reiner Energielieferant. Er fördert das Übergewicht. Dies wirkt sich wieder nachteilig auf Herz, Kreislauf und Gelenke aus. Außerdem ist zur Verwertung im Organismus Vitamin B1 erforderlich und das ist oft nicht ausreichend vorhanden. Mit dem Zuckerabbau wird nicht selten der Körper überfordert. Der Blutzuckerspiegel kann steil ansteigen.

Zucker ist berüchtigt als Verursacher von Karies, was auch für den Honig gilt. Besonders Kinder sind davon stark betroffen. An einen weniger süßen Geschmack kann sich aber der Gaumen durchaus gewöhnen, dafür tritt das Fruchtaroma besser hervor.

Hoher Zuckereinsatz (1 l Fruchtbrei/1 kg Zucker) kann nur empfohlen werden, wenn nach dem Öffnen der Inhalt nicht schnell verbraucht wird, keine Kühlmöglichkeit vorhanden ist oder lange gelagert wird (Weihnachtsgebäck).

Selbst gemachter Fruchtaufstrich – etwas gesundheitsfreundlicher

In der Zwischenzeit verfügen wir über Gläser mit hervorragenden Verschlüssen und über Kühlschränke. Beides ist beim Fruchtaufstrich wichtig. Ein Aufstrich, der mit weniger Süßungsmittel bereitet ist, hält sich luftdicht verschlossen sehr gut, nicht aber im geöffnetem Zustand. Die kühle Aufbewahrung und eine saubere Entnahme schützt kurzfristig (etwa eine Woche im Kühlschrank haltbar). Werden nur geringe Mengen verbraucht, sind kleine Gläser empfehlenswert. Tritt Schimmelbildung auf, so sind die Fruchtaufstriche nicht mehr zu verwenden.

Unsere Großmütter kochten Früchte ohne Zucker (z. B. Zwetschgenmus) oft stundenlang ein. Dadurch verdampfte Wasser, es entstand eine Konzentration von Fruchtaromen, Säuren und Zucker. Allerdings schadet das lange Erhitzen den Inhaltsstoffen und auch der Farbe. Heute wird die Herstellung eines Fruchtaufstriches durch Zusatz verschiedener Gelierstoffe (z. B. Pektin, Agar-Agar) beschleunigt, die viel Flüssigkeit binden. Dadurch verkürzt sich die Kochzeit wesentlich. Vitamine und Aromastoffe werden geschont. Mit diesen Geliermitteln ist auch eine Reduzierung der Süßungsmittel um 75–50 % möglich (250–500 g Zucker auf 1 l Fruchtpüree).

Zucker lässt sich z. T. durch **Bienenhonig** austauschen. Heller Honig ist neutraler, dunkle Sorten haben oft einen starken Eigengeschmack. Darunter leidet das Fruchtaroma. Deshalb nur die Hälfte oder ein Drittel des Zuckers durch Honig austauschen. 100 g Honig besitzt die Süßkraft von 75 g Zucker.

Auch Birnendicksaft und Trockenfrüchte sind eine Süßungsalternative. Aufstriche für Diabetiker werden mit Fruchtzucker, Zuckeraustauschstoffen oder mit Süßstoffen hergestellt. Trotz alledem ist der süße Fruchtaufstrich kein Gesundheitselixier. Er kann das frische Obst nicht ersetzen.

Aufstriche ohne Gelierhilfen

Um streichfähige Aufstriche ohne Gelierhilfen zu erhalten, benötigt man **pektinreiche Früchte** mit hoher Bindekraft oder man entfernt auf irgendeine Weise das viele Wasser. So kann man pektinreiche Johannisbeeren, Brombeeren, Stachelbeeren, Quitten, Preiselbeeren und Zieräpfel mit reichlich Süßungsmittel so lange kochen, bis eine gelierfähige Masse entsteht. Wasser lässt sich auch durch **Dampfentsaften** entziehen. Beim Passieren der Rückstände entsteht ein Brei, der durch weiteres Erhitzen eindickt. Manchmal ist jedoch ein Zusatz frischer Früchte aus Geschmacksgründen notwendig.

Jede Frucht kann durch **längere Wärmezufuhr** (Kochtopf, Backofen, Trocknungsgerät) Flüssigkeit verlieren. Das kann sich über Stunden hinziehen. Bei süßem Obst (z. B. Birnen, Kirschen, Mirabellen, Zwetschgen) ist dann keine Zuckerzugabe notwendig.

Manchmal hilft auch das **richtige Zerkleinern**. Äpfel und Quitten, die zu den pektinreichen Früchten gehören, werden mehr oder weniger fein gerieben. Anschließendes Kochen mit Süßungsmittel und etwas Zitronensäure lassen in der Regel eine streichfähige Masse entstehen. Werden aber die garen Früchte durchpassiert oder gemixt, geht diese Festigkeit verloren, es sei denn, man kocht sie lange und spart nicht mit Zucker. Wichtig ist das Arbeiten mit kleinen Mengen (ca. 1 kg).

Äußerst gelierfähig sind **Zierquitten**. Werden sie fein gerieben und mit Honig/Zucker gekocht, entsteht schnell eine feste Masse. Liebhaber schätzen den herben, aromatischen Geschmack, der an Zitrusfrüchte erinnert. Gekochte, durchpassierte **Hagebutten** sind von einer sämigen Beschaffenheit, die Zugabe eines Geliermittels erübrigt sich. **Preiselbeeren** sind besonders reich an quellfähigen Stoffen. Durch die Zugabe geriebener Quitten oder Äpfel werden sie noch fester und milder. Aus **Trockenobst** lässt sich in kleiner Menge ein Aufstrich bereiten, der ohne Süßungsmittel auskommt. Schwach getrocknete oder eingeweichte Früchte werden in einem Universalzerkleinerer gemixt oder durch den Fleischwolf gedreht, nach Belieben gewürzt, eventuell mit Nüssen gebunden.

Mehr Festigkeit durch Gelierhilfen

Der Handel bietet pektinhaltige Geliermittel in flüssiger oder Pulver-Form an, die aus Rückständen bei der Apfelsaftherstellung oder aus Zitrusfruchtschalen gewonnen werden. Sie gelieren besonders gut in Verbindung von Säure mit einem Süßungsmittel. Deshalb wird in der Regel Zitronen- oder Weinsäure zugesetzt. Die Gelierhilfen vereinfachen die Zubereitung erheblich. Sie werden oft mit Zucker gemischt angeboten.

Dem Pfirsichaufstrich gibt ein Geliermittel mehr Festigkeit.

Gelierzucker besteht aus Pektin und Zitronensäure. Das Frucht-Zucker-Verhältnis beträgt hier 1:1, das heißt, auf 1 kg Frucht kommt 1 kg Zucker. Die Kochzeit beträgt 2–4 Minuten.

Gelierzucker extra enthält mehr Pektin, außerdem Zitronensäure, den Konservierungsstoff Sorbinsäure, manchmal auch ein Schaumverhütungsmittel. Das Frucht-Zucker-Verhältnis ist 2:1 oder 2 1/2:1, also 2 kg Früchte auf 1 kg Zucker oder 2 1/2 kg Früchte auf 1 kg Zucker.

Spezieller **Gelierzucker für Diabetiker** enthält Pektin, Zitronensäure und den Zuckeraustauschstoff Sorbit, der vorwiegend aus der Maisstärke stammt und nur sehr langsam vom Blutkreislauf aufgenommen wird. In größeren Mengen wirkt er abführend.

Einmachzucker enthält keine Gelierhilfen. Er ist grobkörnig, löst sich langsamer auf, die Schaumbildung wird dadurch verhindert.

Gelierpulver ist ein Gemisch aus Pektin, Zitronensäure, Trauben- oder Fruchtzucker. Auch hier gibt es die zuckersparende Variante mit Zuckeraustausch- und Süßstoffen. Konservierungsmittel, gehärtetes pflanzliches Fett und Schaumverhüter können zugesetzt sein.

Flüssiges Geliermittel (meist geschwefelt) besteht aus Pektin und einem Konservierungsstoff. Zitronensäure wird in Pulverform mitgeliefert. Angebrochenes Geliermittel möglichst bald verbrauchen (nur 6–8 Wochen haltbar).

Agar-Agar wird aus Algen (nicht zu verwechseln mit dem grünen Seetang) gewonnen. Dieses Geliermittel ist in Pulverform, gelegentlich auch als Fadenware in Bio- oder Reformläden erhältlich. Agar-Agar zählt zu den Ballaststoffen, enthält keine Kalorien, quillt im kalten Wasser, löst sich aber erst in kochender Flüssigkeit. 1 g bindet 50–100 ml Wasser. Die Gelierfähigkeit hängt von der Algenart ab, wird durch saure Früchte und Zitronensaft verstärkt, ist aber bei der Verarbeitung nicht an die Zuckerzugabe gebunden.

Damit ist es möglich, Aufstriche ohne oder mit wenig Süßungsmitteln, auch mit Zuckeraustauschstoffen oder Süßstoffen herzustellen. Das Gelieren setzt erst beim Abkühlen ein. Gefestigtes kann durch Erwärmen wieder flüssig werden, ohne dass die Gelierfähigkeit verloren geht. So sind Korrekturen leicht möglich. Auch versehentliches längeres Kochen beeinträchtigt die Gelierfähigkeit nicht. Die Kochzeit beträgt 2–5 Minuten.

Hinweis: Alle Geliermittel verlieren durch eine lange Lagerung an Gelierkraft. Sie wirken besonders gut, wenn sie vor dem Beginn der Erhitzung beigegeben werden.

Gemüseallerlei

Will man Gemüse in einer schwachen Wasser-Salzlösung neutral einkochen, um vielfältige Gerichte daraus herzustellen, ist dies im Haushalt schwierig durchzuführen. Im Gegensatz zu Obst fehlen dem Gemüse (Ausnahme Tomaten) die Fruchtsäuren, die für die Haltbarkeit eine große Rolle spielen. Nur bei langen Kochzeiten und hohen Temperaturen gibt es Erfolge. Darunter leiden in erster Linie Vitamine und gesundheitsfördernde Substanzen.

Anders sieht es bei sauer eingemachtem Gemüse aus. **Essigzusatz** und Gewürze wirken nicht nur geschmacksverbessernd, sondern auch keimhemmend. Dank Säure, Erhitzung und luftdichtem Verschluss treten keine schädigenden Mikroorganismen auf.

Gemüsemischungen sind oft harmonischer. So gewinnen z. B. Zucchini durch die Würze der Zwiebel und die Farbe roter Paprikaschoten. Berühmt sind die sogenannten Mixed Pickles, die aus Blumenkohl, Gelben Rüben, Perlzwiebeln, Gurken, Paprikaschoten, Fenchel, Bohnen und Mais bestehen können.

Tipps rund um den Fruchtaufstrich

- Wegen der Spritzgefahr einen möglichst großen Kochtopf aus Email- oder Edelstahl (nicht Aluminium) verwenden.
- Kleine Mengen (z. B. 1 kg) gelieren besser, außerdem ist der Vitaminverlust durch kürzeres Ankochen geringer. Wegen der Gefahr des Anbrennens mittlere Hitze wählen.
- Ideal sind, besonders beim zuckerreduzierten Aufstrich, kleine Gläser (300–450 ml).
- Das Mischen verschiedener Früchte bringt oft gute Resultate. Es gleicht zwischen süß und sauer, herb und mild, zwischen pektinarmen und pektinreichen Früchten aus. So gewinnen die Früchte der Felsenbirne durch die Säure der Johannisbeeren, der Rhabarber durch die Farbe der Erdbeeren, die intensiven Jostabeeren durch die Milde der Heidelbeeren, die herben Ebereschen durch Hagebutten. Weitere gute Fruchtmischungen sind: Erdbeeren/Himbeeren, Sauer-/Süßkirschen, Brombeeren/Pfirsiche, Aprikosen/Renekloden. Äpfel und Birnen eignen sich hervorragend zum Strecken. von Aufstrichen aus Aprikosen, Holunder, Preiselbeeren, Kürbissen, Ebereschen und Zwetschgen.
- Unreife Früchte enthalten zwar mehr Pektin und Säure und gelieren deshalb besser, aber Aroma und Süße sind nicht so ausgeprägt.
- Keine überreifen Früchte verwenden. Sie beeinträchtigen die Haltbarkeit.
- Obst waschen, dann erst entsteinen, zerkleinern oder von den Stielen befreien.
- Früchte, die nicht den gleichen Erntezeitpunkt haben, können trotzdem zusammenkommen. So lassen sich z. B. Preiselbeeren durch gefrorene oder eingekochte Johannisbeeren strecken.
- Aromastarke Rückstände beim Dampfentsaften eignen sich wegen ihrer festeren Beschaffenheit noch für Fruchtaufstriche mit weniger Geliermittel.
- Will man Fruchtstücke im Aufstrich haben, diese über Nacht mit Süßungsmittel vermischen, dann zum Brei oder Saft geben. Etwas länger kochen (5 Min.), damit die Hitze eindringen kann.
- Schaum abschöpfen, er schließt zu viel Luft ein.
- Ein Schuss „Geist“ (2–4 EL auf 1 l Fruchtbrei), möglichst von derselben Obstart, zum Schluss beigegeben, kann aromaverstärkend wirken. Aromatisieren mit Alkohol ist auch vor dem Verbrauch möglich (z. B. für Tortenfüllungen).

Gelierprobe: Kleine Menge auf einen trockenen, kalten Teller geben. Erstarrt die Masse bald, ist der Aufstrich in Ordnung. Bleibt sie flüssig, muss noch weiter gekocht werden. Zu dünn geratene Aufstriche eignen sich als Fruchtsoßen.

Pasteurisiertes: Bohnen, Rote Rüben, Sellerie, Gelbe Rüben und ein Mischgemüse

Da manche Gemüsearten (wie Bohnen, Gelbe Rüben, Sellerie) eine längere Garzeit haben, ist Vorkochen günstig. Empfindliches (z. B. Gurken) dagegen verträgt keine zu hohen Temperaturen (nicht über 85 °C), sonst leidet die Festigkeit und Knackigkeit.

Die **Einkochzeit** hängt nicht nur von der Gemüseart ab, sondern auch von der Temperatur. Nachgewiesen wurde, dass zwischen der Temperaturhöhe sowie der Dauer der Temperatureinwirkung einerseits und der Abtötung der Verderbnis verursachenden Mikroorganismen andererseits ein sehr konkreter Zusammenhang besteht. Für die praktische Durchführung einer Pasteurisation lässt sich daraus ableiten, dass in Sauerkonserven beispielsweise mit folgenden Zeit-Temperaturbedingungen der gleiche Konservierungseffekt erzielt wird: 1 Minute bei 97 °C, 7 Minuten bei 90 °C, 25 Minuten bei 85 °C und 91 Minuten bei 80 °C. So ist es auch möglich, Gemüse in saurer Lösung kochend heiß in Gläser zu füllen.

Einige Gemüsearten (z. B. Blumenkohl, Bohnen, Erbsen, Spargel, auch Pilze) müssen oft nach 2 Tagen nachpasteurisiert werden, wenn sie in einer schwachen Essiglösung liegen, weil Sporen von Mikroorganismen die Hitze überstehen können.

Süße und Säure reduzieren

Früher wurde Gemüse auch ohne Erhitzen eingelegt oder man erhitzte nur den Sud. Voraussetzungen waren starke Essiglösungen. Nicht immer waren die Geschmacksnerven davon begeistert. Zum Ausgleich kam dann eine Portion Zucker dazu. Viele Rezepte mit hohen Zucker- und Essigzugaben stammen noch aus einer Zeit, in der vieles offen gelagert wurde. Heutzutage lassen sich durch die gut schließenden Gläser Süße und Säure reduzieren und die Einmachhilfen streichen. Der saure Gemüsesud (ohne Konservierungs- und Hilfsstoffe) ist später auch als Beize für Wild, Rindfleisch oder Salatmarinaden geeignet.

Ähnlich sieht es bei den Gemüsesoßen aus. Zerkleinertes, püriertes Gemüse wird mit Gewürzen, Essig, Zucker, Salz abgeschmeckt. Es entstehen pikante Soßen (z. B. Tomatenketchup), die leider auch mit viel Zucker belastet sind. Bekannt sind die fernöstlichen Gewürzsoßen (Chutneys, Relishes), die mehr oder weniger dick sind und z. T auch Gemüse- und Obststücke enthalten. Als schmackhafte Beilage für Fleisch, Fisch, Gegrilltes, aber auch für Nudeln, Getreide und Kartoffeln sind sie beliebt. Der Gesundheitswert ist aber nicht sehr hoch anzusetzen. Wertvoller als essigsauer eingelegtes Gemüse sind die milchsauren Produkte.

Haltbar machen durch Einlegen

Einlegen in Alkohol

Hochprozentiger Alkohol hat keimtötende Eigenschaften. Darauf beruht die Haltbarkeit des Rumtopfes. Wenn nicht zu viele Früchte in die alkoholische Lösung kommen und auch nicht zu lange darin verbleiben (z. B. nur 4–6 Wochen), genügt 38 oder 40 %iger Alkohol. Bei Obst, das lange im Alkohol zubringt (z. B. Rumfrüchte) und zudem viel Wasser enthält, sind höhere Werte (etwa 50 %iger Alkohol) notwendig. Bei zu geringer Konzentration kann es zur Gärung kommen. Das Angesetzte deshalb immer wieder kontrollieren und bei Bedarf Alkohol zugießen. Zu stark geratene Lösungen können später wieder verdünnt werden.

Jede Fruchtart lässt sich auch getrennt in Alkohol einlegen, der das Aroma noch unterstreicht (z. B. Himbeeren in Himbeergeist, Zwetschgen in Slibowitz, Kirschen in Kirschwasser). So ist die Eignung der Früchte am besten zu testen. Eine spätere Vermischung ist leicht möglich. Ob und wie viel Süßungsmittel zugesetzt wird, hängt vom persönlichen Geschmack ab. Die Zugabe von Honig/Zucker kann beim Ansetzen, aber auch erst nach der Entnahme der Früchte erfolgen.

Rumtopf

Zu beachten ist, dass die Früchte Farbe und Aroma abgeben und ihre Schönheit schwindet. So sehen Erdbeeren und Himbeeren nach wenigen Wochen blass und wenig einladend aus. Aprikosen und Pfirsiche haben viel von ihrer Straffheit verloren.

Was sich alles für den Rumtopf eignet

Zutaten: 1 kg Früchte (z. B. Aprikosen, Brombeeren, Erdbeeren, Himbeeren, Johannisbeeren, Kirschen, Mirabellen, Pfirsiche, Stachelbeeren, Weintrauben, Zwetschgen), 500 g Honig/Zucker, 1 l hochprozentiger Alkohol (z. B. Arrak, Branntwein, Obstbrand, Rum, Weingeist).

Zubereitung: Süßungsmittel mit Alkohol mischen. Am besten flüssigen Honig oder Puderzucker zugeben, sie lösen sich leichter auf. Auch ein Einzuckern der Früchte ist möglich. Das vorbereitete Obst (entkelcht, entsteint, geschält, gestupft oder geschnitten) in den Rumtopf oder in ein Glas mit weiter Öffnung geben. Mit der alkoholischen Lösung die Früchte bedecken. Dunkel und kühl lagern. Ein Rumtopf lässt sich laufend mit Früchten der Saison und unter Zugabe von Zucker/Honig und Alkohol erweitern. Nach Belieben würzen (Anis, Fenchel, Ingwer, Nelken, Vanille oder Zimtstange). 4–6 Wochen nach dem letzten Einlegen ist der Rumtopf fertig.

Einlegen in Essig

Beim Haltbarmachen von säurearmen Gemüsearten sind hohe Temperaturen, lange Erhitzungszeiten oder die Zugabe von Essig notwendig. Noch mehr ist man beim Einlegen, das ohne Erhitzen der Produkte erfolgen kann, auf die konservierende Kraft von Essig angewiesen. Er verhindert die Entwicklung der Verderbnis verursachenden Mikroorganismen und lässt keinen Schimmel, keine Fäulnis und keine Gärung aufkommen. Ideal ist Apfelessig, weil er neben seiner konservierenden Wirkung zusätzlich viele gesundheitsfördernde Stoffe besitzt.

Kräuter in Essig

Besonders vorteilhaft ist diese Art der Haltbarmachung bei frischen Kräutern, die ganz oder zerkleinert eingelegt werden. Sie geben vor allem Geschmacksstoffe an die Lösung ab. Kräuteressig eignet sich besonders für Salatmarinaden. Dazu die Kräuter zuerst separat in kleine Gläser geben, mit Apfelessig übergießen und 2–4 Wochen ziehen lassen. So lässt sich die individuelle Note besser testen. Ein Zusammenmischen mehrerer Kräuteressige ist jederzeit möglich.

Früchte in Essig

Früchte bringen Farbe mit und machen den Essig auch für das Auge attraktiv. Brombeeren, Erdbeeren, Hagebutten, Himbeeren, Johannisbeeren, Kirschen, Kornelkirschen und Schlehen sind deshalb besonders gut geeignet. Im unverdünnten Apfelessig, der im Durchschnitt 5 % Säure besitzt, verderben die Früchte auch bei mehrwöchiger Lagerung nicht. In der Regel seiht man nach 2–4 Wochen ab. Nach Belieben das Eingelegte nachpressen oder wässern. Fruchtessig ist besonders wertvoll für Marinaden.

Gemüse in Essig

Frisches Gemüse (Blumenkohl, Erbsen, Gurken, Kohlrabi, Kürbis, Lauch, Gelbe Rüben, Paprika, Sellerie, Zucchini, Zwiebeln), das beim Kochen übrig bleibt, hält sich gut in Essig. Wird es in ein Einmachglas gegeben und mit unverdünntem Essig übergossen, hält es sich wochenlang. Wie beim Rumtopf ist eine Erweiterung jederzeit möglich. Pur genossen ist solches Gemüse allerdings zu sauer. Deshalb in kleinen Mengen Suppen, Eintöpfen, Aufläufen

Allerlei in Essig

oder dem Mischgemüse beigeben, als Garnierung verwenden oder zerkleinert Marinaden zufügen. Die Zugabe von Gewürzen (Chilischote, Knoblauch, Meerrettich, Piment, Senfkörner, Zwiebel) macht die Lake noch aromatischer.

Süßsauer Eingelegtes

Bei unseren Vorfahren war das süßsaure Einlegen von Gartenprodukten in großen Steintöpfen oder Gläsern beliebt. Damit das Geerntete nicht verdarb, kam es in eine starke Essiglösung, die durch reichlich Zucker geschmacklich lieblicher wurde. In unserer Zeit sieht man dies aus gesundheitlichen Gründen (hoher Zuckergehalt, chemische Einmachhilfen) eher kritisch. Heute kann man Früchte in kleine Gläser mit guten Verschlüssen in weniger konzentrierter Lösung heiß einfüllen und für längere Zeit sicher aufbewahren.

Essigzwetschgen
Noch nicht vollreife Zwetschgen stupfen, in den geschwefelten Steintopf geben. Kochenden Sud (1 Liter 4 %iger Essig, 3/4–1 kg Zucker, 10 Nelken, 5 Pimentkörner, 1 Stange Zimt) über die Früchte gießen. Am 2. Tag den Sud abgießen, aufkochen und alles über die Zwetschgen geben. Am 3. Tag die Lösung 15–30 Minuten einkochen, dann über das Obst geben. Nach dem Erkalten zubinden.

Essiggemüse
Beim Essiggemüse ist der Sud schwächer. Das rohe oder etwas vorgekochte Gemüse, das 2- bis 3-mal mit kochendem, gewürztem Sud (2 Teile Essig, 1 Teil Wasser) übergossen wird, ist recht gut haltbar, aber geschmacklich nicht befriedigend. Mischungen aus 1 Teil Essig und 3 Teilen Wasser sind milder.

Einlegen in Salz

Auch ohne Erhitzen, Trocknen oder Tiefgefrieren sind Gemüse und Kräuter haltbar, wenn ausreichend Salz zugesetzt wird, da es wasserbindende Eigenschaften besitzt. Da eine zu hohe Salzaufnahme grundsätzlich gesundheitliche Nachteile bringt, kommt das Einsalzen nur für aromatische Gemüsearten und Kräuter in Frage, die sich zum Würzen eignen. Empfohlen wird jodiertes Salz.

Gewaschene Kräuter (z. B. Basilikum, Bohnenkraut, Kerbel, Liebstöckel, Majoran, Petersilien-, Selleriegrün) von den groben Stängeln befreien, fein schneiden und intensiv mit Salz vermischen. Das Verhältnis der Kräuter zum Salz beträgt hier 4:1. So werden für 100 g Kräuter 25 g Salz benötigt. Die Grünmasse einzeln oder gemischt in kleine Gläser füllen, fest eindrücken, verschließen.

Zum Einsalzen geeignete Gemüsearten werden zerkleinert.

Gemüse (Lauch, Gelbe Rüben, Pastinaken, Petersilienwurzeln, Sellerie, Tomaten) getrennt oder gemeinsam durch die grobe Scheibe des Fleischwolfes drehen oder anderweitig zerkleinern. Davon beliebige Mischungen zusammenstellen. Ein Viertel des Gemüsegewichtes an Salz zufügen (z. B. 50 g Salz für 200 g Gemüse).

Da viele wertvolle Stoffe lichtempfindlich sind, das Eingesalzene dunkel aufbewahren. Auch außerhalb des Kühlschrankes ist diese Masse viele Wochen haltbar. Sie wird sparsam zum Würzen verwendet. Die empfohlene Gesamtsalzmenge für einen Erwachsenen pro Tag liegt bei 5 g. Von einer Zufuhr über 10 g wird abgeraten.

Einlegen in Zucker – kalt Gerührtes

Eine schwache süße Lösung ist ein idealer Nährboden für Kleinlebewesen, die eine Gärung oder einen Schimmelbefall verursachen können. Nur in einer konzentrierten Honig/Zucker-Lösung wird die Arbeit der Mikroorganismen erschwert oder unmöglich gemacht. Der Honig/Zucker-Anteil soll deshalb so hoch wie der Fruchtanteil sein. Das Süßungsmittel muss sich mit dem Obst innig vermischen. Ein längeres Rühren oder Mixen ist notwendig.

Die Festigkeit roh gerührter Konfitüre (Marmelade) ist gering. Bei Lagerung im Kühlschrank oder kühlen Keller kann sie sich unter Umständen mehrere Wochen halten. Eine regelmäßige Kontrolle ist notwendig. Bei ungünstigen Verhältnissen setzt oft eine Gärung ein. Kalt Gerührtes nur in kleinen Mengen herstellen (z. B. auch aus tiefgefrorenen Produkten) und bald verbrauchen. Durch den hohen Honig- oder Zuckereinsatz sinkt der Gesundheitswert.

Kalt gerührte Fruchtsoße

Verschiedene Möglichkeiten der Lagerung

Der Garten als Lagerraum

Für die Gesundheit sind rohes Gemüse, Obst und Kräuter wertvoll. Deshalb sollte man bestrebt sein, die Ernte möglichst lange frisch zu erhalten und sie gut über den Winter zu bringen.

Voraussetzung sind gesunde Produkte. Dies hängt auch mit der richtigen Ernährung der Pflanze zusammen. So lässt zum Beispiel ein zu viel an Stickstoff mastiges, schwammiges Pflanzengewebe entstehen, das besonders anfällig ist für Krankheiten. Auch madige, verletzte, nicht ausgereifte Früchte (z. B. durch späte Düngung) haben schlechtere Überlebenschancen.

Unterschiedliche Kälteverträglichkeit

Der Garten ist im Spätherbst ein hervorragender Kühlschrank. Befindet sich das Gemüse mit der Wurzel in der Erde, sammelt es Reservestoffe, gewinnt an Umfang und bleibt länger frisch, straff und gesund. Solange die Pflanze lebt, bildet sie Schutzstoffe gegen die zersetzende Tätigkeit von Kleinlebewesen aus.

Auch beim Obst nehmen Geschmacks-, Farb- und Inhaltsstoffe am Baum noch zu, die Qualität steigt. Der Erntezeitpunkt ist auch sortenabhängig. Meist werden leichte Fröste verhältnismäßig gut vertragen. Anders sieht es im Gemüsegarten aus. Die Kälteverträglichkeit weist enorme Unterschiede auf. Oft reagieren schon die Blätter sensibel auf einen Frosthauch. So zwingt einsetzender Frost, kälteempfindliche Gemüsearten (Auberginen, Bohnen, Gurken, Kürbisse, Melonen, Paprika, Tomaten, Zucchini) ins Haus zu holen. Andere Arten (z. B. Brokkoli, Knollensellerie, Kohlrabi, Kraut, Rettiche, Rote Rüben, Wasserrüben, Zuckerhut) sind nicht so zimperlich und vertragen leichte Fröste. Gefrorenes Blattwerk erholt sich nach einer Froststarre oft ganz erstaunlich.

Schutz durch Folie, Vlies, Wanderkasten, Frühbeet, Treibhaus

Der Aufenthalt im Boden lässt sich verlängern, wenn man den empfindlichen Gemüsearten etwas Schutz gibt.

Folien oder Vlies, die schon im Frühjahr gegen Kälte gute Dienste leisten, wehren im Herbst auch Fröste bis zu -7 °C ab. Doppelt aufgelegt ist der Frostschutz noch wirksamer. Zugleich werden Laub und abfallende Nadeln (z. B. von der Lärche) abgehalten. Für hohe Pflanzen ist ein **Folientunnel** zweckmäßig. Auch das **Insektenschutznetz** hat eine gewisse Frostschutzwirkung. Das sich bildende Kondenswasser wirkt isolierend.

Gut bewährt hat sich auch ein **Wanderkasten**, der über gefährdete Pflanzen gestellt wird. Das Gemüse bleibt in der Erde und kann weiterwachsen. Aufgelegte Fenster, vor allem mit Doppelstegplatten, schützen vor Kälte. Oft sind die ersten Fröste nur von kurzer Dauer. Meist folgen viele milde Wochen. Bei wärmerem Wetter ist das Entfernen der Schutzvorrichtungen rasch möglich.

Starker Frost verwandelt den Garten aber in einen Gefrierschrank und schädigt die mit Wasser gefüllten Zellen. Die Blätter werden glasig. Fäulnis ist nach dem Auftauen die Folge. Auch kann es durch den Frost zum Austrocknen des Gewebes kommen. So gilt es, die Vorräte rechtzeitig zu sichern.

Ernten und einlagern

Günstig ist das Ernten nach lichtreichen Tagen (am besten nachmittags), da der Nitratgehalt in der Pflanze dann niedriger liegt. Trockenes, frostfreies, sonniges Wetter ist ideal. Das Erntegut nicht lange in der Sonne liegen lassen, es erwärmt sich sonst zu stark und trocknet aus. Beschädigtes, Angefaultes, Angeknabbertes und Überreifes wird aussortiert.

Im **Frühbeet** überwintern zahlreiche Gemüsesorten (Chinakohl, Endivie, Lauch, Zuckerhut) in einem Erdeinschlag. In einen spatentief ausgehobenen Graben wird das Gemüse kopfunter im Pflanz-

abstand eingeschichtet und wieder so mit Erde zugeschüttet, dass der Strunk sichtbar bleibt. Styroporplatten, Schilfmatten, Stroh und Laub machen ein Frühbeet noch winterfester und schützen es auch vor Sonneneinstrahlung. An frostfreien Tagen möglichst lüften, um das Schwitzwasser zu entfernen. Eine zu hohe Luftfeuchtigkeit begünstigt das Faulen. Ein unter den Fenstern eingebauter Lattenrost, mit Pappe belegt, kann dem entgegenwirken.
Ein **Gewächshaus** bietet ebenfalls Schutz, kühlt aber schneller aus. Hier steht jedoch mehr Platz zur Verfügung, auch für winterfeste Gemüsearten (z. B. Feldsalat, Winterportulak, Spinat, Mangold). Wärmer ist ein **Anlehnhaus** am Wohngebäude.

Ideale Lagerbedingungen bietet die Erdtrommel.

Überwintern auf dem Beet

Pflanzliche Überlebenskünstler können im Winter auf dem Beet bleiben. Meerrettich, Pastinaken, Petersilie, Schwarzwurzeln und Topinambur sind besonders frosthart. In milden Gegenden halten sich auch Gelbe Rüben auf dem Beet. Eine Abdeckung mit Stroh, Laub oder Fichtenreisig ist aber vorteilhaft, sonst entstehen bei großer Kälte rissige Wurzeln. Allerdings ist das Ernten bei gefrorenem Boden oder bei hoher Schneedecke erschwert. Verluste durch Feld- und Wühlmäuse sind nicht auszuschließen.

Die Frostbeständigkeit ist auch von der Gemüsesorte abhängig. Lang andauernde, starke Fröste ohne Schneedecke können selbst recht winterharte Gemüsearten schädigen.
Rosenkohl, Grünkohl: Sie können starke Fröste (-10 bis -15 °C) vertragen und werden dadurch sogar milder und schmackhafter. Rosenkohl leidet allerdings unter Temperatursprüngen, Grünkohl durch viel Schnee (vor allem hohe Sorten). Außerdem ist Kohl bei Hasen und Rehen begehrt.
Lauch: Jüngere Pflanzen, die sich erst im Frühjahr voll entwickeln, sind durch Kälte weniger gefährdet. Ausgereifte Stangen können durch starken Frost und wechselnde Temperaturen geschädigt werden und zu faulen beginnen. Sie sind im Frühbeet, Gewächshaus oder Wanderkasten besser aufgehoben.
Feldsalat: Die Wintersorten überstehen den Frost, ohne Schaden zu nehmen.
Winterspinat: Mit Ausfällen muss gerechnet werden.
Winterpostelein: Die zarten Blätter sind frostverträglich.
Winterharte Blattsalate: Sie vertragen zwar Frost, lassen sich aber im Frühbeet oder Gewächshaus leichter ernten.

Lagerung in der Erde

Früher lagerte man häufig in **Erdmieten** (Kartoffeln, Rüben). Es war eine einfache Überwinterungsmethode. Das Lagergut wurde pyramidenartig aufgeschichtet. Darüber kam eine Lage Stroh, anschließend eine 10–20 cm dicke Erdschicht.

Im Garten war eine kleine **Erdgrube** beliebter. In ein ausgegrabenes Loch kamen die Vorräte. Sie wurden ähnlich geschützt wie bei der Erdmiete. Das Herausholen des Lagergutes war nur an frostfreien Tagen möglich. Außerdem war es nicht leicht, die Ernte gegen hungrige Mäuse zu schützen. Dies gelingt hervorragend mit einer Erdtrommel.

Die Erdtrommel – ideal für Wurzelgemüse

Dafür braucht man natürlich die Edelstahltrommel einer ausgedienten Waschmaschine, die von oben zu öffnen sein muss. Sie besitzt einen gut verschließbaren Deckel und schützt das Erntegut vor Nagetieren. Günstig ist ein Dauerquartier nahe beim Haus, auch unter einer Überdachung. Die durchlöcherte Trommel wird so tief eingegraben, dass die Oberkante etwa 10 cm unter dem Bodenniveau liegt.

In der Trommel darf sich kein Wasser sammeln. Daher bei undurchlässigen Böden (schwerer oder toniger Lehm) etwas Kies unterfüllen. Damit die Erde nicht auf die Trommelöffnung abrutscht, hat sich ein 10–15 cm breiter Holz- oder Betonrahmen bewährt. Als Abdeckung ist lediglich ein guter Regen- und Lichtschutz notwendig. Praktisch ist ein mit schwarzer Folie bespannter Rahmen, der bei Entnahme von Gemüse hochgeklappt wird. Nur bei sibirischer Kälte ist ein Zusatzschutz mit Noppenfolie angebracht.

Vorteile der Erdtrommel

Das Einlagern geht sehr schnell. Beim Wurzel- und Knollengemüse werden nur die Blätter vorsichtig entfernt. Das trockene, ungewaschene Lagergut wird ohne Sand, Torf oder Erde eingelagert, dadurch hat man auch mehr Platz. Jederzeit kann – im Gegensatz zur Miete – etwas entnommen werden. Ein kurzes Öffnen, auch an nicht zu frostigen Tagen, ist möglich. Die Erdwärme schützt das Eingelagerte, die Feuchtigkeit im Boden hält das Gemüse stramm und frisch, oft bis weit in den Frühsommer hinein. Dann kann wieder die neue Ernte (Frühkartoffeln, Gelbe Rüben, Rettiche, Kohlrabi) in die Trommel wandern.

Mit dieser Erdlagerung ist es möglich, mitten im Winter und auch noch im späten Frühjahr, zusammen mit winterfesten oder frostgeschützten Gemüsearten, wunderbare Rohkostsalate herzustellen, milchsaures Gemüse zu strecken oder milder zu machen und abwechslungsreich zu kochen.

Geeignetes Lagergut

Kartoffeln, Kohlrabi, Kohlrüben, Meerrettich, Gelbe Rüben, Pastinaken, Petersilienwurzeln, Rettich, Sellerie, Rote Rüben, Schwarzwurzeln, Topinambur und Wasserrüben sind gut für die Einlagerung geeignet. Kartoffeln lagert man als unterste Schicht, sie sind gegen Kälte und Lichteinfall empfindlicher.

In der Regel ist es aber in der Erdtrommel während der Wintermonate ausreichend warm, sodass Wurzelgemüse sogar gelegentlich austreiben kann. Zweckmäßig sind mehrere Trommeln, die eine übersichtliche Lagerung ermöglichen. Sie können jahrelang im Boden bleiben.

Gebäude als Lagerraum

Ein kühler **Vorratsraum**, mit Regalen versehen, ist für die Lagerung von kleineren Vorratsmengen praktisch (Äpfel, Getreide, Hülsenfrüchte, Kartoffeln, Knoblauch, getrocknete Kräuter, Nüsse, Pilze, Zwiebeln). Auch Brot, Gebäck und Kuchen sind dort viel besser aufgehoben als in der oft mit Kochdunst erfüllten Küche. Im Winter kann solch ein kühler Raum den Kühlschrank ersetzen.

Für die Lagerung von Gartenprodukten eignet sich besonders der **Hauskeller**. Ein idealer Keller für Gemüse und Obst ist dunkel, gut lüftbar (mit einem Mäuseschutz versehen), kühl, aber frostfrei (4–10 °C) und weist eine Luftfeuchtigkeit von etwa 80% auf. Bei Betonböden ist die Luft zu trocken. Ziegel- oder Lehmfußböden holen die Feuchtigkeit aus dem Untergrund und geben sie langsam ab. Allerdings erschweren sie die Sauberhaltung. Kalk ist nach wie vor der beste Wandanstrich.

Eigentlich bräuchte man verschiedene Kellerräume. Kartoffeln sollen nicht mit Äpfeln und Birnen gelagert werden. Ein Gefriergerät steht besser in einem eigenen (trockenem) Raum, denn es gibt Wärme ab. Das Eingemachte will es kühl, aber nicht zu feucht. In Sand eingeschlagenes Wurzelgemüse soll wiederum nicht austrocknen. Aber wer hat schon für alles die idealen Bedingungen? So heißt es, die vorhandenen Räume zu prüfen und Kompromisse zu schließen.

Tipp: Kellerräume bei schwüler Witterung nicht lüften, die relative Luftfeuchtigkeit steigt sonst an, es kommt zu Schwitzwasserbildung, die Schimmelgefahr steigt.

Tiefer liegende **Kellerschächte** sind zur Lagerung von Obst und Gemüse recht gut geeignet. Sie erhalten genügend Frischluft und lassen sich gegen Mäuse, Frost, Regen und Lichteinfall sichern.

Für die Aufbewahrung von Winterobst, Zwiebeln und Knoblauch kommen auch der **Dachboden** oder ungeheizte Räume in Frage. Bei sehr starker Kälte das Eingelagerte abdecken.

Auch **Balkon, Veranda, Gartenhäuschen** und **Nebenräume** für die Lagerung testen. Die Versuche mit kleinen Mengen durchführen. So können zwei ineinander gestellte Holzkisten mit einer dazwischen befindlichen Isolierung Schutz vor Frost bieten.

Apfel

Äpfel enthalten viel Zucker, Fruchtsäuren, Ballaststoffe, Vitamine, Mineralien und Spurenelemente, dazu viele bioaktive Stoffe. Sie aktivieren den Stoffwechsel, schützen Herz- und Blutgefäße, bauen Säuredepots im Gewebe ab, beeinflussen das Nervensystem positiv und fördern den Schlaf. Besonders die Pektine, die sich verstärkt in der Schale befinden und eine hohe Quellfähigkeit besitzen, wirken günstig auf den Cholesterinspiegel und die Darmfunktion. Sie binden giftige Zersetzungsprodukte. Ein fein geriebener Apfel ist ein bewährtes Mittel bei Durchfall.

Die Früchte sättigen, ohne den Körper mit vielen Kalorien zu belasten. Kaum eine andere Frucht bietet eine so große Geschmacksvielfalt und lässt sich so vielseitig zubereiten wie der Apfel.

Ernte

Zum Erntezeitpunkt, der wesentlich von der Sorte und auch vom Witterungsverlauf abhängt, ist die Verbindung zwischen Baum und Frucht nicht mehr so stabil. Die Frucht löst sich durch leichtes Drehen und Anheben. Braune Kerne sind nicht unbedingt ein sicheres Merkmal für die Reife. Bei Frühäpfeln sind sie oft noch weiß. Rot- und gelbfrüchtige Sorten werden durch sonnige Tage und kühle Nächte leuchtender und heller. Die Reifung vollzieht sich nicht immer einheitlich. In den licht- und sonnenverwöhnten Außenbereichen des Baumes, auch am kurzen Fruchtholz, werden die Äpfel schneller erntereif als im Kroneninnern. Bei unterschiedlicher, verzettelter Reifung öfter durchpflücken, damit weniger Fallobst anfällt.

Bei Sommer- und manchen Herbstsorten liegen Baum- und Genussreife eng beisammen. Wintersorten sind bei der Ernte noch nicht genussreif. Die Fülle des Aromas bildet sich erst nach einer gewissen Zeit. Die Festigkeit des Fruchtfleisches nimmt ab, Fruchtsäuren verringern sich.

In guten Erntejahren kann es leicht zu Verwertungsspitzen kommen, besonders bei Frühäpfeln. Unterschiedlich reifende Sorten erweitern die Erntezeit, bringen Abwechslung und bremsen die Obstschwemme.

Lagerung

Die Apfelsaison lässt sich durch entsprechende Lagerung erheblich ausweiten. Besonders Spätsorten sind dafür geeignet. Bei Frühsorten ist die Lagerzeit begrenzt, sie werden schnell mehlig. Werden sie einige Tage vor der Reife geerntet, halten sie sich etwas länger. Der Geschmack kann aber darunter leiden. Überreifes Obst verliert rasch an Qualität.

Schon bei der Ernte wird das Lagerobst von solchen Früchten getrennt, die sofort verarbeitet werden müssen.

Winteräpfel in der Regel spät ernten. Sie werden am Baum mit Wasser und Nährstoffen versorgt, bleiben frisch, die Zuckerbildung wird gefördert. Zu früh geerntete Äpfel enthalten wenig Vitamin C, sie welken, sind nicht so schmackhaft, färben sich schlechter aus und faulen leichter.

Auch die Stippegefahr ist größer. Leichter Frost schadet nicht. Gefrorenes Obst erst nach dem Auftauen vom Baum holen. Die Ernte an trockenen, nebelfreien Tagen vornehmen, damit keine Pilzkrankheiten auftreten. Druckstellen und Verletzungen mindern die Lagerfähigkeit, ebenso Überdüngung. Möglichst wenig umpacken. Das gilt auch bei der Lagerung. Ideal sind gepolsterte Körbe und ein rüttelfreier Transport. Günstig wirkt sich für das geerntete, sonnenerwärmte Obst eine nächtliche Abkühlung im Freien aus. Am nächsten Tag möglichst frühzeitig in ein kühles Lager bringen. Übergrößen und gut ausgereifte Früchte zuerst verbrauchen, sie sind oft anfälliger und halten nicht so lange.

Der ideale Lagerraum

Die vom Baum getrennte Frucht ist nicht tot. Sie hat nun einen eigenen Stoffwechsel, atmet, gibt Wasser und Gase ab, entwickelt Aromastoffe und lebt von den gespeicherten Nährstoffen. Durch Reife- und Alterungsvorgänge kommt es im Laufe der Zeit, je nach Sorte und Lagerbedingungen, zu mehr oder weniger großen Verlusten.

Das Überprüfen und Einhalten der richtigen Werte für Temperatur und Luftfeuchtigkeit verlängert die Haltbarkeit des Obstes.

Will man Äpfel möglichst lange frisch erhalten, muss ihr Stoffwechsel verlangsamt werden. Kühle Temperaturen (ideal sind 2–6 °C) und hohe Luftfeuchtigkeit (80–90 %) bremsen die Abbauerscheinungen. Bei extrem feuchter Luft (Erdkeller, Erdlager) finden allerdings Schimmel- und Fäulnispilze gute Bedingungen. Die Früchte schmecken dann modrig.

Der Erwerbsobstbau verfügt über Kühlräume mit kontrollierter Atmosphäre (CA-Lager). Die Früchte werden hier in eine Art Winterschlaf versetzt und sind dadurch um viele Wochen länger haltbar. Diese idealen Bedingungen gibt es im Privathaushalt nicht. Hier ist schon ein kühler Naturkeller (um 5 °C) mit einem Ziegel oder Lehmboden, der für eine hohe Luftfeuchtigkeit sorgt, ein Glücksfall. Er sollte auch gut lüftbar sein, damit die reifungsfördernden Gase entweichen können und Schimmelbildung verhindert wird. Keller in zentral beheizten Häusern sind meist zu warm und zu trocken. Als Ersatz dienen Dachböden, unbeheizte Räume, Gartenhäuschen oder Schuppen. Eine Abdeckung mit Wolldecken, Stroh und dergleichen schützt vor nicht zu starkem Frost. Gefrorene Äpfel möglichst nicht berühren, sie tauen in unbeheizten Räumen unbeschadet auf. Die meisten Äpfel nehmen bei Frost bis -4 °C keinen Schaden, nur wenige Sorten (z. B. 'Berlepsch') sind empfindlich und bilden braune Zellen aus.

Werden die Äpfel nebeneinander- und nicht aufeinandergelagert, lassen sie sich gut kontrollieren. Außerdem sinkt die Ansteckungsgefahr. Hilfreich sind ausziehbare Horden, flache stapelbare Obstkisten oder ein zerlegbares Lagergestell, das in der Raummitte aufgestellt wird und somit gut einsehbar und zugänglich ist.

Einen Versuch wert sind auch tief liegende gemauerte Kellerschächte, wenn sie vor Regen, Licht und Nagetieren geschützt werden. Von außen dringt kalte und feuchte Luft ein. An Frosttagen lassen sich die Kellerfenster öffnen, warme Innenluft zieht in den Schacht. Auch vor Frost schützende Abdeckungen sind leicht anzubringen.

Ungeeignet sind Garagen oder andere geruchsintensive Räume. In Mietwohnungen lassen sich Äpfel auch auf dem Balkon in isolierten Kisten unterbringen.

Für kleinere Mengen empfiehlt sich das Einfüllen in Gefrierbeutel. Durch die Atmung der Früchte wird Sauerstoff verbraucht, Kohlendioxyd ausgeschieden und gespeichert. Ein geringer Luftaustausch ist notwendig. Dies wird durch eine leichte Lochung erreicht, die nach etwa 2 Wochen mit einer Stricknadel erfolgen kann. Durchschnittlich sind auf diese Weise die Äpfel 4 Wochen, manchmal sogar bis zu 8 Wochen länger haltbar. Die Äpfel nach der Entnahme noch 2–3 Tage nachreifen lassen.

Grundsätzlich Obst nicht zusammen mit Gemüse und Kartoffeln lagern. Besonders empfindlich auf das vom Obst ausgeschiedene Äthylengas reagieren Blumenkohl, Brokkoli, Rosenkohl, Kraut und Auberginen.

Konservierungsmöglichkeiten

Tiefgefrieren

Der rohe Apfel hat keine guten Gefriereigenschaften. In gekochter oder gebackener Form wird die Kälte besser vertragen. Empfehlenswert sind Apfelkuchen und Apfelmehlspeisen. Auch Kompotte und Breie sind gefriergeeignet. Sie nehmen aber wertvollen Platz weg und sind deshalb in Gläsern besser aufgehoben.

Apfelbrot

Zutaten (für 3 Kastenformen): 1.200 g Äpfel (netto), 150 g Honig/Zucker, 150 g ganze oder grob gehackte Nüsse, 100 g Rosinen, 100 g Feigen, 750 g Weizenmehl (am besten Vollkornmehl), 3 EL Zimt, 3 EL Kakao, 2 Pck. Backpulver oder 6 TL Haushaltsnatron, nach Bedarf etwas Apfelsaft.

Zubereitung: Ungeschälte oder geschälte Äpfel in kleine Spalten schneiden, mit Honig/Zucker vermischen. Zugedeckt über Nacht ziehen lassen, damit Flüssigkeit entsteht.

Rosinen, geschnittene Feigen, Nüsse, Mehl (vermischt mit Gewürzen und Backpulver oder Natron) zu den Äpfeln mit dem entstandenen Saft geben, alles gut durcharbeiten. Ist der Teig zu fest, etwas Apfelsaft beifügen.

Apfeleis

Die Masse in gut gefettete oder mit Backfolie ausgelegte Formen geben. Bei schwacher Mittelhitze (175 °C beim konventionellen Herd) 60–75 Minuten backen.
Die noch warmen Apfelbrote je nach Bedarf portionieren, dann in Gefrierbeutel geben und tiefgefrieren. Haltbarkeit: 3–6 Monate.

Apfelsaft

Kaltgepresster, unerhitzter Apfelsaft lässt sich in Gefrierbehältern einfrieren. Die wertvollen Inhaltsstoffe bleiben so am besten erhalten. Aus Platzgründen ist dies nur für kleine Mengen möglich.

Apfeleis

Zutaten für 2–4 Portionen: 200 g Äpfel netto (ohne Schale und Kernhaus), Süßungsmittel nach eigenem Geschmack (z.B. 20–40 g Honig/Zucker = 2–4 gestr. EL), 50–100 ml Sahne, 1 Messerspitze Vitamin C (Ascorbinsäure).
Zubereitung: Geschälte, entkernte Äpfel mit Vitamin C mixen, um Bräunung zu vermeiden. Bei manchen Küchenmaschinen ist etwas Apfelsaftzugabe notwendig.
Nach eigenem Geschmack süßen, in kleinen Behältern einfrieren. Die gefrorene Masse fein reiben, mit der geschlagenen Sahne vermischen, sofort servieren. Dazu passt eine rohe Erdbeer- oder Himbeersoße.
Varianten: Apfel-Aprikosen-Eis, Apfel-Bananen-Eis, Apfel-Birnen-Eis, Apfel-Brombeer-Eis, Apfel-Erdbeer-Eis, Apfel-Himbeer-Eis (z. B. mit mehrmals tragenden Sorten). Ein Mischen mit fast allen Früchten ist möglich.

Trocknen

Aromatische, süße, mürbe, schlecht pressbare Früh- und Herbstäpfel, aber auch gut ausgereifte Lagersorten stehen oft in großen Mengen zur Verfügung. Zwischen den einzelnen Sorten gibt es beim Trocknen Unterschiede nicht nur im Aroma, sondern auch beim Aussehen. 7 kg Frischäpfel ergeben etwa 1 kg Trockengut.

So wird's gemacht: Äpfel mit oder ohne Schale in 1/2–1 cm dicke Spalten oder Ringe schneiden, auf Sieben nebeneinanderlegen und ins Trocknungsgerät geben. Je nach Luftfeuchtigkeit, Temperatur (30–50 °C), Menge und Zerkleinerungsgrad kann der Trocknungsvorgang 1–2 Tage dauern. Die Aufbewahrung der ledrigen Trockenware erfolgt dunkel in gut verschließbaren Gläsern.

Tipp: Angetrocknete Äpfel, die nur einen Teil der Trocknungszeit benötigen, lassen sich zerkleinert einfrieren. Sie eignen sich dann ohne Einweichen hervorragend für Früchtekuchen, Früchtebrot, Auflauf, Strudel, Getreidebrei und Müsli.

Apfelpulver

Getrocknete Früchte (am besten mit der Schale) in einer elektrischen Kaffeemühle zu Pulver vermahlen. In gut verschließbare Gläser geben oder einfrieren. Kein Auftauen erforderlich.
Verwendung: als wertvolles, ballaststoffreiches, schwaches Süßungsmittel (besonders für Diabetiker geeignet) für Müsli, Getreidebrei, Joghurt, Quark.

Haltbarmachen durch Trocknen

Apfelmischsaft mit Quitten und Weintrauben

Pasteurisieren (heiß einfüllen – einwecken)

Apfelsaft (kalt gepresst)

Große Mengen Fallobst sind nur durch Saftherstellung zu bewältigen. Auch Früchte, die klein sind und wenig Aroma haben, werden am besten versaftet. Das Mischen verschiedener Sorten und Qualitäten ist vorteilhaft. Am besten ist die Ausbeute in einer Packpresse (etwa 80 %). Kleinkorbpressen kommen auf etwa 65 % Ausbeute. Bei beiden Geräten ist vorher ein Zerkleinern (Maischen) der Früchte in einer Obstmühle notwendig. Beim elektrischen Haushaltsentsafter verläuft das Reiben und Pressen (Schleudern) zwar in einem Arbeitsgang, doch die Ausbeute liegt niedriger.
Ausführliche Beschreibung der Kaltpressung im Allgemeinen Teil (Weinbereitung).
Fachleute empfehlen, dem Press-Saft sofort Vitamin C (Ascorbinsäure) beizufügen, um eine stärkere Bräunung durch den Luftsauerstoff zu verhindern. Für 10 l Saft reichen 1–2 g Ascorbinsäure (1/4–1/2 gestrichener Teelöffel), die in Apotheken erhältlich ist.
Kalt gepresster Saft gärt ohne Kühlung rasch. Für die Vorratshaltung den Saft sofort auf 75–80 °C erhitzen. Bei höheren Temperaturen leiden Nährstoffe und Geschmack. Die beim Erhitzen entstehenden Trubstoffe mit einem Filter oder Sieb entfernen, dann in heiß gereinigte Flaschen füllen und verschließen.
Lohnkeltereien und aktive Gartenbauvereine verfügen über hervorragende Press- und Pasteurisiergeräte. Bei großen Mengen lohnt es sich, dort keltern zu lassen.
Verwendung: anstelle von Milch für süße Hefeteige, für Obstkuchenüberzug, Kompotte, Flammeri (Pudding), Getreidebreie, zum Tränken von Kuchen. Ein Schuss Apfelsaft macht den Tee, aber auch eine Salatsoße lieblicher. Der kalt gepresste Apfelsaft lässt sich mit Mineralwasser, Obst- und Gemüsesäften mischen (z. B. Saft aus Birnen, Brombeeren, Heidelbeeren, Himbeeren, Holunder, Johannisbeeren, Kirschen, Kürbis, Gelbe und Rote Rüben, Quitten, Pastinaken, Rettichen, Rhabarber, Sellerie, Stachelbeeren, Zucchini, Topinambur). Eine Zucker- oder Honigzugabe erübrigt sich bei den meisten Mischungen. Mit Gewürzen versetzt (Zimt, Nelken, Piment) und nach Bedarf noch etwas nachgesüßt, ergibt Apfelsaft mit Holunder-, Brombeer- oder Sauerkirschauszug einen aromatischen, alkoholfreien Punsch, der nicht nur Kindern schmeckt.

Apfelpunsch mit Holundersaft

Zutaten: 1 l Apfelsaft, 1/4 l Holundersaft, 1 Zimtstange, 3 Nelken, 1/2–1 unbehandelte Zitrone, Honig.
Zubereitung: 1/4 l Apfelsaft mit Zimt, Nelken, Zitronenschale aufkochen, 15 Minuten ziehen lassen. Gewürze abseihen, restliche Säfte zugeben. Auf Trinktemperatur erwärmen, etwas Zitronensaft zufügen, nach eigenem Geschmack mit Honig süßen. Das Getränk schmeckt heiß und kalt.

Apfelsaft (heiß entsaftet)

Äpfel lassen sich auch dampfentsaften. Allerdings ist die Ausbeute nicht hoch, der Kochvorgang dauert lange. Das beste Ergebnis bringt das Kochen der Äpfel mit etwas Wasser.
So wird's gemacht: Äpfel grob zerkleinern, nur den Kelch, nicht aber das Kernhaus entfernen. So viel Wasser zugeben, dass die Früchte bedeckt sind. Ohne Umrühren die Apfelstücke weich kochen (geht sehr gut im Dampfdrucktopf). Die Masse auskühlen lassen, evtl. über Nacht. Salatsieb mit Leinen- oder Baumwolltuch auslegen, gekochte Äpfel abtropfen lassen. Auch das Aufhängen mithilfe eines Kochlöffels über einem hohen Topf ist möglich. Ein Küchenhocker oder ein umgedrehter Stuhl ist dabei dienlich. Den Rest mit der Hand im gut verschlossenen Tuch auspressen.
Der Saft ist sämig und säuerlich. Wird er heiß (mindestens 75 °C) in Flaschen gefüllt und luftdicht verschlossen, hält er sich monatelang. Da sich besonders aus den Schalen und dem Kernhaus viele Pektinstoffe lösen, eignet sich der heiß gewonnene Saft auch für die Geleebereitung.

Apfelgelee

Zutaten zur Saftgewinnung: Äpfel, eventuell auch Schalen, Apfelreste, Wasser.
Besonders gut gelieren unreife Äpfel. Allerdings fehlen ihnen oft die Geschmacksstoffe.

Zubereitung: Siehe Apfelsaft heiß entsaftet.
Zutaten für Gelee: 1 l gekochter, sämiger Apfelsaft, Süßungs- und Geliermittel nach eigener Wahl.
Zubereitung: Apfelsaft mit Süßungs- und Geliermittel nach Gebrauchsanweisung des Geliermittels zu Gelee kochen. Heiß in Gläser füllen, verschließen, ein paar Minuten auf den Kopf stellen.
Varianten: Einen aparten Geschmack erhält das Gelee, wenn ein Büschel Pfefferminze mit kochendem Apfelsaft übergossen wird (10 Minuten ziehen lassen). Auch durch Zugabe von roten Säften sieht das Gelee noch einladender aus.
Mischung: 3/4 l Apfelsaft, 1/4 l Holundersaft, Gelier- und Süßungsmittel.

Gelee ohne Geliermittel

Wird sämiger Apfelsaft längere Zeit mit Zucker (3/4–1 kg pro 1 l Saft) gekocht, geliert er auch ohne Geliermittel. Gelierprobe machen: dazu eine kleine Menge der kochenden Masse auf einen kalten Teller geben. Wird sie fest, kann abgefüllt werden, sonst noch weiterkochen.

Pikantes Apfelweingelee

Zutaten: 1 l Apfelwein (Gärmost), 250 g Zucker, 3–4 gestr. TL Agar-Agar. Statt Agar-Agar kann auch ein anderes Geliermittel Verwendung finden. Allerdings sollte der Zuckeranteil nicht zu hoch sein.
Zubereitung: Agar-Agar mit dem Apfelwein verrühren, zusammen mit dem Süßungsmittel 2–4 Minuten kochen. Heiß in Gläser füllen, verschließen. Durch das Kochen entweicht der Alkohol größtenteils, aber die Geschmacksstoffe bleiben erhalten.

Apfelbrei

Verwendet werden Fallobst sowie kleine, überreife, leicht verkochende Äpfel.
Zutaten: 1 kg Äpfel, 1/4–1/2 l Wasser, Apfel- oder Birnensaft, 50–100 g Honig/Zucker oder anderes Süßungsmittel, nach Belieben Gewürze (Zimt, Ingwer, Piment).
Zubereitung: Äpfel mit der Schale zerkleinern, Kernhaus und Blütenansatz entfernen. In der Flüssigkeit weich kochen, durchpassieren, abschmecken. Nochmals erhitzen, heiß in Gläser füllen, verschließen.

Apfelbrei mit Apfelwein (Gärmost)

Anstelle von Wasser oder Saft Apfelwein verwenden. Das Püree gewinnt an Geschmack.
Varianten: Wird ein Teil der Äpfel durch Aprikosen ersetzt, erhält man einen besonders schmackhaften goldgelben Brei. Empfehlenswert sind Mischungen mit Renekloden, Pfirsichen oder Nektarinen. Auch der Kürbis ist in geringer Menge ein brauchbarer Partner. Zuckersparend wirkt sich die Beigabe von reifen Birnen und Mirabellen aus. Apfelbrei ohne Süßungsmittel heiß einfüllen. Erst vor dem Verzehr mit Honig süßen.

Apfelkompott aus unterschiedlich zerkleinerten Äpfeln, und geraspeltes Apfelmark

Geraspeltes Apfelmark

Besonders geeignet für mürbe, leicht zerfallende Äpfel und für Fallobst.
Zutaten: 1 kg geschälte, entkernte Äpfel, bis zu 50 g Honig/Zucker, 2 Messerspitzen Vitamin C (Ascorbinsäure).
Zubereitung: Die Äpfel grob raspeln, sofort mit Vitamin C vermischen (sie werden sonst sehr schnell braun). Ohne Flüssigkeitszugabe weich dünsten (5–10 Minuten). Nach eigenem Geschmack süßen. Heiß in kleine Gläser füllen, mit einer Gabel immer wieder hineinstechen, um Zwischenräume zu beseitigen, verschließen.
Bei größeren Mengen ist Nachpasteurisieren im Wasserbad (20 Minuten bei 85 °C) empfehlenswert.
Verwendung: Als Zwischenmahlzeit, Beigabe zu Müsli, Quark, Getreidebrei, Füllung für Torten, Biskuitrouladen, Linzer Kuchen anstelle von Marmelade. Wird ungesüßtes Apfelmark mit Senf, Meerrettich und nach Belieben auch mit etwas geschlagener Sahne, Sauerrahm oder Joghurt vermischt, eignet es sich auch als Fleischbeigabe (bei gekochtem Rindfleisch, Hackbraten, Würstchen).
Variante: Werden die Äpfel fein gerieben, kann das Apfelmark auch ein Fruchtaufstrich sein. Besonders empfehlenswert für Diabetiker. Apfelmark schmeckt auch bei Zugabe von etwas Konfitüre.

Apfelkompott mit Aprikosen

Fruchtaufstrich (Marmelade)

Mit wenig oder ohne Wasser (z. B. Dampf) gekochter Apfelbrei oder roh gemixte Äpfel können durch Zusatz eines Geliermittels zum Aufstrich werden. Er ist allerdings farblich und geschmacklich nicht überwältigend. Äpfel harmonieren aber sehr gut mit anderen Früchten und mildern oft den intensiven Geschmack von Apfelbeeren, Brombeeren, Holunder, Jostabeeren und Kürbissen. Ein Drittel bis zur Hälfte kann Apfelbeigabe sein.

Apfel-Aprikosen-Aufstrich (ohne Geliermittel)

Für diesen Aufstrich eignen sich Falläpfel, die nicht überreif sind. Sie gelieren besser.

Zutaten: 500 g geschälte, entkernte Äpfel, 500 g entsteinte Aprikosen, 100–250 g Honig/Zucker oder anderes Süßungsmittel.

Zubereitung: Äpfel schälen, raspeln, Aprikosen fein schneiden, alles weich dünsten (etwa 10 Minuten), nach eigenem Geschmack süßen. Die heiße Masse in Gläser füllen und verschließen.

Verwendung: z. B. als Brotbelag, zum Füllen von Pfannkuchen und Torten.

Dreifruchtkonfitüre

Zutaten: 500 g entkernte Äpfel, 500 g entsteinte Nektarinen, 500 g entsteinte Aprikosen, Gelier- und Süßungsmittel.

Zubereitung: Äpfel raspeln, Nektarinen und Aprikosen fein schneiden, alles weich dünsten. Nach Belieben durchpassieren. Gelier- und Süßungsmittel zugeben. Nach Gebrauchsanweisung des Geliermittels kochen. Heiße Masse in Gläser füllen, verschließen.

Einfaches Apfelkompott

Zutaten: 500 g geschälte, entkernte Äpfel (fest kochend), 1/2 l Wasser, 50–75 g Honig/Zucker oder anderes Süßungsmittel, nach Belieben Gewürze (z. B. Zimtrinde, Vanilleschote, Ingwer, Piment).

Zubereitung: Äpfel zerkleinern (Spalten, Würfel, Kugeln). Um das Oxidieren zu vermeiden, sofort in den kochenden Sud geben, vorsichtig ziehen lassen. Die Garzeit hängt von der Apfelsorte und der Zerkleinerungsart ab. Heiß in Gläser mit Schraubverschluss füllen (randvoll), verschließen, ein paar Minuten auf den Kopf stellen. Damit die oberste Schicht sich nicht braun verfärbt, kann das Schraubglas auch einige Zeit in dieser Stellung verbleiben.

Tipps zur Verwertung: Die Menge des Süßungsmittels hängt von der Apfelsorte und vom persönlichen Geschmack ab. Gewürze mit dem Sud kochen oder vor dem Verzehr pulverisiert zugeben.

Das gekochte Apfelkompott schmeckt fruchtiger, wird wertvoller und abwechslungsreicher durch Zugabe unerhitzter Säfte (Apfel-, Birnen-, Johannisbeer-, Sanddorn-, Zitronensaft), frischer oder gefrorener Früchte (Erdbeeren, Himbeeren, Johannisbeeren, Trauben) oder von Nüssen und Honig vor dem Verzehr. Für Diabetiker mit Zuckeraustauschstoffen oder mit Apfel- bzw. Birnensaft süßen.

Variante: Für die Herstellung von weinsäuerlichem Kompott anstelle das Wassers 1/2 l Apfelwein (Gärmost) verwenden.

Apfelkompott mit Birnen- oder Apfelsaft

Zutaten: 1/2 l Birnen- oder Apfelsaft (ohne Zuckerzusatz), 500 g geschälte, entkernte, fest kochende Äpfel, bis zu 75 g Honig/evtl. Zucker oder anderes Süßungsmittel, Gewürze nach Belieben. Zubereitung wie einfaches Apfelkompott.

Einkochen im Wasserbad

Geeignet für größere Mengen oder Äpfel, die beim heiß Einfüllen zum Verkochen neigen. Das Verfärben wird durch den Saft einer Zitrone oder einer Messerspitze Ascorbinsäure auf 1 l Wasser verzögert oder verhindert. Die geschälten, zerkleinerten Äpfel in Einmach- oder Schraubgläser geben, mit kochendem Sud übergießen, verschließen. Anschließend in das heiße Wasser des Einkochtopfes geben und 30 Minuten bei 85 °C pasteurisieren.

Varianten: Äpfel mit Birnen, Pfirsichen, Renekloden, Aprikosen oder Mirabellen mischen.

Gärung (Alkohol, Essig)

Apfelwein (Gärmost)

Roh gepresste Apfelsäfte lassen sich durch die Umwandlung in Apfelwein ohne Erhitzen haltbar machen. Gut bewährt haben sich

Leichter Gärmostpunsch

Mischungen verschiedener Apfel- und Birnensorten, die Säure und Süße mitbringen. Spitzenqualitäten liefern allerdings sortenreine Apfelsäfte und Apfelweine.
Ausführliche Beschreibung im Allgemeinen Teil (Weinherstellung).
Verwendung: als Getränk, für Mostsuppe, Mostsoße, Herstellung von Gelee, Kompott, Fruchtpüree, zum Tränken von Gebäck.
Durchgegorener, trockener Apfelwein ist auch für Diabetiker geeignet. Er hat weniger Alkohol und damit auch weniger Kalorien als Weißwein. Vermischt mit Mineralwasser oder Apfelsaft ist der Apfelwein ein durstlöschendes Getränk.

Leichter Gärmostpunsch
Zutaten: 1/2 l Apfelwein, 1 l Apfelsaft, 1 Stück Zimtstange, einige Nelken, Piment.
Zubereitung: 1/4 l Apfelsaft mit den Gewürzen aufkochen, dann 10 Minuten ziehen lassen, anschließend abseihen. Most und den restlichen Apfelsaft zugeben. Auf Trinktemperatur erwärmen, nicht kochen.

Apfelessig
Die Herstellung ist nicht aufwändig, denn die Hauptarbeit erledigen die Essigbakterien. Apfelessig ist ein wertvolles, gesundes Produkt, das in der Küche und im Haushalt vielseitig einsetzbar ist. Die Herstellung (siehe Allgemeiner Teil) kann deshalb nur empfohlen werden.
Apfelessig mit Wasser oder Apfelsaft vermischt, evtl. noch mit Honig gesüßt, ergibt ein durstlöschendes, verdauungsförderndes Getränk.

Apfelbeere – Aronia

Der etwa 2 m hohe, robuste Strauch aus der Familie der Rosengewächse ist in Nordamerika beheimatet, wird aber besonders in Russland kultiviert, da er extrem frosthart ist. Auch in der Färbekraft ist die Apfelbeere unübertroffen. Die Ansprüche an den Boden und das Klima sind eher gering.

Die Früchte enthalten reichlich Gerbstoffe und besonders viele Anthocyane. Diese blauen, violetten oder roten Farbstoffe besitzen antioxidative Eigenschaften. Sie hemmen bestimmte gesundheitsschädliche Vorgänge im Körper. Geschützt werden besonders die wertvollen ungesättigten Fettsäuren. Ein günstiger Einfluss gegen Arteriosklerose wird vermutet. In Russland hat Aronia den Rang einer Heilpflanze, die gegen Bluthochdruck, Leber- und Gallenerkrankungen sowie gegen Strahlungsschäden eingesetzt wird.

Ernte

Die Ernte der erbsengroßen, schwarz-blauen Beeren ist einfach, denn bis zu 15 Stück hängen an einem Fruchtstand zusammen. Sie werden ab Mitte Juli reif. Frische Beeren sind nur bei den Amseln beliebt. Der Rohgenuss ist nicht verlockend, denn sie schmecken herb-süß und wirken zusammenziehend (adstringierend). Die Früchte sind 1–2 Wochen lagerfähig, gekühlt etwas länger.

Konservierungsmöglichkeiten

Tiefgefrieren

Die Apfelbeere mit ihrer festen Schale ist gefriertauglich. Da sie sich kaum für den Frischverbrauch eignet, ist eine spätere Weiterverarbeitung (z. B. für Mischkonfitüre) notwendig. Sie ist auch zum Färben von Tee und Säften geeignet.

Trocknen

Apfelbeeren lassen sich wie Heidelbeeren trocknen. Die zähe Schale bremst aber den Wasserentzug. Trockenfrüchte geben Saft und Tee etwas Farbe. Vor der Verwendung einige Zeit einweichen.

Pasteurisieren (heiß einfüllen – einwecken)

Apfelbeersaft (dampfentsaftet)
Die Beeren 30–45 Minuten in den Dampfentsafter geben (Schnellkochtopf 10–20 Minuten). Nach Belieben süßen (10–15 % =

Die frostharte Apfelbeere wurde vor allem in Osteuropa züchterisch bearbeitet.

100–150 g Honig/Zucker auf 1 l Saft). Die heiße Flüssigkeit (mind. 75 °C) in Flaschen füllen, verschließen.
Verwendung: für Tee, Punsch, Glühwein, gemischt mit div. Säften.
Variante: Zusammen mit Holunder, Brombeeren, Stachelbeeren oder Johannisbeeren entsaften.
Gesundheitstipp: Wird der aromatische Saft später mit Apfel-, Birnen- oder Traubensaft gemischt, ist kein Süßungsmittel notwendig.

Apfelbeersaft (auf einfache Art)
Wer keinen Dampfentsafter hat, kocht die Beeren mit etwas Wasser (nicht musig) und lässt dann die Flüssigkeit durch ein Sieb, Baumwoll- oder Leinentuch ablaufen. Den Saft erhitzen, in Flaschen geben, verschließen.

Gelee
Den durch Hitze gewonnenen Saft mit Gelier- und Süßungsmittel vermischen und nach Gebrauchsanweisung des Geliermittels kochen. Heiß in Gläser füllen, verschließen.
Variante: Saft mit Apfel-, Birnen-, Holunder- oder Brombeersaft mischen.

Fruchtpüree – Fruchtsoße
Rückstände von der Saftgewinnung ergeben zusammen mit anderem Obst (z. B. Brombeeren, Holunder, Zwetschgen, geriebenen Äpfeln, Birnen) ein gutes Fruchtpüree.
So wird's gemacht: Frisches Obst (entkernt, entsteint, zerkleinert) kochen, bei Bedarf etwas Flüssigkeit beifügen. Zum Schluss die Rückstände vom Dampfentsaften zugeben. Die heiße Masse passieren. Nach Belieben süßen (hält sich auch ungesüßt). Kochend heiß in Schraubgläser füllen, verschließen.
Verwendung: z. B. für Getreidebrei, Pudding, Joghurt, Kefir.

Fruchtaufstrich (Marmelade)
Rückstände von der Saftgewinnung verwenden oder Beeren kochen, mixen oder durchpassieren. Gelier- und Süßungsmittel, nach Belieben auch Gewürze (z. B. Zimt, Anis, Nelken) zugeben, nach Gebrauchsanleitung kochen. Heiß in Gläser füllen, verschließen.
Variante: Apfelbeerpüree mit anderen Früchten mischen (z. B. Renekloden, Mirabellen, Brombeeren, Zwetschgen, Stachelbeeren).

Gärung (Alkohol, Essig)

Apfelbeerwein
Aus Zucker, Wasser und Beeren kann ein mehr oder weniger starker Wein hergestellt werden. Die Früchte (evtl.einfrieren) lassen sich auch mit Apfelsaft zu Wein vergären. Zuckerung entfällt dadurch. Die Weitervergärung des Weines zu Essig ist möglich. Nähere Beschreibung der Alkohol- und Essiggärung im Allgemeinen Teil.

Einlegen

Apfelbeeren in Essig
Apfelbeeren in ein Glas geben und mit Apfelessig bedecken. 2–4 Wochen dunkel ziehen lassen, abseihen. Der dunkelrote Essig eignet sich für Salatmarinaden und als Getränk. Dazu 1 TL Fruchtessig auf ein Glas Wasser/Apfelsaft geben. Evtl. mit Honig süßen.

Aufstrich, Saft und Kompott aus der Apfelbeere

Aprikose

Die Aprikosen enthalten von allen bei uns kultivierten Obstarten das meiste Pro-Vitamin A, das Haut und Schleimhäute schützt, die Sehkraft und die Immunabwehr stärkt. Mit 150 g Frischware lässt sich der Tagesbedarf an ß-Karotin decken. Besonders die Trockenfrucht, die verdauungsfördernd wirkt, hat Spitzenwerte. Der hohe Kaliumgehalt hilft mit bei der Entwässerung. Gut auch als Beigabe für Obstsalate.

Ernte

Die Aprikosen reifen nicht alle gleichzeitig am Baum. Für den Frischverzehr ist das sehr vorteilhaft. Am besten im Geschmack und am höchsten im Nährwert sind die voll ausgereiften Früchte. Eine gewisse Nachreife ist möglich. Der Handel macht sich dies zunutze, aber Würze, Saft und Duft leiden bei einer frühen Abnahme.

Aprikosen lassen sich einige Tage kühl lagern. Möglichst wenig drücken. Die Saison verlängert sich durch den Anbau verschiedener Sorten.

Hinweise zur Verwertung

Aprikosen haben ein feines, ausgeprägtes Aroma. Sie brauchen kaum Gewürze.
Zum Süßen eignet sich auch Honig. Sein Eigenaroma tritt allerdings manchmal zu stark hervor. Helle Honigsorten bevorzugen oder nur einen Teil des Zuckers (ein Drittel oder die Hälfte) durch Honig ersetzen.

Aprikosen verfärben sich nach dem Zerkleinern. Besonders stark tritt dies beim Mixen roher Früchte auf. Schnelle Verarbeitung, Kochen, Zugabe von Zitronensaft oder Vitamin C wirkt dem entgegen. Auch beim Einwecken können sich Aprikosen braun färben, wenn sie nicht ganz mit Flüssigkeit bedeckt sind.

Durch die hohen Apfel- und Zitronensäurewerte schmecken die gekochten Aprikosen säuerlich. Beim Rohverzehr fällt die Säure weniger auf. Das Abziehen der Haut (kurz ins kochende Wasser geben) ist möglich, aber nicht notwendig. Die Früchte werden dadurch weicher, sind schlechter zu verarbeiten, bräunen schneller und enthalten weniger Ballaststoffe.

Fruchtmischungen: Aprikosen schmecken auch für sich allein sehr gut. Sie bereichern auch anderes Obst (z. B. Äpfel, Birnen, Pfirsiche, Nektarinen, Renekloden, Mirabellen) durch Aroma und Farbe. So lässt sich die etwas rare Frucht strecken.

Trocknen der Aprikosen

Konservierungsmöglichkeiten

Tiefgefrieren

Nur bedingt geeignet für rohe Früchte. Kleinere rohe Aprikosen werden nach dem Waschen und Abtrocknen eingefroren. Unaufgetaut finden sie Verwendung für Knödel und Rohrnudeln. Halbierte, entsteinte Früchte (angetaut oder aufgetaut) sind für Bowle, Obstsalat, Müsli, Kompott oder Dickmilch brauchbar. Ein Braunfärben nach dem Auftauen ist nicht auszuschließen. Farblich besser schneiden Aprikosen ab, wenn sie mit einer Zuckerlösung bedeckt werden, die etwas Vitamin C enthält. Gekochte Früchte sind gefriertauglicher, allerdings nehmen sie wertvollen Platz weg. Sie sind in Gläsern besser aufgehoben.

Fruchtpüree – Fruchtsoße (ungekocht)
250 g entsteinte Aprikosen schneiden, mit 25–50 g Honig/Zucker oder anderem Süßungsmittel, einer Messerspitze Vitamin C oder Zitronensaft und nach Bedarf mit etwas Wasser oder Fruchtsaft mixen, einfrieren. Die Menge lässt sich beliebig erhöhen.
Verwendung: für Eis, Dickmilch, Müsli, als Soße für Mehlspeisen, verdünnt als Getränk.

Aprikosen-Apfel-Eis (für 2–4 Portionen)
Zutaten: 100 g entsteinte Aprikosen, 100 g entkernte, geschälte Äpfel (z. B. Frühäpfel), Messerspitze Vitamin C oder Zitronensaft,

Süßungsmittel nach eigenem Geschmack (z. B. 10–20 % = 20–40 g Honig/Zucker), 50–100 ml Sahne.
Zubereitung: Zerkleinertes Obst mit Vitamin C oder Zitronensaft mixen. Nach Bedarf etwas Wasser oder Fruchtsaft zugeben, süßen. In einen flachen Gefrierbehälter geben und tiefgefrieren. Den Eisblock fein reiben. Fruchtschnee mit geschlagener Sahne mischen.

Trocknen

Aprikosen sind ein klassisches Trockenobst. Trotzdem sind sie beim Trocknen nicht ideal. Der Wasserentzug dauert relativ lange. Außerdem werden geschnittene Früchte schnell braun (das beeinträchtigt den Geschmack aber nicht). Helle Handelsware ist überwiegend chemisch behandelt.
So wird's gemacht: Gut ausgereifte, gewaschene Aprikosen vierteln oder achteln, damit die Verdunstungsoberfläche groß ist. Kleinere Früchte bevorzugen. Temperatur: 40–50 °C. Zeit: 2–3 Tage, je nach Beschickung und Gerät. Getrocknete Ware in verschließbare Behälter geben. Dunkel und kühl aufbewahren.
Tipp: Die Trocknungszeit lässt sich durch Einfrieren halbtrockener, elastischer Ware erheblich verkürzen. Das spätere Einweichen entfällt.
Verwendung: zu Müsli, Getreidebrei, Obstsalat, Dickmilch, Quark, Eisbecher, Früchtekuchen, Strudel, Weihnachtsplätzchen. Am besten unerhitzt genießen.

Pasteurisieren (heiß einfüllen – einwecken)

Aprikosenkompott
Bei größeren Mengen empfiehlt sich das Einkochen im Wasserbad. Die Früchte behalten dabei recht gut die Form.
Zutaten: Aprikosen, gesüßter Aufguss (150–200 g Honig/Zucker auf 1 l Wasser).
Zubereitung: Früchte in gleichmäßige Stücke schneiden, in Gläser schichten, sofort mit heißem Sud übergießen, um Verfärbungen zu vermeiden. Die Gläser ins heiße Wasserbad geben. 30 Minuten bei 85 °C pasteurisieren. Für 1 kg Früchte wird etwa 1/2–3/4 l Wasser benötigt.
Varianten: Kleine Aprikosen ganz in Gläser geben. Allerdings lassen sie sich nicht so raumsparend unterbringen. Die Einweckzeit verlängert sich dann um 10 Minuten.
Tipp: Damit an der Oberfläche keine Braunfärbung eintritt, am besten auch beim Einwecken Schraubgläser verwenden. Sie lassen sich randvoll füllen und nach dem Pasteurisieren sofort auf den Kopf stellen.

Aprikosenkompott

Aprikosensoße
Sie passt gut zu Mehlspeisen und Eis. Die Soße hält sich gekocht auch ohne Süßungsmittel. Abschmecken mit Honig vor dem Verzehr ist möglich.
Zutaten: 1 kg entsteinte Aprikosen, 1/4 l Wasser, bis zu 150 g Honig/Zucker oder anderes Süßungsmittel.
Zubereitung: Gewaschene, entsteinte Aprikosen zerkleinern, mit Wasser kochen, durchpassieren oder mixen, nach Belieben süßen. Kochend heiß in Gläser oder Flaschen füllen, verschließen.

Aprikosen-Apfel-Brei
Weiche Früchte und Fallobst sind dafür gut geeignet. Das Verhältnis Aprikosen/Äpfel lässt sich beliebig verändern.
Zutaten: 1/4 l Wasser oder Apfel/Birnen-Saft, 500 g entsteinte Aprikosen, 500 g entkernte Äpfel, nach Belieben Süßungsmittel (z. B. 50–100 g Honig/Zucker).
Zubereitung: Früchte zerkleinern, sofort weich dünsten, passieren, nach eigenem Geschmack süßen. Kochend heiß in Gläser füllen, sofort verschließen. Vor dem Verzehr eventuell mit frisch geriebenen Äpfeln oder rohen Säften aufwerten.

Mischungen: Aprikosen ergeben auch mit Birnen, Renekloden, Pfirsichen oder Nektarinen einen guten Brei.

Aprikosenaufstrich
Dieser Fruchtaufstrich ist sehr fein und wird auch zum Überziehen (Aprikotieren) von Gebäck verwendet. Aprikosen können vor dem Kochen gemixt werden, die Kochzeit verkürzt sich dadurch. Die

Zugabe von Zitronensaft, Vitamin C oder schnelles Kochen ist aber erforderlich, um die Bräunung zu verhindern.
Zutaten: 1–11/4 kg entsteinte Aprikosen, 1/2–1 Zitrone oder 2 Messerspitzen Vitamin C, 250–500 g Honig/Zucker oder anderes Süßungsmittel, Geliermittel nach eigener Wahl.
Zubereitung: Fein geschnittene oder gemixte Aprikosen mit Süßungs- und Geliermittel vermischen, nach Gebrauchsanweisung kochen. Anschließend in Gläser füllen, verschließen.

Einlegen

Aprikosen in Alkohol
Aprikosenstücke passen auch in den Rumtopf. Sie geben die gelbe Farbe an die Flüssigkeit ab, die Frucht wird allerdings bräunlich und weich. Näheres im Allgemeinen Teil (Einlegen in Alkohol).

Birne

Die Inhaltsstoffe der Birne sind ähnlich wie beim Apfel. Auch der Zuckergehalt liegt im Durchschnitt nicht höher. Da Birnen wenig Fruchtsäuren besitzen, werden das Fruchtfleisch und der Saft als süßer empfunden.

Birnen enthalten etwas mehr Folsäure (wichtig für Blutbildung und Verdauung), aber weniger Vitamin C als Äpfel.

Ernte

Der Erntezeitpunkt wird wesentlich von der Sorte, in geringerem Maße auch vom Witterungsverlauf bestimmt. Oft sind die Früchte nicht so windfest und fallen schon vor der Baumreife. Ein wiederholtes Durchpflücken ist notwendig. Bei den Frühsorten liegen Pflück- und Genussreife eng beisammen.
Einige Birnen-Sorten neigen außerdem zum Mehlig- oder Teigigwerden. Deshalb sollte zumindest ein Teil der Birnen vor der Vollreife geerntet werden, wenn sie noch hart sind. So bleibt mehr Zeit zum Genießen und Verarbeiten.
Eine sehr sinnvolle anbautechnische Möglichkeit einer plötzlichen Birnenschwemme entgegen zu wirken, sind mehrere Sorten (auch am selben Baum) mit unterschiedlichen Reifungszeiten.

Most- oder Weinbirnen mit ihrem herbsüßen Geschmack fallen i. d. R. selbst vom Baum und werden möglichst schnell gepresst. Lagerbirnen, deren Aroma sich erst nach Wochen entwickelt, können länger hängen, sie werden aber auch hartreif geerntet.

Lagerung

Die Lagerfähigkeit ist wesentlich geringer als beim Apfel. Wenn es auch ausgesprochene Winterbirnen gibt, erfolgt die Ausreife einer Sorte doch ziemlich einheitlich. Der Frischverzehr ist dann auf kurze Zeit beschränkt. Die Lagerung einer Sorte in unterschiedlich temperierten Räumen bringt eine Ausweitung der Genussreife. Je kühler (möglichst nahe dem Gefrierpunkt) der Aufbewahrungsort ist, desto mehr verzögert sich der Reifungsprozess.

Konservierungsmöglichkeiten

Die wärmeliebende Birne, die hohe Anforderungen an den Standort stellt, kann süß, saftig, schmelzend, aromatisch, aber auch, je nach Jahreswitterung, Lage und Boden rübig, grießig oder steinig, also von minderer Qualität sein. Diese Eigenschaften spielen für die Lagerung und Verwertung eine gewisse Rolle. So sind steinige Früchte, wenn man sie trocknet, kein großer Genuss. Bei Säften macht sich dies weniger bemerkbar.

Tiefgefrieren

Nur blanchiert, gekocht oder gebacken ist die Birne gefriergeeignet. Ausnahmen: roher Birnensaft und Birnenbrei mit Zitronensaft.

Birneneis (für 2–4 Portionen)
Zutaten: 200 g Birnen, 1/2 Zitrone oder 1 Msp. Vitamin C, evtl. 20–30 g Honig/Zucker = 2–4 gestr. EL, 50–100 ml Sahne.

Reife, überreife und harte Birnen

Zubereitung: Saftige, aromatische Birnen schälen und mit etwas Zitronensaft oder Vitamin C mixen, um Verfärbungen zu vermeiden, anschließend einfrieren. Den Eisblock fein reiben. Fruchtschnee langsam mit der geschlagenen Sahne vermischen.
(Ausführliche Beschreibung der Eisbereitung im Allgemeinen Teil)

Birnendatschi
Bei einem reichen Angebot Birnendatschi (Hefeteig, Quarkölteig) backen und einfrieren (ohne Tortenguss). Gut gefriergeeignet sind auch Birnenbrot (Rezept wie Apfelbrot) und Birnenkuchen.

Trocknen

Unsere Vorfahren schoben überreife Früchte, die innen schon weich (teigig) und braun waren, nach dem Brotbacken in den Ofen oder nutzten die Wärme des Kachel- oder Küchenherdes. Das Endprodukt waren Kletzen oder Hutzeln, also gedörrte, geschrumpfte Birnen, die in Truhen oder Leinensäckchen aufbewahrt wurden.

Für gute Kletzen sind die richtigen Birnensorten ausschlaggebend. Süße, aromatische Birnen bringen beste Ergenisse. Hervorragend eignen sich die 'Gute Graue' oder die niederbayerische 'Kolberreuthbirne', ein Massenträger der Streuobstwiese. Auch 'Tongern', 'Conférence', 'Clapps Liebling', 'Rote Dechantsbirne' und 'Oberösterreichische Weinbirne' sind brauchbar.

Kletzen (Backobst)
Überreife, teigige Birnen je nach Größe halbieren, vierteln oder achteln, Kernhaus entfernen. Kleine Früchte lassen sich auch im Ganzen dörren. Allerdings dauert der Trocknungsprozess durch die geschlossene Oberfläche länger.
Tipp: Noch nicht teigige Birnen etwa 1–2 Stunden im Backofen bei 150 °C „nachreifen" lassen, bis sie braun sind. Dadurch bekommen sie den typischen Kletzengeschmack.
Nach dem Zerteilen und Entkernen die Früchte auf die Roste des Trockenapparates geben, bei etwa 50 °C dörren. Trocknungszeit 2–3 Tage, je nach Zerkleinerung und Masse. 5 kg Birnen ergeben etwa 800 g Trockenware.
Verwendung: für Kletzen- oder Früchtebrote, Dörrobstkompott und Kletzensoße.

Birnen in Scheiben getrocknet
Vollreife, süße, schmelzende Birnen, die nicht steinig, hart oder teigig sind, lassen sich auch sehr gut als Scheiben trocknen. Ausgezeichnet ist dafür die Sorte 'Williams Christ' geeignet, aber auch andere aromatische Tafelbirnen bringen gute Ergebnisse.

Birnen beim Trocknen

So wird's gemacht: Birnen (mit oder ohne Schale) halbieren, Kernhaus entfernen, in 1/2–1 cm dicke Spalten schneiden, auf die Trockensiebe legen, schonend bei 40–50 °C trocknen. Dörrzeit je nach Gerät und Beschickung 1–2 Tage.
Tipp: Die Trocknungszeit verkürzt sich wesentlich, wenn Birnen nur schwach getrocknet und dann eingefroren werden. Je nach Verwendungszweck zerkleinern oder in Spalten einfrieren.
Verwendung: z. B. für Müsli, Obstsalat, Kompott, Früchtekuchen, Reis-, Hirsebrei, Aufläufe.

Pasteurisieren (heiß einfüllen – einwecken)

Birnensaft (kalt gepresst)
Birnen liefern beim Dampfentsaften kein besonders gutes Ergebnis. Besser sieht es beim Kaltpressen aus.
Nur feste Birnen lassen sich gut in einer elektrischen Saftzentrifuge pressen. Weiche Früchte bringen zu wenig oder breiigen Saft und verstopfen die Maschine. Geeignet für die Saftgewinnung sind feste Fallbirnen, die sich nicht lange halten. Wird gleich beim Entsaften etwas Vitamin C (1/4–1/2 gestrichener Teelöffel für 10 l) zugesetzt, verfärbt sich der Saft nicht so schnell.

Der Saft besitzt ein sehr feines Aroma und hat von allen einheimischen Obstsäften die wenigsten Säuren (Apfel-, Zitronensäure). Der flüssige Birnenauszug ist recht brauchbar zum Einmachen von säurereichen Früchten (wie z. B. Äpfel, Blutpflaumen, Himbeeren, Johannisbeeren, Sauerkirschen), Mischen von Säften, Geleeherstellung und für Apfelwein (Most).

Der frisch gepresste Saft fängt ungekühlt bald zu gären an. Wird er auf etwa 80 °C erhitzt und heiß in Schraubflaschen gefüllt, ist er ungeöffnet bis zur nächsten Ernte haltbar.

Birnengelee

Den säurearmen Saft mit säurereicheren Säften (z. B. Kornelkirsch-, Sanddorn-, Zierapfelsaft) oder mit Apfel-Birnen-Wein (Gärmost) mischen.

Zutaten: 1 l Birnen- oder Birnenmischsaft, Süßungs- und Geliermittel.

Zubereitung: Saft mit Süßungs- und Geliermittel vermischen, nach Gebrauchsanleitung des Geliermittels kochen. Heiß in Gläser füllen, verschließen.

Fruchtpüree

Weiche Birnen sind für die Herstellung von Brei gut geeignet.

Zutaten: Birnen, Süßungsmittel, nach Belieben Gewürze (z. B. Ingwer, Vanille, Zitronensaft).

Zubereitung: Zerkleinerte, entkernte Birnen mit wenig Wasser oder Apfelsaft kochen, dann mixen oder passieren (wichtig bei steiniger Ware). Nach Belieben süßen. Kochend heiß in Schraubgläser füllen, verschließen.

Varianten: Birnen-Apfelbrei, Birnen-Reneklodenbrei, Birnen-Pfirsichbrei, Birnen-Aprikosenbrei.

Gesundheitstipp: Ungesüßtes Püree vor dem Verzehr mit Honig süßen und frisch gemixte Früchte der Saison zufügen (z. B. Aprikosen, Äpfel, Birnen, Erdbeeren, Pfirsiche, Kiwi).

Birnenaufstrich (Marmelade)

Birnenfruchtbrei wird durch Geliermittel zu Marmelade.

Zutaten: 1 l Birnenbrei oder Fruchtgemisch, Süßungs- und Geliermittel, nach Belieben einen Schuss Birnengeist.

Zubereitung: Fruchtbrei mit Gelier- und Süßungsmittel mischen, nach Gebrauchsanweisung des Geliermittels kochen. Heiß in Schraubgläser füllen, verschließen.

Birnenkompott

'Alexander Lucas', 'Clapps Liebling', 'Doppelte Philippsbirne', 'Eldorado', 'Frühe von Trévoux', 'Gellerts Butterbirne', 'Gute Luise', 'Herzogin Elsa', 'Stuttgarter Geishirtle' und 'Williams Christ' sind wertvolle Sorten, wobei die Reife entscheidend ist. Früh gepflückte Birnen sind oft hart, das Aroma ist nicht voll entwickelt. Überreife Früchte zerfallen dagegen leicht. Die Birnen können für einen späteren Kuchenbelag halbiert, für Kompott geviertelt oder geachtelt und für Obstsalat oder Müsli gewürfelt werden.

Kompott, Aufstrich und Saft aus Birnen

Zutaten: 1 l Wasser oder 1 l Apfel- oder Birnensaft oder 3/4 l Rotwein und 1/4 l Holundersaft, 50–150 g Honig/Zucker oder anderes Süßungsmittel, Saft von 1/2–1 Zitrone, 11/2–2 kg reife, feste Birnen, nach Belieben Gewürze (z. B. Zimtstange, Nelken, Piment).

Zubereitung: Birnen schälen. Entsprechend dem Verwendungszweck zerkleinern. Sofort in den kochenden Sud geben. Vorsichtig garen, heiß in Schraubgläser geben, verschließen. Saftige, schmelzende Früchte besser im Wasserbad pasteurisieren, weil ihre Form so besser erhalten bleibt. Erhitzungsdauer: 30 Minuten bei 85 °C. Feste Birnen leicht vorkochen.

Birnenmischkompott mit Äpfeln

Varianten: Birnen mit Äpfeln, Aprikosen, Pfirsichen oder Trauben.
Gesundheitstipp: Vor dem Verzehr etwas frisches Obst der Saison oder kalt gepresste Säfte zugeben.

Gärung

Birnen-Apfel-Wein (Gärmost)
Für die Weinbereitung sind säurearme Tafelbirnen wenig geeignet. Es gibt aber ausgesprochene Mostbirnen (z. B. 'Oberösterreichische Weinbirne'), die neben der Süße auch reichlich Gerbsäure mitbringen. Der Wein wird dadurch klarer, geschmackvoller und haltbarer. Mit Äpfeln gemischt, ergeben diese Früchte einen guten Wein. Näheres im Allgemeinen Teil bei der alkoholischen Gärung.

Brombeere

Die tiefschwarzen, schwarzroten oder blauen Früchte enthalten reichlich Mineralstoffe (Kalzium, Phosphor, Magnesium, Eisen und Vitamine), außerdem Gerbstoffe, Pektine, Fruchtsäuren und gesundheitsfördernde Farbstoffe (Anthocyane). Die Beeren wirken verdauungs- und stuhlgangfördernd, kreislaufanregend und beruhigend. Heilkräftig sind auch die Blätter. Pfarrer Kneipp lobte die blutreinigende Wirkung. Brombeerblättertee wird wegen seiner zusammenziehenden, auch auswurffördernden Eigenschaften bei Darmkatarrhen, Durchfällen, auch als Gurgelmittel bei Hals- und Zahnfleischentzündungen empfohlen.

Ernte

Wild- und Kultursorten stehen zur Verfügung, die unterschiedliche Reifezeit haben. Wildfrüchte sind kleiner, aber intensiver im Geschmack. Die Ernte zieht sich wie die Blüte über mehrere Wochen hin. Nicht voll ausgereifte Früchte lösen sich schlecht vom Fruchtboden und schmecken sauer. Der volle Geschmack entwickelt sich erst einige Tage nach dem Schwarzwerden. Im überreifen Zustand sind sie wiederum matschig und nicht mehr sonderlich aromatisch. Sie verlieren an Glanz und fallen ab. Mehrmaliges Durchpflücken ist notwendig. Mit verschiedenen Sorten lässt sich die Erntezeit ausweiten.

Konservierungsmöglichkeiten

Die Beeren verderben besonders bei warmen Temperaturen schnell. Sofortiges Verarbeiten gleich nach der Ernte ist am besten.

Brombeersaft kann sowohl durch Dampfentsaften als auch durch Frostentsaften gewonnen werden.

Tiefgefrieren

Brombeeren sind gefriertauglich. Werden die Früchte nebeneinanderliegend vorgefroren und dann verpackt, sind sie gefroren auch einzeln entnehmbar. Frische Früchte können auch auf einen gebackenen Obstkuchenboden gelegt und eingefroren werden. Nach der Entnahme die gefrorenen Beeren mit Guss überziehen.

Oft ist es unrentabel, die so langsam nacheinander reifenden Brombeeren jeweils zu verarbeiten. Man gefriert sie besser ein und verarbeitet sie später gemeinsam.
Verwendung: für Bowle, Müsli, Obstsalat, Tee und Kompotte.

Frostentsaften

Durch Frostentsaften kommt man in den Genuss eines rohen Brombeersaftes mit all seinen Vitalkräften.
So wird's gemacht: Die Beeren zum Auftauen/Abtropfen in ein Sieb geben. Die Restmasse in einem Baumwoll- oder Leinentuch auspressen. Kleine Mengen bewältigt auch eine Handfruchtpresse. Rückstände mit anderen frischen Früchten für Fruchtsoße, Aufstrich oder Tee verwenden. Auch Auslaugen in Obstessig ist möglich.

Fruchtpüree – Fruchtsoße (ungekocht)
Brombeeren kurz mixen, nach Belieben durchpassieren, nach eigenem Geschmack süßen, mit Zitronensaft abschmecken, einfrieren.
Verwendung: z. B. für Mehlspeisen, Eis, Joghurt, Quark.

Brombeereis (für 2 bis 4 Portionen)
Die Fruchtsoße lässt sich leicht in Eis umwandeln.
Zutaten: 250 g Brombeeren, 20–40 g flüssiger Honig (2–4 EL) oder anderes Süßungsmittel, 50–100 ml Sahne.
Zubereitung: Brombeeren kurz mixen, nach Belieben durchpassieren, nach eigenem Geschmack süßen, in flachen Behältern einfrieren. Den Eisblock fein reiben. Den Fruchtschnee mit geschlagener Sahne vermischen.
Ausführliche Beschreibung der Eisbereitung im Allgemeinen Teil (Tiefgefrieren).
Mischungen: Brombeeren mit Äpfeln, Birnen, Pfirsichen, Nektarinen oder Bananen kombinieren.

Pasteurisieren (heiß einfüllen – einwecken)

Brombeersaft
Der sehr vitaminreiche Saft schmeckt vorzüglich.
Zubereitung: Brombeeren in den gelochten Behälter des Entsaftertopfes geben. Die Kochzeit beträgt 30–45 Minuten, im Dampfdrucktopf 10 Minuten. Heiß eingefüllt (mind. 75 °C) hält sich der Saft auch ohne Zuckerzugabe.
Verwendung: Zum Mischen mit Apfel-, Birnen-, Trauben-, Holundersaft, Mineralwasser, für alkoholfreien Punsch, Gelee, Tee.

Brombeergelee
Den Brombeersaft mit dem Gelier- und Süßungsmittel vermischen. Nach Gebrauchsanweisung ein Gelee kochen und heiß in Gläser füllen, anschließend verschließen.
Varianten: Brombeersaft mit Apfel-, Birnen-, Holunder-, Kornelkirsch-, Kürbis- oder Zucchinisaft mischen.

Fruchtpüree – Fruchtsoße
Rohe Früchte durch die Schneckenpresse geben oder kurz mixen. Zusammen mit Resten vom Entsaften durchpassieren. Das Fruchtmark nach Wunsch süßen. Ein paar Minuten kochen. Heiß in Schraubgläser abfüllen oder zu Konfitüre weiterverarbeiten.

Brombeeraufstrich mit und ohne Kerne
Grundlage sind entweder ganze Früchte, mehr oder weniger gequetscht bzw. kurz gemixt, oder Brombeermark ohne Kerne. Beliebiges Gelier- und Süßungsmittel zugeben. Nach Gebrauchsanweisung des Geliermittels zubereiten. Heiß abfüllen, verschließen.
Varianten: Brombeeren ergeben mit Äpfeln, Birnen, Pfirsichen, Holunder oder Zwetschgen einen guten Aufstrich. Mischungen mit Zucchini und Kürbis machen den Aufstrich milder.

Brombeeraufstrich mit Äpfeln und Birnen

Brombeerkompott
Wer sich an den vielen stuhlgangfördernden Samenkernen nicht stört, kann aus den Früchten auch ein Kompott herstellen. Feste Sorten behalten gut die Form.
Zutaten: 1 kg Brombeeren, 1/4 l Wasser oder Birnensaft, Süßungsmittel nach eigenem Geschmack.
Zubereitung: Flüssigkeit erhitzen, süßen. In den Sud die Beeren geben. 5–10 Minuten bei schwacher Hitze kochen. Heiß in Gläser füllen, verschließen.
Größere Mengen 25–30 Minuten bei 80 °C im Wasserbad pasteurisieren.
Variante: Brombeeren und Apfelbeeren.

Gärung (Alkohol, Essig)

Mit Zucker, Wasser und Beeren ist es möglich, einen mehr oder weniger starken Wein herzustellen. Die Früchte (eventuell einfrieren) lassen sich auch mit Apfelsaft zu Wein vergären. Eine zusätzliche Zuckerung entfällt dadurch. Nähere Beschreibung der Gärung im Allgemeinen Teil.

Einlegen

Brombeeren in Alkohol
Nicht zu weiche, aber reife Früchte sind im Rumtopf willkommen. Farbe und Aroma gehen in den „Geist" über. Die Beeren behalten verhältnismäßig gut die Form. Näheres im Allgemeinen Teil (Einlegen in Alkohol).

Brombeeren in Essig
Brombeeren (auch Reste vom Frostentsaften) in ein Glas geben, mit so viel Obstessig übergießen, dass sie bedeckt sind. Nach 2–4 Wochen abseihen, Beeren auspressen.
Verwendung: Dieser dunkel gefärbte Essig eignet sich für Salatmarinade, zum Beizen von Fleisch oder verdünnt als Getränk. Dazu 1 TL Fruchtessig auf 1 Glas Wasser/Apfelsaft geben, nach Bedarf mit Honig süßen.

Eberesche – Vogelbeere

Die rötlich-gelben, überwiegend aber scharlachroten Früchte der äußerst genügsamen Eberesche, die raues Klima, auch Höhenlagen und strenge Winter verträgt, sind reich gesegnet mit gesundheitsfördernden Stoffen. So haben die Vogelbeeren von allen Obstarten den höchsten Gehalt an Provitamin A und Eisen. Auch ist wesentlich mehr Vitamin C als in der Zitrone enthalten. Besonders hoch ist der Zuckergehalt (etwa 13 %). Verantwortlich dafür ist der Stoff Sorbit, der eine hohe Süßkraft besitzt und für Diabetiker günstig ist. Sorbit beeinflusst auch positiv die Bildung und Absonderung von Galle und unterstützt die Leber. Der Fruchtbrei wirkt verdauungsstärkend, harntreibend und entzündungshemmend. Der Saft wird bei Husten, Heiserkeit und Katarrh geschätzt.

Ernte

Die Früchte werden durch längeres Hängenlassen noch süßer, aber der Vitamingehalt nimmt ab. Außerdem leidet das Aussehen und sie verschwinden zusehends in den Mägen von Amseln und Drosseln. Beim Ernten werden die Schirmtrauben abgeschnitten, dann die einzelnen Beeren abgezupft und verarbeitet.

Hinweise zur Verwertung

Beeren der wild wachsenden Ebereschen-Arten sind wahrlich kein Genuss. Schuld daran sind die Bitterstoffe, die auch durch Frosteinwirkung nicht verloren gehen. Selbst Kochen ohne Deckel oder Liegenlassen in Essigwasser vertreibt die Bitterstoffe nicht ausreichend.

Fast keine Bitterstoffe enthält die **Mährische** oder **Edel-Eberesche** *(Sorbus aucuparia* var. *edulis)*. Sie enthält mehr Zucker (ca. 20 %) und reichlich Vitamin C. Außerdem besitzt sie keine Parasorbinsäure, die zwar durch Kochen zerstört wird, aber bei reichlichem Rohgenuss Erbrechen und Durchfall verursachen kann.

Konservierungsmöglichkeiten

Tiefgefrieren

Ebereschen sind gefriergeeignet. Die Beeren der Edel-Eberesche können nach dem Auftauen in kleinen Mengen einem Müsli beigegeben oder zu Püree, Aufstrich und Kompott verarbeitet werden.

Trocknen

Früher war das Trocknen weit verbreitet. Die Trockenfrüchte helfen bei Durchfall, Erkältung, Magenbeschwerden. Getrocknete Edel-Ebereschen sind auch ein Rosinenersatz. Die Beeren sind dank ihrer Inhaltsstoffe (Sorbinsäure) nicht besonders anfällig für Fäulnis und Schimmel. So kommt auch eine Lufttrocknung in Frage. Die Dolden werden an einem trockenen, luftigen Ort aufgehängt. Der Wasserentzug dauert einige Zeit. Schneller geht es in einem Dörrgerät. Die Beeren von den Dolden zupfen, auf Siebe geben, im Dörrapparat bei 30–50 °C trocknen.

Pasteurisieren (heiß einfüllen – einwecken)

Vogelbeersaft (einfache Art)
Beeren mit Wasser oder Apfelsaft kochen. Den abgeseihten Saft heiß in Flaschen füllen, verschließen.

Vogelbeersaft (dampfentsaftet)
Abgestreifte Edel-Ebereschen 30–45 Minuten in den Dampfentsafter geben (Schnellkochtopf 10–20 Minuten). Den Saft (gesüßt oder ungesüßt) heiß in Flaschen füllen, verschließen. Später mit anderen Säften mischen oder in kleinen Mengen zum Tee geben. Rückstände sind für Fruchtaufstrich brauchbar.

Gelee
Den Saft mit dem Gelier- und Süßungsmittel vermischen und nach Gebrauchsanweisung zu Gelee kochen.
Variante: Ebereschensaft mit Apfel-, Birnen-, Zucchini- oder auch Kürbissaft mischen.

Fruchtpüree – Fruchtsoße
Frische Früchte mit wenig Wasser, Apfel- oder Birnensaft kochen, evtl. zum Schluss die Rückstände vom Dampfentsaften zugeben. Die heiße Masse durchpassieren. Nach Bedarf noch etwas Fruchtsaft beifügen. Nach eigenem Geschmack süßen. Kochend heiß in Gläser füllen, verschließen. Verwendung für Süßspeisen.

Vogelbeeraufstrich und Vogelbeerkompott

Fruchtaufstrich (Marmelade)
Edel-Ebereschenbrei mit Gelier- und Süßungsmittel, nach Belieben auch mit Zimt und Kardamom vermischen. Nach Gebrauchsanweisung des Geliermittels kochen. Heiß abfüllen, verschließen.
Varianten: Ebereschen mit Gelben Rüben, Äpfeln, Birnen, Quitten, Holunder, Hagebutten oder Brombeeren mischen.

Vogelbeerkompott
Zutaten: 1/2 l Apfelsaft, Birnensaft oder Apfelwein, 500 g Edel-Ebereschen, Süßungsmittel nach eigenem Geschmack.
Zubereitung: Die Beeren in die kochende Flüssigkeit geben. Bei schwacher Hitze garen. Heiß in Gläser füllen, verschließen.
Größere Mengen am besten im Wasserbad pasteurisieren, die Form bleibt dabei besser erhalten. Einkochzeit 30 Minuten bei 80 °C.
Tipp: Gut schmecken die Edel-Ebereschen auch, wenn sie wie Preiselbeeren zubereitet werden. Die Beeren dabei mit wenig Wasser oder Fruchtsaft 5–10 Minuten kochen, nach eigenem Geschmack süßen, heiß in Gläser füllen, verschließen.
Varianten: Die Ebereschen mit Preiselbeeren, geriebenen Äpfeln, Birnen oder gefrorenen Johannisbeeren mischen.

Einlegen

Ebereschen in Essig
Beeren der Edel-Eberesche in ein Glas geben, mit Apfelessig bedecken, dunkel stellen. 2–4 Wochen ziehen lassen, dann abseihen. Verwendung für Marinaden und als Getränk (1 TL Essig, 1 Glas Apfelsaft/Wasser, nach Bedarf mit Honig süßen).

Erdbeere

Die „Königin" des Beerenobstes mit ihren vielen äußeren und inneren Vorzügen (Aroma-, Duft-, Farb-, Biostoffe) schmeckt frisch verzehrt am besten. Die Früchte zeichnen sich durch einen hohen Gehalt an Mineralstoffen (besonders Kalium, Kalzium, Eisen), Fruchtsäuren und Vitaminen aus. Der Vitamin-C-Gehalt (höher als bei Zitrone und Orange) hängt auch von der Sorte und dem Reifezustand ab. Nicht ausgereifte Früchte, die sich leichter transportieren lassen, haben durchschnittlich etwa 20 % weniger Vitamin C als voll ausgereifte Ware. Erdbeeren wirken ausgezeichnet bei Darmträgheit und sind hilfreich bei Rheuma, Gicht, Blutarmut und Herzschwäche.

Ernte

Ende Mai beginnt die heimische Ernte und zieht sich über mehrere Wochen hin. Zur Verlängerung der Saison tragen die unterschiedlichen Sorten bei. Wird bei der mehrmals tragenden Erdbeere die erste Blüte entfernt, fällt die Ernte nicht in die Hauptsaison. Die widerstandsfähigen Monatserdbeeren tragen bis zum Frost.

Geerntet wird am besten am frühen Morgen und bei trockenem Wetter. Nach einer längeren Regenperiode sind die Beeren oft sauer und geschmacklos. Dann ein paar sonnige Tage abwarten. Bei Vollreife ist der Gehalt an Inhaltsstoffen am höchsten. Da die Frucht druckempfindlich ist, möglichst in flache Behälter geben. Herrlich aussehende Beeren sind nicht unbedingt auch ein Garant für guten Geschmack. Am aromatischsten sind die weichhäutigen Sorten, die wegen ihrer Druckempfindlichkeit kaum einmal in den Geschäften zu finden sind. Bei der schnellen Verwertung der im Garten geernteten Beeren ist dies aber kein Nachteil.

Hinweise zur Verwertung

Gepflückte Erdbeeren möglichst bald verwerten. Ungewaschen und kühl (ideal sind 0–2 °C) kurzfristig lagern, denn sonst ist die Schimmelgefahr zu groß. Im Kühlschrank zugedeckt aufbewahren. Bei der Verarbeitung die Früchte kurz und vorsichtig waschen, sie verlieren sonst an Saft und Aroma. Deshalb auch die Blattkelche erst nach dem Waschen entfernen.
Sorten, die innen weiß und hohl sind, verblassen beim Kochen stärker als die rotfleischigen Sorten. Die rote Erdbeerfarbe ist nicht sehr stabil. Beim Einkochen lässt sich durch Mischen mit anderen Beeren (z. B. Himbeeren, Johannisbeeren, Sauerkirschen) ein besseres Ergebnis erzielen.

Konservierungsmöglichkeiten

Tiefgefrieren ganzer Früchte

Aussehen, Aroma und Frische bleiben beim Tiefkühlen am besten erhalten. Zwischen den einzelnen Sorten gibt es jedoch Unterschiede in der Gefriertauglichkeit. Reife, aber feste, nicht zu große Früchte mit kräftiger Farbe bevorzugen. Sie lassen sich ohne Zucker einfrieren und sind dann vielseitiger einsetzbar .

Verwendung: für Kuchen, Bowle, Dickmilch, Fruchtsoße, Müsli, Garnierung, Mixgetränk, Obstsalat, Quark.

Obstkuchenböden mit Früchten belegen und einfrieren. Erst nach der Entnahme kommt der Tortenguss darüber.

Werden die Beeren nebeneinanderliegend vorgefroren und dann erst verpackt, lassen sie sich später einzeln entnehmen (z. B. für Erdbeerknödel, Gebäck). Erdbeeren behalten am besten die Form, wenn sie beim Verarbeiten noch etwas gefroren sind. Die Flüssigkeitsabgabe hält sich dann in Grenzen. Sie schmecken fruchtig, wenn man noch ein wenig die Kälte spürt. Gefroren lassen sich Erdbeeren gut schneiden. Werden sie nicht sofort verarbeitet, mit etwas Zucker vermischen. Dies wirkt sich günstig auf Farbe und Aroma aus.

Frostentsaften

Das Ergebnis beim Frostentsaften mit Erdbeeren ist nicht so befriedigend wie bei Johannisbeeren. Der Saft enttäuscht geschmacklich, die Rückstände sind bräunlich. Nur durch Mischen mit anderen Säften und Früchten lässt sich ein besseres Ergebnis erzielen. Eigentlich ist die Frucht auch zu schade dafür.

Fruchtpüree – Fruchtsoße (unerhitzt)

Aus Erdbeeren allein oder gemischt mit anderen Früchten lässt sich ein herrliches Fruchtpüree herstellen, das in der Gefriertruhe weniger Platz einnimmt als ganze Beeren. Dafür eignen sich auch weiche Früchte.

Verwendung: Gefroren für die Weiterverarbeitung zu Eis, aufgetaut als Fruchtsoße für Cremespeisen, Hafer- und Hirsebrei, Joghurt, Mehlspeisen, Milchreis, Gries- und Vanillepudding.

Den Fruchtbrei nach eigenem Geschmack süßen. Normalerweise sind 10–20 % Honig/Zucker ausreichend. Hellen, milden Honig bevorzugen oder bei einem intensiven Honiggeschmack mit geringerem Anteil (1/3–1/2) damit süßen, sonst leidet das Aroma.

Variante: Mischungen mit Johannisbeeren, Himbeeren und/oder Brombeeren.

Erdbeersoße

Zutaten: 200 g Erdbeeren, Honig/Zucker nach eigenem Geschmack (z. B. 20–30 g = 2–3 gestr. EL), etwas Zitronensaft.

Zubereitung: Gewaschene, geputzte Erdbeeren mixen, nach eigenem Geschmack süßen. In einen flachen Gefrierbehälter geben, einfrieren.

Erdbeer-Johannisbeer-Püree

Zutaten: 100 g Erdbeeren, 150 g Johannisbeeren, Honig/Zucker nach eigenem Geschmack (z. B. 20–30 g).

Zubereitung: Abgezupfte und entkelchte Beeren kurz mixen und durchpassieren. Die Masse süßen, einfrieren.

Variante: Johannisbeeren durch Himbeeren, Stachelbeeren oder Jostabeeren ersetzen.

Fruchteis

Gefrorenes Fruchtpüree fein reiben und etappenweise zur geschlagenen Sahne (50–100 ml für 200 g Fruchtbrei) geben und vermischen (ausführliche Beschreibung der Eisbereitung im Allgemeinen Teil, Abschnitt Tiefgefrieren).

Trocknen

Durch das Trocknen wird der Erdbeergeschmack noch intensiver. Da die Früchte für Schimmel und Fäulnis empfänglich sind, muss der Wasserentzug zügig erfolgen. Dies ist nur in einem Trocknungsgerät möglich. Einsatz von Sonnenenergie oder Einfrieren der halbtrockenen Früchte senkt den Stromverbrauch.

Erdbeerpüree mit Gebäck

Erdbeeren lassen sich auch trocknen.

So wird's gemacht: Gewaschene, aromatische Erdbeeren in Scheiben schneiden oder vierteln, auf Siebe ausbreiten. Bei 30–50 °C trocknen.

Verwendung: für Müsli, Obstsalat, Rumtopf, Bowle, Eis, Früchtekuchen.

Hinweis: Auch die jungen, unbehandelten Erdbeerblätter lassen sich trocknen für Tee (Rheuma, Hauterkrankungen).

Pasteurisieren (heiß einfüllen – einwecken)

Erdbeersaft (dampfentsaftet)

Wer eine Erdbeerschwemme hat, kann die Früchte dampfentsaften. Die Ausbeute ist erstaunlich hoch, ähnlich wie bei Rhabarber (etwa 70–75 %). Kleine Mengen am besten in den Einsatz des Dampfdrucktopfes geben (10 Minuten). Ein großes Angebot bewältigt der spezielle Entsaftungstopf. Die Kochzeit liegt bei 30–45 Minuten. Den heißen Saft (gesüßt oder ungesüßt) sofort in Flaschen füllen, verschließen. Verschneiden mit anderen Säften (z. B. Apfel-, Birnen-, Himbeer-, Kirsch-, Johannisbeer-, Rhabarber-, Traubensaft) wirkt sich günstig aus. Dadurch lassen sich Aussehen oder Geschmack verbessern.

Rückstände vom Dampfentsaften haben nicht mehr viel Farbe. Man kann sie zusammen mit frischen Früchten für Fruchtpüree und Fruchtaufstrich verwenden.

Der Saft lässt sich durch Zugabe von Gelier- und Süßungsmittel in Gelee umwandeln. Auch hier sind Mischungen möglich.

Variante: Erdbeer- und Johannisbeersaft oder Erdbeer- und dunkler Kirschsaft.

Erdbeer-Rhabarber-Gelee

Bei dieser Mischung behält der Geschmack der Erdbeere die Oberhand. Die Säure des Rhabarbers macht sich auch bei einem verringerten Zuckergehalt (z. B. 1 l Flüssigkeit, 500 g Zucker) wenig bemerkbar. Wer hingegen mehr die erfrischende Säure wünscht, sollte noch weniger süßen oder den Rhabarbersaft überwiegen lassen.

Zutaten: Erdbeersaft und Rhabarbersaft (durch Dampf- oder Frostentsaften gewonnen) im Verhältnis 1:1 mischen. Gelier- und Süßungsmittel nach eigener Wahl hinzufügen.

Zubereitung: Fruchtsäfte mit Gelier- und Süßungsmittel vermischen, nach Gebrauchsanweisung des Geliermittels kochen, heiß einfüllen, verschließen.

Fruchtpüree – Fruchtsoße

Zutaten: 1 kg Erdbeeren, Süßungsmittel (z. B. 100 g Honig/Zucker) nach eigenem Geschmack.

Zubereitung: Gewaschene, geputzte Erdbeeren ohne Wasser mixen, süßen. Kurz kochen, Schaum abschöpfen. In kleine Schraubgläser oder Flaschen füllen, verschließen.

Varianten: Da die Beeren beim Erhitzen und bei der Lagerung an Farbe verlieren und mehr in das Rotbraune überwechseln, sind Mischungen (z. B. mit Stachelbeeren, Felsenbirnbeeren, Himbeeren, Heidelbeeren, Roten Johannisbeeren oder Kirschen) optisch einladender.

Gesundheitstipp: Süßen (z. B. mit Honig) ist auch vor dem Verzehr möglich, ebenso die Zugabe von Frischfruchtbrei (auch aus dem Gefriergerät).

Saft, Gelee und Fruchtpüree aus Erdbeeren

Mischkompott

Erdbeeraufstrich (Marmelade)

Gleichmäßig fein wird der Aufstrich durch Mixen der Früchte. Wer gerne Fruchtstücke in der Konfitüre hat, schneidet einen Teil der Beeren klein oder stampft sie. Die Masse dann ein paar Minuten länger kochen. Beliebiges Gelier- und Süßungsmittel zugeben, nach Gebrauchsanweisung des Geliermittels kochen.

Zweifruchtaufstrich (Erdbeeren und Johannisbeeren)

Johannisbeeren mixen, nach Belieben durchpassieren und mit gemixten, gestampften oder geschnittenen Erdbeeren vermischen (Verhältnis Johannisbeeren zu Erdbeeren z. B. 1:1, 2:1 oder 3:1). Gelier- und Süßungsmittel zugeben. Nach Gebrauchsanweisung des Geliermittels kochen. Heiß in Gläser füllen, verschließen.

Erdbeerkompott mit rotem Johannisbeer- oder Kirschsaft

Die Erdbeeren liegen in diesem Kompott in der roten Lösung und sehen dadurch einladender aus. Die Menge der Kochflüssigkeit ist gering, weil Erdbeeren beim Erhitzen viel Wasser ziehen.
Zutaten: 1/4 l roter Johannnisbeer- oder Kirschsaft (gewonnen durch Frost- oder Dampfentsaften), Süßungsmittel nach Geschmack (z. B. 100–150 g Honig/Zucker) 2 kg geputzte Erdbeeren.
Zubereitung: Im kochenden Sud die Erdbeeren in Portionen garen (nicht zu weich) und herausfischen. Zum Schluss nochmals das ganze Obst erhitzen. Heiß in Schraubgläser geben, verschließen.

Fruchtgrütze

Zutaten: 500 g Erdbeeren, 250 g Johannisbeeren, 250 g entsteinte Kirschen, 1/4 l Wasser, 100–150 Zucker, etwa 1 TL Agar-Agar.
Zubereitung: Feste Kirschen im Sud vorkochen, dann die Beeren und das mit etwas Wasser angerührte Agar-Agar zugeben. Ein paar Minuten kochen lassen, bis die Früchte weich, aber nicht matschig sind. Heiß in Schraubgläser füllen, verschließen.
Variante: Mischung aus 300 g Erdbeeren, 200 g entsteinten Kirschen, 400 g Johannisbeeren, 100 g Felsenbirnbeeren.

Gärung (Alkohol/Essig)

Eigentlich ist die Vergärung der edlen Früchte zu Wein oder Essig fast zu schade, außerdem ist ein hoher Zuckerzusatz notwendig, damit das Ergebnis brauchbar wird. Nähere Beschreibung der alkoholischen Gärung im Allgemeinen Teil.

Einlegen

Erdbeeren in Alkohol

Erdbeeren eignen sich für den Rumtopf. Sie verlieren allerdings ihre Schönheit, schrumpfen und werden schwammig. Farbe und Aroma gehen größtenteils in den Alkohol über. Näheres im Allgemeinen Teil (Einlegen in Alkohol).

Erdbeeren in Essig

Erdbeeren (auch Reste vom Frostentsaften) in ein Glas geben. Mit so viel Apfelessig übergießen, dass sie bedeckt sind. Dunkel stellen, 2–4 Wochen ziehen lassen. Dann abseihen, Beeren auspressen.
Verwendung: für Marinade oder verdünnt als Getränk. 1 TL Fruchtessig auf 1 Glas Wasser/Apfelsaft geben. Evtl. mit Honig süßen.

Erdbeeren in Alkohol

Felsenbirne

Bei diesem robusten Strauch erinnern nur die Blätter an einen Birnbaum. Die erbsengroßen Früchte sehen mehr den Heidelbeeren ähnlich. Die Beeren sind reich an Pektinen, Fruchtzucker, Ballaststoffen sowie gesundheitsfördernden Farbstoffen und bieten über 20 Vogelarten Nahrung.

Ernte

Ende Juni, Anfang Juli färben sich die Früchte rot. Bei Vollreife sind sie blauschwarz und süß. Doch in diesem Stadium liegen sie oft schon am Boden oder im Magen vieler Vögel. Deshalb frühzeitig ernten. Die Beeren sind roh essbar.

Hinweise zur Verwertung

Den süßen Früchten fehlt die Säure. Ein Vermischen mit säure- und saftreichem Obst wirkt sich geschmacklich gut aus. Beim Mixen roher Beeren entsteht durch die vielen Pektine leicht eine gallertartige Masse, die beim Kochen wieder flüssig wird. Die vielen weichen Samenkerne können mitgegessen werden, sie sind verdauungsfördernd. Wer sie als störend empfindet, passiert den Brei.
Passende Partner: Erdbeeren, Heidelbeeren, Himbeeren, Johannisbeeren, Jostabeeren, Stachelbeeren, Sauerkirschen.

Konservierungsmöglichkeiten

Tiefgefrieren

Die Beeren der Felsenbirne lassen sich problemlos einfrieren und aufgetaut für Müsli, Fruchtsalat, Mischkompott, Obstkuchen und als Garnierung verwenden. Werden die Früchte mit säurereichem Obst gemixt, eignet sich diese Masse auch für Eis, aufgetaut als Fruchtsoße.

Fruchteis (2–4 Portionen)
Zutaten: 100 g Felsenbirnbeeren, 100 g Erdbeeren, Süßungsmittel (z. B. 20–40 g = 2–4 gestr. EL Honig/Zucker), 50–100 ml Sahne.
Zubereitung: Die Beeren mixen, nach Belieben durchpassieren. Nach eigenem Geschmack süßen, einfrieren. Den Eisblock fein reiben. Den Fruchtschnee etappenweise mit der geschlagenen Sahne vermischen.
Ausführliche Beschreibung der Zubereitung im Allgemeinen Teil (Tiefgefrieren).

Aufgetaute Beeren der Felsenbirne im Müsli

Trocknen

Da die ausgereiften Früchte Süße mitbringen, eignen sie sich zum Trocknen und lassen sich dann wie Korinthen einsetzen. Wie bei allen Beeren erschwert die Außenhaut die Wasserabgabe. Längere Trocknungszeiten müssen in Kauf genommen werden. Die Früchte schrumpfen stark, die Kerne liegen konzentriert vor.
Verwendung: Müsli, Kuchen, Obstsalate.

Pasteurisieren (heiß einfüllen – einwecken)

Fruchtpüree – Fruchtsoße
Beeren der Felsenbirne mit säuerlichem Obst (z. B. Erdbeeren, Himbeeren, Johannisbeeren, Jostabeeren, Stachelbeeren) und wenig Flüssigkeit kochen, durchpassieren. Nach Geschmack süßen. Kochend heiß in Gläser oder Flaschen geben, verschließen.

Zweifruchtaufstrich (Marmelade)
Zutaten: Felsenbirnbeeren, Johannisbeeren, Gelier- und Süßungsmittel.
Zubereitung: Die Beeren gemeinsam durchpassieren. Zum Fruchtbrei das Gelier- und Süßungsmittel geben. Nach Anweisung des Geliermittels kochen. Heiß in Schraubgläser füllen, verschließen.
Variante: Die Mischung mit Erdbeeren schmeckt leicht vanillig.

Gemischtes Kompott
Zutaten: 500 g Felsenbirnbeeren, 500 g Johannisbeeren, 1/4 l Wasser, 50–100 g Honig/Zucker.

Zubereitung: Beeren in den kochenden Sud geben, bei schwacher Hitze kurz garen (sie zerfallen leicht). Heiß in Schraubgläser einfüllen, verschließen.
Bei größeren Mengen einwecken, die Form bleibt besser erhalten. 30 Minuten bei 80 °C im Wasserbad pasteurisieren.

Beerengrütze
Zutaten: 500 g Erdbeeren, 250 g Johannisbeeren, 250 g Felsenbirnbeeren, 1/4 l Wasser, 100–150 g Honig/Zucker, etwa 1 TL Agar-Agar (hängt vom Fabrikat ab).
Zubereitung: Die Beeren und das in etwas kaltem Wasser aufgelöste Agar-Agar in den gesüßten Sud geben. Einige Minuten kochen, dann in Schraubgläser füllen, verschließen.

Einlegen

Felsenbirnbeeren in Alkohol
Die Beeren können auch in den Rumtopf wandern oder extra angesetzt werden. Nähere Beschreibung im Allgemeinen Teil (Einlegen in Alkohol).

Hagebutte

Werden die Blüten der Rosen nicht abgeschnitten, bilden sich die Früchte (beerenartige Scheinfrüchte). Die Hagebutten aller Arten und Sorten sind verwertbar. Sie sind besonders reich an Pektinen, Fruchtzucker, Mineralstoffen und Vitaminen. Besonders auffallend ist der sehr hohe Vitamin-C-Gehalt, der sogar höher als bei Sanddorn liegt. 100 g Hagebutten können so viel Vitamin C enthalten wie 1 bis 3 kg Zitronen. Auch die Kartoffelrose *(Rosa rugosa),* die häufig in Gärten anzutreffen ist und ein weiches und fleischiges Fruchtfleisch besitzt, ist mit diesen Wertstoffen ausgestattet.

Heilstoffe sind im Fruchtfleisch und in den Kernen enthalten. Ein Hagebuttentee wirkt durststillend, entzündungshemmend und harntreibend, ohne die Nieren zu reizen. Er wird auch bei Neigung zu Grieß- und Steinbildung empfohlen. Hagebutten verbessern mit ihrem hohen Vitamin-C-Gehalt die Aufnahme von Eisen und stärken die Abwehrkraft gegen Infektionen.

Ernte

Während die Früchte der Kartoffelrose früher und etappenweise reifen, beginnt die Ernte der meisten Wildrosen erst im Herbst und ist, je nach Witterung, bis in den November hinein möglich. Allerdings werden die Hagebutten allmählich weicher und weniger schön. Im Hausgarten kommt es seltener zur Fruchtbildung, denn das Verblühte wird meistens abgeschnitten. Hier lassen sich in erster Linie die Blütenblätter der Rosen (unbehandelt) sammeln.

Zur Fruchtverwertung eignet sich besonders die der ergiebigen Kartoffelrose, die ständig blüht und auch verhältnismäßig große, fleischige Hagebutten hervorbringt. Die Früchte sind aber häufig madig, vor allem wenn die Pflanze, die sauren Boden liebt, auf kalkhaltigem Boden steht und dadurch kränkelt.

Die Ernte möglichst nicht länger als ein Jahr aufbewahren, der Verlust von Wertstoffen ist sonst zu hoch.

Konservierungsmöglichkeiten

Trocknen

Feste Hagebutten halten sich zwar einige Zeit, aber für eine längere Aufbewahrung ist Trocknen notwendig. Die Früchte schrumpfen langsam. Ein Durchschneiden und Trocknen auf Sieben in einem Trocknungsgerät (30 °C) bringt die besten Ergebnisse. Die Hagebutten bewahren so ihre leuchtend rote Farbe, die auch bei der Lagerung nicht abnimmt. Die Kerne sind im Gegensatz zu anderen Früchten geschmacklich und inhaltlich wertvoll, also mittrocknen. Auch die weichen Hagebutten der Kartoffelrose lassen sich dörren (notfalls bei niedrigen Temperaturen im Backrohr).
Teezubereitung: Getrocknete Früchte über Nacht einweichen, 10–15 Minuten kochen, durch ein feines Haarsieb (evtl. Kaffeefilter) geben.

Trocknen der Hagebutten

Hagebuttenpüree

Hagebuttenaufstrich mit Kornelkirschen

Besonders schnell trocken **Blütenblätter** (unbehandelt). Sie sehen nicht nur hübsch aus. Gut verschlossen aufbewahrt, duften sie noch nach Monaten.
Verwendung: Tee, Bowle, Essig, zum Aromatisieren von Zucker, Duftsäckchen.

Pasteurisieren (heiß einfüllen – einwecken)

Hagebutten in Apfelsaft

Hagebutten lassen sich auch einkochen. Dazu die Blütenansätze und Stiele entfernen, waschen. Feste Früchte mehrere Stunden oder über Nacht in Apfelsaft legen. Dann im Einweichwasser weich kochen. Heiß in Schraubgläser oder Flaschen füllen, verschließen.
Verwendung: für Tee, Glühgetränk; auch eine spätere Verarbeitung zu Aufstrich und Püree ist möglich.

Fruchtpüree – Fruchtsoße

Die Hagebutten werden wegen ihres guten Geschmacks geschätzt. Trotzdem schreckt die Verarbeitung ab. Werden wie zu Großmutters Zeiten die Kerne mit den feinen Härchen herausgekratzt, ist dies wirklich eine mühselige Arbeit. Aber es geht auch anders.
So wird's gemacht: Blütenansätze und Stiele wegschneiden, waschen. Hagebutten mit Wasser oder Apfelsaft bedecken (evtl. über Nacht einweichen). Dann in der Flüssigkeit sehr weich kochen (ideal im Dampfdrucktopf). Anschließend kurz mixen (bei der Kartoffelrose nicht notwendig), das Durchpassieren wird dadurch erleichtert. Bei Bedarf noch Flüssigkeit zugeben. Die Masse ist wegen des hohen Pektingehaltes sehr quellfähig. Den Brei durch ein Passiergerät treiben. Je feiner das Sieb ist, desto weniger sind später Samenhärchen bemerkbar. Bei Bedarf noch Flüssigkeit zugeben. Nach Belieben süßen (1 l /100–200 g Honig/Zucker). Das Püree hält sich aber auch ungesüßt. Heiß in Schraubgläser füllen, verschließen.
Variante: Brei mit anderen Früchten strecken (z. B. Äpfel, Berberitzen, Birnen, Kornelkirschen, Quitten, Preiselbeeren, Sanddorn).
Verwendung: als Soße, Zugabe zu Dickmilch, Müsli, Milchmixgetränken, verdünnt zum Tränken von Gebäck.

Hagebuttenaufstrich (Marmelade)

Dickes Hagebuttenmus mit seinen vielen Pektinstoffen lässt sich ohne Geliermittel in einen Aufstrich umwandeln.
Auf 1 kg Hagebuttenbrei 300–500 g Honig/Zucker geben und bei schwacher Hitze dick-sämig kochen, heiß abfüllen, verschließen.
Variante: Hagebutten und Kornelkirschen.
Verwendung: Feiner Aufstrich zum Füllen von Plätzchen, Torten, Pfannkuchen.

Gärung (Alkohol, Essig)

Hagebutten-Apfel-Wein

Geeignet sind nicht nur die Früchte der Hundsrose, sondern auch die großfrüchtige Art. Geputzte, gewaschene, halbierte oder gequetschte Hagebutten in einen Glasballon geben. Mit Apfelsaft übergießen, mit einem Gäraufsatz verschließen. An einem warmen Ort gären lassen. Weiterverarbeitung wie Apfelwein (ausführliche Beschreibung der alkoholischen Gärung im Allgemeinen Teil).

Hagebuttenessig
Fertiger Hagebutten-Apfel-Wein lässt sich auch in einen Essig umwandeln (Näheres im Allgemeinen Teil - Essiggärung).

Einlegen

Rosenblütenblätter in Wein oder Essig
Aromatische, unbehandelte Rosenblütenblätter für einige Tage in Apfelwein legen. Sie geben Duft und Farbe (besonders Dunkelrot) an die Flüssigkeit ab.

Hagebutten in Essig
Geputzte Hagebutten in ein Glas geben, mit Apfelessig übergießen. 2–4 Wochen dunkel ziehen lassen. Dann abseihen.
Verwendung für Marinaden oder verdünnt als Getränk. Dazu 1 TL Fruchtessig in ein Glas Wasser/Apfelsaft geben. Bei Bedarf noch mit Honig süßen.

Heidelbeere

Die saure Böden liebende **Waldheidelbeere** ist reich an Fruchtsäuren, Gerbstoffen, Pektinen, Mineralstoffen, Vitaminen. Besondere Beachtung verdienen der blaue, in der gesamten Frucht vorkommende bakterienfeindliche Farbstoff (Anthocyan) und die vielen Ballaststoffe. Während die frischen Beeren leicht abführend wirken, sind sie im getrockneten Zustand gut gegen Durchfall. Die Gerbstoffe werden erst im Darm frei und belasten somit nicht den Magen. Waldheidelbeeren haben auch stärkenden Einfluss auf die Sehkraft. Sie verbessern die Anpassung des Auges im Dunklen.

Die **Kulturheidelbeere** wächst auf höher werdenden Büschen. Die Fruchthaut ist blau, das Fruchtfleisch dagegen weiß. Sie enthält wesentlich weniger Vitamin A und C als die wilde Art.

Ernte

Bei den Waldheidelbeeren beginnt die Reife im Juni, in höheren Lagen kann es August werden. Die Früchte bleiben an der Pflanze wochenlang frisch. Geerntete Beeren sind dagegen nur kurz, haltbar, werden schnell bitter und schimmeln bei längerer Aufbewahrung. Die gesammelten Früchte sind nie ganz frei von Blättern und Nadeln. Am leichtesten lassen sich trockene Beeren durch kräftiges Blasen unmittelbar nach dem Pflücken davon befreien. Bei längerem Liegenlassen „schwitzen" die Früchte, sodass die Verunreinigungen ankleben und nicht mehr weggeblasen werden können.

Heidelbeergebäck zum Einfrieren

Bei den Kulturheidelbeeren ist der Erntezeitpunkt von Sorte und Standort abhängig. Hauptpflückzeit ist im Juli/August. Nach der Blaufärbung sollten die Früchte mindestens noch eine Woche lang hängen bleiben. Leider sind sie schon ab einem leichten Blauton bei den Vögeln (vor allem Amseln) sehr begehrt. Deshalb vor der Vollreife mit Netzen abdecken. Überreife Früchte fallen im Gegensatz zu den Waldheidelbeeren leicht ab. Durch ihre feste Struktur halten sie sich bei kühler Lagerung etwa eine Woche.

Hinweise zur Verwertung

Roh sind Heidelbeeren ein Genuss. Leider können sich auf den Waldheidelbeeren Eier des Fuchsbandwurmes befinden. Dadurch kann es zu gesundheitlichen Beeinträchtigungen (oft erst nach Jahren) kommen. Durch Erhitzung (80 °C) werden die winzigen Eier vernichtet. Beim Tiefgefrieren findet keine Abtötung statt. Beeren deshalb stets erhitzen. Bei den Kulturheidelbeeren ist der Rohgenuss unbedenklicher.

Konservierungsmöglichkeiten

Tiefgefrieren

Heidelbeeren lassen sich gut tiefgefrieren. Am besten gefroren oder angetaut garen. Sie ergeben mit anderen Früchten (z. B. Brombeeren, Felsenbirnbeeren, Holunder, Jostabeeren, Kirschen, Schlehen, Stachelbeeren, Zwetschgen) gute Mischungen. Sie bereichern Säfte, Fruchtsoßen, Aufstriche, Fruchtgrützen und Kompotte

Frostentsaften

Die Saftausbeute bei den aufgetauten Beeren liegt bei etwa 50 %. Durch Nachpressen steigt sie auf etwa 75 %. Rückstände eignen sich zusammen mit anderen Früchten für Aufstriche und Fruchtsoßen. Den Saft wegen der Fuchsbandwurmeier erhitzen.

Trocknen

Dsa Trockenen von Heidelbeeren erfordert Geduld und viel Energie. Da die Samenkörner sehr fein sind, stören sie im Dörrgut nicht. Früchte bei 30–50 °C trocknen. Halbtrockene Produkte lassen sich auch einfrieren und wie Korinthen verwenden. Getrocknetes nur erhitzt verzehren (Fuchsbandwurm). Tee aus Waldheidelbeeren (eingeweichte Früchte 10 Minuten kochen) dient als Gurgelmittel bei Hals-, Rachen- und Zahnfleischentzündungen.

Pasteurisieren (heiß einfüllen – einwecken)

Heidelbeersaft (einfache Art)
Heidelbeeren ohne oder mit wenig Wasser langsam erhitzen, kurz kochen. Den Saft abseihen, heiß in Flaschen füllen.

Heidelbeersaft (dampfentsaftet)
Beeren in den Dampfentsafter geben und etwa 30–45 Minuten kochen (Schnellkochtopf 10–20 Minuten). Den heißen Saft ungesüßt oder gesüßt in Flaschen füllen. Heidelbeersaft eignet sich gut zum Mischen mit anderen Säften (z. B. Apfel-, Birnen-, Brombeer-, Himbeer-, Holunder-, Johannisbeer-, Kirsch-, Stachelbeer-, Traubensaft) und schmeckt auch in einem alkoholfreien Punsch.

Heidelbeer-Gelee
Saft vom Frost- oder Heißentsaften mit Gelier- und Süßungsmittel und etwas Zitronensaft vermischen. Nach Anweisung des Geliermittels zu Gelee kochen. Heiß in Gläser geben, verschließen.
Variante: Einen Teil des Heidelbeersaftes durch Josta- oder Schwarzen Johannisbeersaft ersetzen. Die Heidelbeere mildert den etwas strengen Geschmack der beiden Früchte.

Fruchtpüree – Fruchtsoße
Heidelbeeren ohne Wasser kochen, mixen oder durchpassieren. Nach Belieben süßen. Heiß in Flaschen oder Gläser füllen, mit Schraubdeckeln verschließen.
Variante: Einen Teil der Beeren durch Stachelbeeren oder Erdbeeren ersetzen.
Verwendung: für Mehlspeisen, Pudding, Eis, Müsli, verdünnt für Milchmixgetränke.

Heidelbeeraufstrich (Marmelade)
Fruchtpüree mit Gelier- und Süßungsmittel mischen. Evtl. mit Zimt- und Nelkenpulver würzen. Nach Gebrauchsanweisung des Geliermittels kochen. Heiß in Gläser füllen, verschließen.

Heidelbeerkompott (heiß eingefüllt)
Heidelbeeren sind sehr saftreich und geben beim Erhitzen viel Flüssigkeit ab. Eine Wasserzugabe erübrigt sich meistens.
So wird's gemacht: Heidelbeeren langsam erhitzen. Einige Minuten durchkochen. Nach Belieben süßen. Heiß in Flaschen oder Gläser geben, verschließen.

Himbeere

Die aromatischen Früchte helfen der Leber bei ihrer Entgiftungsarbeit und sind wertvoll für Rheumatiker, Magen- und Nierenkranke. Da Himbeeren viele Ballaststoffe enthalten, wirken sie auch einer Verstopfung entgegen. Neben diesen unverdaulichen Kohlenhydraten finden sich Gerb-, Farb- und Aromastoffe, Pektine, Zitronen- und Apfelsäure, ferner die Mineralstoffe Kalzium, Phosphor, Magnesium, Eisen und viele Vitamine (besonders Vitamin E). Himbeeren enthalten viele Phenole, die u. a. antioxidativ wirken und dadurch den Alterungsprozess der Zellen verzögern. Der rote Farbstoff hat einen günstigen Einfluss auf die Blutgefäße. Heilkräfte stecken auch in den Blättern, die sich für Tee eignen.

Ernte

Während die aromatischen Waldhimbeeren in den meisten Gebieten im Juli/August reifen, ist die Ernte im Garten bei einigen Sorten sogar noch im Spätherbst möglich. Erst der Frost beendet die Himbeersaison. Die Früchte reifen nicht gleichzeitig. Der Prozess kann sich, je nach Witterung, über einige Wochen hinziehen. Manchmal ist ein fast tägliches Durchpflücken notwendig, denn reife Beeren verderben leicht, besonders bei feuchtem Wetter.

Hinweise für die Verwertung

Möglichst nicht oder nur kurz waschen. Himbeeren enthalten viel Säure. Sie kann durch säurearme Früchte (Birnen, Felsenbirnbeeren, Heidelbeeren, Pfirsiche, Süßkirschen, auch Kürbis und Zucchini)

Himbeersaft, durch Frostentsaften gewonnen

gemildert werden. Die kräftige Farbe wirkt sich beim Mischen mit blassem Obst (Äpfel, Birnen, Pfirsiche, helle Stachelbeeren, Süßkirschen, Weiße Johannisbeeren) vorteilhaft aus.

Kerne müssen nicht unbedingt entfernt werden, sie wirken verdauungsfördernd. Durch Mischen mit kernlosen Früchten sind sie nicht so störend.

Konservierungsmöglichkeiten

Tiefgefrieren ganzer Früchte

Die meisten Himbeersorten lassen sich gut einfrieren. Damit die Früchte nicht zusammenkleben, nebeneinanderliegend vorgefrieren, dann erst in Behälter geben.
Verwendung für Kuchenbelag, Müsli, Obstsalat, Bowle, Tee, Garnierung. Ein gebackener Obstkuchen mit Rand lässt sich gut mit Himbeeren belegen und einfrieren. Vor dem Verzehr die noch gefrorenen Früchte mit Tortenguss überziehen.

Frostentsaften

Gefrorene Himbeeren auftauen. Dabei tritt reichlich Saft aus. Die Ausbeute wird noch besser durch Nachpressen mit einem Tuch oder einer Handfruchtpresse.
Verwendung: Teezusatz, Gelee, Getränk (verdünnt mit Wasser oder süßen Fruchtsäften).
Rückstände für Konfitüre, Fruchtsoße oder Tee verwenden. Auch Auslaugen durch Obstessig ist möglich.

Fruchtpüree – Fruchtsoße (unerhitzt)
Weiche Früchte mixen, nach Belieben durchpassieren und süßen (z. B. 10–15 % Honig/Zucker). In Behälter geben, einfrieren.
Verwendung: Unaufgetaut als Eis, aufgetaut als Fruchtsoße oder verdünnt als Getränk.
Variante: Mischungen mit Erdbeeren, Felsenbirnbeeren, Johannisbeeren, Stachelbeeren.

Himbeereis (2–4 Portionen)
Zutaten: 250 g Himbeeren, 25–50 g Honig/Zucker (= 2–4 gestr. EL) oder anderes Süßungsmittel, 50–100 ml Sahne.
Zubereitung: Himbeeren mixen, nach Belieben durchpassieren. Nach eigenem Geschmack süßen. Die Masse einfrieren. Den Eisblock fein reiben. Den Fruchtschnee etappenweise zur geschlagenen Sahne geben und vermischen.
Varianten: Himbeer-Apfel-, Himbeer-Bananen-, Himbeer-Birnen-, Himbeer-Erdbeer-, Himbeer-Kirsch- oder Himbeer-Zucchini-Eis.

Trocknen

Die Früchte eignen sich nicht zum Trocknen, jedoch die jungen Blätter. Die Ernte ist im Frühjahr oder im Sommer möglich (z. B. von Jungtrieben, die nicht gebraucht werden). Sie enthalten u. a. Gerbstoffe, die bei Durchfall zusammenziehend wirken. Bei Entzündungen des Zahnfleisches und des Rachens wird Himbeerblättertee zum Gurgeln empfohlen. Man sagt dem Tee auch eine blutreinigende Wirkung nach. Himbeer-, Erdbeer- und Brombeerblätter ergeben einen guten Kräutertee. Der Geschmack lässt sich noch mit etwas Pfefferminze abrunden.

Junge Blätter ohne Stiele zügig im Schatten oder in einem Dörrgerät trocknen (30 °C).

Pasteurisieren (heiß einfüllen – einwecken)

Himbeersaft (dampfentsaftet)
Himbeeren in den Dampfentsafter geben und 30–45 Minuten erhitzen (Dampfdrucktopf 10–20 Minuten). Den Saft nach Belieben süßen, heiß in Flaschen geben, verschließen oder für Gelee verwenden. Die Ausbeute liegt bei 70 %.

Himbeersaft (kalt gepresst)
Himbeersaft mit Wasser (1 kg Himbeeren, 1/2 l Wasser) vermischen, 24 Stunden stehen lassen. Die Masse in einem Leinentuch/Sack auspressen. Die Flüssigkeit kochen, nach Belieben süßen. Heiß in Schraubflaschen füllen, verschließen.

Himbeersaft und Himbeer-Erdbeeraufstrich

Tipp: Die Rückstände bei der Saftgewinnung sind noch für Tee brauchbar. Größere Mengen mit Wasser kochen, heiß in Schraubflaschen einfüllen.
Früher wurde der Saft mit der doppelten Zuckermenge eingekocht. So entstand der Himbeersirup, der sehr lange haltbar ist. Diese Konservierung war damals notwendig, weil es kaum Flaschen mit guten Verschlüssen gab. Der Sirup täuscht durch seine Dickflüssigkeit (bedingt durch die große Zuckermenge) einen höheren Wert vor. Aus gesundheitlichen Gründen wird heute auf die hohe Zuckerzugabe verzichtet.
Gesundheitstipp: Heißer Himbeersaft, der in Flaschen mit guten Verschlüssen abgefüllt wird, hält sich auch ungesüßt. Er lässt sich später mit Apfel-, Birnen- oder Traubensaft mischen oder mit Honig süßen. Der verdünnte Himbeersaft gilt als durststillendes Getränk besonders für Fieberkranke.

Gelee

Himbeersaft mit Gelier- und Süßungsmittel vermischen. Nach Gebrauchsanweisung kochen. Heiß in Gläser füllen, verschließen.
Varianten: Himbeer-Heidelbeersaft (2:1) oder Himbeer-Zucchinisaft (1:1). Der Zucchinisaft lässt sich leicht durch Frostentsaften gewinnen. Er mildert die Himbeersäure wesentlich.

Fruchtpüree – Fruchtsoße

Himbeeren mixen, nach Belieben durchpassieren und süßen. Die Masse kurz durchkochen, heiß in Schraubflaschen füllen.
Die Beeren können auch durch eine Schneckenpresse gegeben werden, welche die Kerne gesondert auswirft.

Himbeeraufstrich (Marmelade)

Fruchtpüree mit Gelier- und Süßungsmittel mischen. Nach Gebrauchsanweisung des Geliermittels kochen. In Schraubgläser füllen, verschließen. Wer mehr die Frucht spüren möchte, mixt und passiert die Himbeeren nicht, sondern stampft sie nur leicht.

Himbeer-Zucchini-Aufstrich

Zutaten: 500 g Zucchini oder Kürbis fein gerieben, 500–750 g Himbeeren (mit Stampfer zerdrückt), 300–500 g Honig/Zucker, etwa 3–4 gestrichene TL Agar-Agar oder anderes Geliermittel.
Zubereitung: Die zerkleinerten Früchte mit Süßungs- und Geliermittel vermischen. Ein paar Minuten kochen. Heiß in kleine Gläser füllen, verschließen.

Himbeer-Erdbeer-Aufstrich

Zutaten: 500 g Himbeeren, 500–750 g Erdbeeren, Gelier- und Süßungsmittel nach eigener Wahl.
Zubereitung: Die Beeren mixen, nach Belieben durchpassieren. Gelier- und Süßungsmittel nach Anweisung des Geliermittels zugeben, kochen. Heiß in Schraubgläser füllen, verschließen.

Himbeer-Heidelbeer-Aufstrich

Die Säure der Himbeeren ist nicht mehr so spürbar, der Heidelbeergeschmack tritt hervor.
Zutaten: 750 g passierter Himbeerbrei (Rückstände vom Entsaften), 250–500 g Heidelbeeren, Gelier- und Süßungsmittel.
Zubereitung: Heidelbeeren mixen, mit dem Himbeerbrei vermischen. Gelier- und Süßungsmittel zugeben, nach Gebrauchsanweisung kochen. Heiß in Gläser füllen, verschließen.

Kompott

Himbeeren dicht in Gläser füllen, mit gesüßter Flüssigkeit (1 l Wasser/Birnensaft, 100–250 g Honig/Zucker) übergießen. Bei 75 °C etwa 25 Minuten im Wasserbad pasteurisieren.
Variante: Himbeeren mit Zucker (1 kg/200 g) bestreuen, durchschwenken, einige Stunden kühl stellen. Vorsichtig in Gläser einfüllen. Bei 75 °C etwa 25 Minuten im Wasserbad pasteurisieren.

Fruchtgrütze

Zutaten: 200 ml süßer Apfel- oder Birnensaft, 100–200 g Honig/Zucker oder anderes Süßungsmittel, 200 g entsteinte Süßkirschen, 200 g Stachelbeeren, 200 g Johannisbeeren, 200 g Erdbeeren, 200 g Himbeeren, etwa 1 TL Agar-Agar (hängt vom Fabrikat ab).
Zubereitung: Fruchtsaft und Süßungsmittel erhitzen. Die Kirschen vorkochen, dann Stachelbeeren und Johannisbeeren zufügen, zum

Schluss Erdbeeren und Himbeeren. Agar-Agar mit etwas kalter Flüssigkeit anrühren, dazu geben. Einige Minuten leise kochen lassen. Heiß in Schraubgläser füllen, verschließen.

Einlegen

Himbeeren in Alkohol
250 g Himbeeren mit 1/2 l Himbeergeist übergießen. 4–6 Wochen dunkel ziehen lassen, dann abseihen, nach Belieben süßen. Die Himbeeren sind noch brauchbar für Obstsalate.
Verwendung: z. B. zum Aromatisieren von Himbeergelee, Himbeerkonfitüre, Eis, Obstsalat.

Himbeeren in Essig
Himbeeren (auch Reste vom Frostentsaften) in ein Glas geben, mit Apfelessig bedecken. 2–4 Wochen dunkel ziehen lassen, dann abseihen, Früchte auspressen. Der Essig bekommt durch die Beeren eine schöne rote Farbe.
Verwendung: für Marinade oder Getränk (1 TL Himbeeressig, 1 Glas Wasser/Apfelsaft, nach Bedarf Honig).

Holunder (Schwarzer Holunder)

Als „lebendige Apotheke" wird dieser Strauch gerne bezeichnet. Die reifen Beeren enthalten Gerbstoffe, Apfel- und Weinsäure, viele Mineralstoffe (reichlich Eisen), Vitamine (vor allem Provitamin A) und gesundheitsfördernde Stoffe, u. a. einen lichtbeständigen Farbstoff. Mit ihren vielen Ballaststoffen wirken sie mild abführend. Blüten und Früchte sind geschätzt bei Erkältungskrankheiten, Fieber, Gelenkrheumatismus und Gicht.

Nur die reifen Holunderbeeren werden mit der Gabel abgestreift.

Ernte (Blüten, Früchte)

Gefragter als die Blüten, die im Juni/Juli aufblühen, sind bei den Vögeln die Früchte. Schon beim Verfärben der ersten Beeren wird fleißig gezupft. Zur Verwertung muss man aber die volle Reife abwarten. Grüne Früchte und Stiele enthalten Bitter- und Giftstoffe. Der Erntezeitpunkt ist weniger von der Witterung abhängig als vom Standort. Im schattigen Wald sind nicht selten im Oktober an einer Dolde neben schwarzen auch noch grüne Beeren anzutreffen.

Traubenholunder (Roter Holunder): Die korallenroten Beeren reifen schon zur Zeit der Himbeer-Ernte im Juli. Sie schmecken herb-säuerlich. Die Samen enthalten verstärkt den unbekömmlichen, schwach giftigen Stoff *Sambunigrin*. Werden die Kerne entfernt, kann Traubenholunder zu Saft oder Konfitüre verarbeitet werden.

Zwergholunder (Attich): Die 1–1,5 m hohe Staude, die im Winter einzieht, besitzt im Herbst schwarze Fruchtdolden. Die Beeren schmecken unangenehm und sind leicht giftig. Nicht verarbeiten!

Hinweise zur Verwertung

Nicht roh essen, es kann zu Verdauungsstörungen und Erbrechen kommen. Durch Erhitzen und Gärung wird das Blausäure abgebende *Sambunigrin* unwirksam. Beim Entsaften nicht die bitteren Stiele mit verarbeiten. Beeren am besten mit der Gabel abstreifen. Der intensive Eigengeschmack lässt sich durch Mischen mit anderen Früchten mildern, z. B. mit Äpfeln, Apfelbeeren, Birnen, Brombeeren, Kürbis, Quitten, Zucchini, Zwetschgen.

Konservierungsmöglichkeiten

Tiefgefrieren

Kein Problem bereitet das Einfrieren. Da die Beeren roh nicht essbar sind, ist eine spätere Erhitzung notwendig. Weiterverarbeitung zu Saft, Aufstrich, Kompott oder Fruchtgrütze.

Frostentsaften

Den Saft aufgetauter Beeren abseihen, die restliche Flüssigkeit mit einem Tuch oder der Handfruchtpresse gewinnen. Saft erhitzen, gesüßt oder ungesüßt in Schraubflaschen füllen.
Verwendung: für Gelee, Punsch oder Getränk (z. B. Mischung mit Apfel-, Birnen-, Trauben-, Brombeersaft).

Trocknen

Blüten: Hauptblütezeit ist der Juni. Vor dem Trocknen die groben Stiele abschneiden. Der Wasserentzug bei den einzelnen Blüten geht dann wesentlich schneller und einheitlicher vor sich.
Getrocknete Blüten lassen sich mit Zucker mörsern. Sie sind zum Aromatisieren von Süßspeisen geeignet.
Früchte: Während die Trocknung der Blüten sehr rasch erfolgt, funktioniert dies bei den Beeren nur mit einem Trocknungsgerät.
Verwendung: Holundertee (aus Blüten oder Beeren) ist bei Erkältungskrankheiten beliebt. Er wirkt harntreibend, fördert das Schwitzen, löst als Gurgelwasser den Schleim. Zugabe von Lindenblütentee verstärkt die Schweißabsonderung.

Pasteurisieren (heiß einfüllen – einwecken)

Holundersaft
In einem elektrischen Entsafter lassen sich zwar die Holunderbeeren entsaften, doch können einzelne Beeren durch das Schleudern entweichen. Etwas besser ist das Ergebnis, wenn gleichzeitig Äpfel mit entsaftet werden. Die Mischung ist dann harmonischer. Saft auf etwa 80 °C erhitzen und in Schraubflaschen abfüllen.
Klarer wird der Saft durch das Dampfentsaften. Dazu abgestreifte Holunderbeeren 30–45 Minuten im Dampfentsafter (Schnellkochtopf 10–20 Min.) erhitzen. Den gesüßten oder ungesüßten Saft (etwa 80 °C) in Flaschen füllen, verschließen.
Variante: Holunderbeeren zusammen mit Brombeeren, Ebereschen oder Weintrauben entsaften.
Auch durch Kochen der Beeren mit etwas Wasser bildet sich schnell Saft. Die Masse im Sieb abtropfen lassen. Den heißen Saft (etwa 80 °C) in Flaschen füllen, verschließen. Die Rückstände vom Heißentsaften sind noch brauchbar für Fruchtpüree oder Aufstrich.
Verwendung: Ungesüßten Saft mit Apfel- oder Birnensaft mischen (z. B. 90 % Apfelsaft, 10 % Holundersaft oder 80 % Birnensaft, 20 % Holundersaft). Auch Traubensaft bringt gute Ergebnisse.
Holundersaft ergibt mit Gewürzen (z. B. Nelken, Piment, Zimt, Zitrone, Honig) und anderen Säften gute, alkoholfreie Punschgetränke. Geeignet auch für Glühwein. Verdünnter Holundersaft ist ein guter Schlaftrunk.

Holundersaft und Holunderaufstrich mit Äpfeln

Holundergelee
Holundersaft (am besten heiß entsaftet) mit Gelier- und Süßungsmittel mischen. Nach Gebrauchsanweisung des Geliermittels Gelee kochen. Heiß in Gläser füllen, verschließen.
Variante: Holundersaft mit Apfelsaft (Verhältnis 1:1 oder 2:1), brauchbar ist auch Brombeersaft. Gut schmeckt im Gelee auch etwas Säure (z. B. Zitronensaft, Zierquittensaft, Kornelkirschsaft).

Fruchtpüree – Fruchtsoße
Rückstände vom Entsaften sind im Püree recht brauchbar. Sie können mit frischen Früchten (z. B. Holunder, Brombeeren, Zwetschgen) vermischt werden. Früchte kochen, durchpassieren. Nach eigenem Geschmack würzen (z. B. mit gemahlenem Zimt, Pimentpulver) und süßen. Kochend heiß in Gläser füllen, verschließen.

Fruchtaufstrich (Marmelade)
Fruchtpüree mit Gelier- und Süßungsmittel mischen. Nach Anweisung des Geliermittels kochen. Heiß in Gläser füllen, schließen.
Mischungen: Holunder-Apfel, Holunder-Birnen-Zwetschgen, Holunder-Hagebutten (z. B. großfrüchtige Kartoffelrose), Holunder-Zucchini-Brombeeren.

Holundermischkompott
Reines Holunderkompott ist mit vielen Fruchtsamen belastet. Sie wirken zwar als Darmbesen, aber in größerer Menge sind sie nicht

unbedingt ein Genuss. Mischungen mit anderem Obst bringen einen gewissen Ausgleich.
Zutaten: 500 g Holunderbeeren, 250 g Zwetschgen, 250 g Birnen oder Äpfel, 1/4 l Wasser oder Apfel/Birnensaft, eine Zimtstange, 2 Nelken, 100–150 g Honig/Zucker.
Zubereitung: Zerkleinerte Äpfel, Birnen, Zwetschgen und Holunderbeeren im Sud kochen, heiß in Schraubgläser füllen, verschließen. Das Kompott lässt sich vor dem Verzehr auch mit Stärkemehl binden. Etwas Sahnezugabe macht es milder.

Holundergrütze
Mit frischem oder eingefrorenem Obst lassen sich beliebige Grützen herstellen. Zu Holunderbeeren passen Heidelbeeren, Felsenbirnbeeren, Jostabeeren, Himbeeren, entsteinte Kirschen, Stachelbeeren, Berberitzen, Zwetschgen. Die Bindung der Flüssigkeit ist mit Agar-Agar leicht möglich. So wird die Grütze sämiger. Je nach Fabrikat rechnet man mit 1–2 gestr. TL pro kg Obst. Zu fest gewordene Grütze vor dem Verzehr mit Fruchtsäften verdünnen.

Johannisbeere

Johannisbeeren sind reich an Mineralstoffen (Kalium, Kalzium, Phosphor), Vitaminen, Pektinen und Fruchtsäuren. Besonders wertvoll ist die Schwarze Johannisbeere mit einem außergewöhnlich hohen Gehalt an Vitamin C. Die schwarze Schale und die äußere Fruchtschicht sind reich an Anthocyanen, die u. a. das Wachstum von Bakterien hemmt (z. B bei Magen- und Darminfektionen). Andere Inhaltsstoffe schützen die Blutgefäße vor Schäden durch eine cholesterinreiche Ernährung. Mit den vielen Inhaltsstoffen regen die Johannisbeeren die Darmtätigkeit an, wirken günstig bei gicht, Migräne, Rheuma, Arterienverkalkung, Nierenleiden, Infektionskrankheiten und lindern manche Magenverstimmung.

Ernte

Bei Pflanzung verschiedener Sorten ist eine Ernte von Juni bis August möglich. Manche Sorten neigen sich bei starkem Fruchtbehang zum Boden. Frühzeitige Abstützung mit einer Astgabel ist vorteilhaft, um eine Verschmutzung der unteren Fruchtregion zu vermeiden. Werden die Zweige an einem Drahtgerüst gezogen, erhalten die Beeren mehr Licht und Sonne. Die Qualität steigt, das Pflücken ist einfacher. Ältere Zweige, die weniger Ertrag bringen, nach der Ernte entfernen. Werden sie mit den reifen Früchten abgeschnitten, erspart man sich das Bücken beim Pflücken.

Weiße Johannisbeeren, frostentsaftet

Im Gegensatz zu Himbeeren halten sich die Beeren der meisten Sorten bei Vollreife (bestes Aroma, höchste Saftausbeute) verhältnismäßig lange am Strauch, ohne zu faulen oder zu schimmeln. Dünnschalige Früchte können allerdings bei länger anhaltendem Regen platzen. Gepflückte Beeren bald verarbeiten. Ungewaschen und mit Rispen halten sie sich etwas länger.

Hinweise zur Verwertung

Johannisbeeren erst nach dem Waschen von den Rispen befreien, sonst „bluten" die Früchte zu stark aus. Besonders mild sind die Weißen Johannisbeeren. Sie eignen sich gut für den Rohgenuss. Auch die schwarzen Früchte sind süßer als die roten Beeren. Zwischen den einzelnen Sorten gibt es starke Unterschiede.

Die säurereichen Beeren lassen sich durch Vermischen mit anderen Früchten (Birnen, Erdbeeren, Felsenbirnbeeren, Heidelbeeren, Süßkirschen) mildern. Säfte, Fruchtbreie und Aufstriche gewinnen dadurch. Andererseits bereichert die kräftige rote oder dunkle Farbe und das ausdrucksstarke Aroma auch anderes Obst. Wer die Samenkerne nicht als störend empfindet, belässt sie im Fruchtpüree oder in der Konfitüre. Sie wirken stuhlgangfördernd.

Konservierungsmöglichkeiten

Tiefgefrieren ganzer Früchte

Johannisbeeren lassen sich gut einfrieren. Nach dem Waschen werden die Beeren von den Rispen mit einer Gabel abgestreift und eingefroren. Verwendung für Müsli, Kuchen, als Beigabe für gekochtes Kompott, Fruchtgrütze, Dickmilch, Quark, Blatt- und Obstsalate, Tee, Bowle. Wer die Früchte später einzeln entnehmen möchte, muss sie nebeneinanderliegend vorgefrieren und dann erst verpacken. So lassen sich auch einzelne Rispen einfrieren (Verwendung als Garnierung).

Gebackenen Obstkuchen (mit Rand) mit Früchten belegen, vorgefrieren, dann in einen Gefrierbeutel geben. Vor dem Verzehr das unaufgetaute Gebäck mit Tortenguss überziehen.

Tipp: Mit eingefrorenen Roten Johannisbeeren lassen sich im Herbst die raren Preiselbeeren strecken.

Frostentsaften

Diese schonende Art der Saftgewinnung ist auch bei Johannisbeeren (besonders rot und weiß) möglich. Schwarze Früchte geben weniger Saft ab. Die tiefgefrorenen Beeren ganz auftauen, den Saft abseihen. Die Ausbeute wird durch Pressen (Tuch, kleine Handfruchtpresse) noch besser. Werden die Früchte vor dem Einfrieren leicht gemixt, fließt etwas mehr Saft. Rückstände in Obstessig auslaugen oder für Tee, Fruchtpüree, Aufstrich verwenden.

Die durch Frosten gewonnene Flüssigkeit (im Kühlschrank einige Tage haltbar) ist im Geschmack wesentlich erfrischender als das Produkt der Heißentsaftung. Besonders mild ist der Weiße Johannisbeersaft. Er ist ein guter Zitronenersatz, schmeckt pur, aber auch in einer Salatmarinade, im Müsli, Tee oder in einem anderen Getränk. Beliebt ist auch die Johannisbeer-Apfelschorle.

Fruchtpüree – Fruchtsoße (unerhitzt)
Besonders gefriergeeignet ist der Fruchtbrei. Hier sind interessante Mischungen (Äpfel, Bananen, Birnen, Erdbeeren, Felsenbirnbeeren, Himbeeren, Melonen, Stachelbeeren) möglich.
Verwendung: als Eis, aufgetaut als Fruchtsoße oder verdünnt als Getränk.

Johannisbeer-Erdbeer-Eis (2–4 Portionen)
Zutaten: 150 g Johannisbeeren, 100 g Erdbeeren, Süßungsmittel nach eigenem Geschmack (z. B. 20–40 g Honig/Zucker = 2–4 gestr. EL), 50–100 ml Sahne.
Zubereitung: Johannisbeeren ohne Wasser kurz mixen, evt. durchpassieren. Bei größerer Menge leistet die Schneckenpresse gute Dienste. Erdbeeren mit Johannisbeerbrei und Süßungsmittel mixen, abschmecken. In Gefrierbehälter geben, einfrieren. Den Eisblock fein reiben. Den lockeren Fruchtschnee etappenweise zur geschlagenen Sahne geben, vermischen.
Bei diesem Eis dominiert deutlich der Erdbeergeschmack. Andere Kombinationen sind möglich (z. B. 2/3 Johannisbeerbrei, 1/3 Erdbeerbrei oder umgekehrt).
Ausführliche Beschreibung der Eisbereitung im Allgemeinen Teil (Tiefgefrieren).

Weißes Johannisbeereis mit Schwarzer Johannisbeersoße (2–4 Portionen)
Zutaten: Für das Eis: 250 g Johannisbeeren (weiß), Süßungsmittel nach eigenem Geschmack (Empfehlung: 20–40 g Honig/Zucker = 2–4 gestr. EL), 50–100 ml geschlagene Sahne.
Soße: 250 g Johannisbeeren (schwarz), Süßungsmittel nach eigenem Geschmack (z. B. 20–40 g Honig/Zucker).
Zubereitung: Weiße Johannisbeeren mixen, durchpassieren, süßen, einfrieren. Schwarze Johannisbeeren mixen, durchpassieren, süßen, einfrieren. Die schwarzen Beeren können manchmal schon beim Zerkleinern gelieren. Bei Bedarf frühzeitig das gefrorene schwarze Fruchtpüree herausnehmen, auftauen. Den weißen Eisblock reiben, Fruchtschnee etappenweise zur geschlagenen Sahne geben, mischen. Kugeln formen, auf Soßenspiegel anrichten.
Variante: Weiße Soße, schwarzes oder rotes Eis.

Trocknen

Beeren sind ungeeignet (zu viel Kerne und Wasser). Getrocknet werden dagegen die Blätter der Schwarzen Johannisbeere (im Juni). Der Blättertee wird bei Gicht, Rheuma, Arterienverkalkung, Migräne, Husten und zur Verbesserung der Nierentätigkeit empfohlen.

Pasteurisieren (heiß einfüllen – einwecken)

Im elektrischen Entsafter gibt es Probleme mit den Johannisbeeren (Verstopfung, schlechtes Auspressen).

Johannisbeersaft (einfache Art)
Johannisbeeren ohne oder nur mit wenig Wasser erhitzen, bis sie Saft ziehen. Dann abseihen. Durch Nachpressen mit einem Tuch wird die Ausbeute besser. Nach Belieben süßen (z. B. 10–20 % Honig/Zucker), heiß einfüllen.

Johannisbeersaft (dampfentsaftet)
Gewaschene Beeren in den Dampfentsafter geben. Werden die Rückstände nicht verwertet, ist kein Entstielen notwendig. 30–45 Minuten kochen (Dampfdrucktopf 10–20 Minuten). Den heißen Saft gesüßt oder ungesüßt in Schraubflaschen füllen, verschließen.

Die Ausbeute der schwarzen Beeren liegt bei 50–60 %, bei weißen und roten Früchten bei 60–70 %.
Verwendung: Der ungesüßte Saft ist eine gute Zugabe zu Apfel-, Birnen- oder Traubensaft und zu Mineralwasser. Johannisbeersaft ergibt mit Gewürzen, Apfelsaft, evtl. auch Honig ein gutes Heißgetränk. Empfehlenswert bei Erkältungen ist heißer Schwarzer Johannisbeersaft in Verbindung mit Apfelsaft und Holundertee.
Die Säfte lassen sich auch zu Gelee verarbeiten.

Johannisbeergelee (mit Geliermittel)
Den Johannisbeersaft mit dem Gelier- und Süßungsmittel mischen (z. B. 300–500g Zucker/Honig pro Liter), nach Gebrauchsanweisung des Geliermittels zu Gelee kochen. Heiß in Schraubgläser füllen, verschließen.
Varianten: Säfte mischen (z. B. Schwarzer Johannisbeersaft mit Heidelbeer-Sauerkirschsaft oder mit Rotem Johannisbeersaft.

Schwarzes, Rotes oder Weißes Johannisbeergelee (ohne Geliermittel)
Johannisbeeren enthalten reichlich Pektinstoffe, deshalb wird die Masse auch ohne Geliermittel fest. Längeres Kochen und eine größere Zuckerzugabe sind notwendig.
Zutaten: 1 l Johannisbeersaft (dampfentsaftet), 3/4–1 kg Zucker.
Zubereitung: Saft mit Zucker kochen, bis die Masse anfängt zu gelieren.
Geleeprobe: Geringe Menge auf einen kalten Teller geben. Sie muss bald fest werden, sonst noch stärker einkochen. Heiß abfüllen, verschließen.
Variante: Schwarzes Johannisbeer-Heidelbeer-Gelee.

Johannisbeer-Zucchini-Gelee
Diese Mischung ist etwas außergewöhnlich. Der Zucchinisaft mildert die Säure, ohne hervorzuschmecken.
Zutaten: 3/4 l Weißer (oder auch Roter Johannisbeersaft) frost- oder dampfentsaftet, 1/4 l Zucchinisaft (frostentsaftet oder durch Entsafter gewonnen), Gelier- und Süßungsmittel (z. B. 300–500 g Zucker).
Zubereitung: Mischsaft erhitzen, Gelier- und Süßungsmittel nach Gebrauchsanleitung des Geliermittels zugeben, kurz kochen. Heiß in Gläser füllen, verschließen.

Fruchtpüree – Fruchtsoße
Gekochte, kurz gemixte Beeren, auch Rückstände vom Entsaften durch ein Passiersieb treiben. Bei größeren Mengen (roh) ist eine Schneckenpresse vorteilhaft. Fruchtbrei erhitzen, nach Belieben süßen (z. B. 10–15 % Honig/Zucker = 100–150 g pro Liter), heiß in Schraubgläser geben, verschließen.
Mischungen sind möglich (z. B. mit Erdbeeren, Heidelbeeren, Himbeeren, Felsenbirnbeeren, Brombeeren, Pfirsiche).

Fruchtpüree und Fruchtsoße aus Johannisbeeren

Fruchtaufstrich (Marmelade)
Den Fruchtbrei mit dem Gelier- und Süßungsmittel mischen, nach Gebrauchsanweisung des Geliermittels kochen. Heiß in Schraubgläser füllen, verschließen.

Johannisbeer-Erdbeer-Aufstrich
Zutaten: 500 g Johannisbeerbrei (z. B. Rückstände vom Entsaften), 500 g Erdbeeren, 300–500 g Honig/Zucker, Agar-Agar (3–4 gestr. TL) oder anderes Geliermittel.
Zubereitung: Johannisbeerbrei mit den zerdrückten, gestampften oder gemixten Erdbeeren, mit Süßungs- und Geliermittel vermischen, erhitzen. 2–4 Minuten kochen. Heiß in Schraubgläser geben, verschließen. Reine Erdbeerkonfitüre verliert im Laufe der Zeit an Farbe. Diese Mischung behält das Rot besser.

Johannisbeerkompott (heiß eingefüllt)
Johannisbeeren geben viel Saft ab, deshalb ist die Flüssigkeitszugabe niedrig.
Zutaten: 1/4 l Wasser, 100–150 g Honig/Zucker, 1 kg Johannisbeeren.
Zubereitung: In den gesüßten, kochenden Sud die Johannisbeeren geben. Bei schwacher Hitze 5–10 Minuten kochen. Heiß in Gläser geben, verschließen.

Fruchtgrütze mit Johannisbeeren, Kirschen und Erdbeeren

Johannisbeerkompott (pasteurisiert)
Größere Mengen können auch eingeweckt werden. Die Beeren behalten dabei besser die Form. Sie lassen sich aber nicht so platzsparend unterbringen. Man benötigt mehr Sud zum Auffüllen (für 1 kg Früchte etwa 1/2 l).
Johannisbeeren in Gläser geben, mit gesüßter Flüssigkeit übergießen (1 l Wasser/150–200 g Honig/Zucker). 25 Minuten bei 80 °C im Wasserbad pasteurisieren.

Fruchtgrütze
Zutaten: 250 g Johannisbeeren, 250 g Erdbeeren, 250 g Stachelbeeren, 250 g Heidelbeeren, 250 ml Wasser, 100–150 g Honig/ Zucker, etwa 1 TL Agar-Agar (hängt vom Fabrikat ab).
Variante: Johannisbeeren, Erdbeeren, entsteinte Kirschen.
Zubereitung: Flüssigkeit mit Süßungsmittel zum Kochen bringen. Vorbereitete Früchte in den kochenden Sud geben. Etwa 10 Minuten leise kochen. Agar-Agar mit etwas kaltem Wasser auflösen, zum Kompott geben, einige Minuten mitkochen. Heiß in Schraubgläser geben, verschließen.
Bei größeren Mengen die Früchte einwecken (30 Minuten bei 85 °C).

Schwarze Johannisbeeren in Rotwein
1 kg Schwarze Johannisbeeren, 1/4 l Rotwein, 100–200 g Honig/ Zucker.
Rotwein mit Süßungsmittel aufkochen, darin portionsweise die Beeren kochen. Zum Schluss alle Früchte nochmals erhitzen. Die heiße Masse in Schraubgläser geben, verschließen.

Gärung (Alkohol, Essig)

Johannisbeerwein
Mit Zucker, Wasser und Beeren ist es möglich, einen mehr oder weniger starken Wein herzustellen. Die Früchte (eventuell einfrieren) lassen sich auch mit Apfelsaft zu Wein vergären. Eine zusätzliche Zuckerung entfällt dadurch.
Eine Weitervergärung des Weines zu **Essig** ist möglich. Nähere Beschreibung der Alkohol- und Essiggärung im Allgemeinen Teil.

Einlegen

Johannisbeeren in Alkohol
Johannisbeeren eignen sich für den Rumtopf. Sie verlieren mit der Zeit an Farbe. Näheres im Allgemeinen Teil (Einlegen in Alkohol).

Johannisbeeren in Essig
Johannisbeeren bringen Farbe und Geschmack in den Essig.
Früchte (auch Reste vom Frostentsaften) in ein Glas geben. Mit Apfelessig bedecken. 2–4 Wochen dunkel ziehen lassen, abseihen.
Verwendung: für Marinaden, verdünnt als Getränk (1 TL Essig, 1 Glas Wasser/Apfelsaft, nach Bedarf Honig).

Jostabeere

Die Jostabeere ist eine Kreuzung zwischen Schwarzer **Jo**hannisbeere und **Sta**chelbeere. Der widerstandsfähige, selbstfruchtbare

Größenvergleich zwischen Jostabeeren (oben) und Schwarzen Johannisbeeren

Strauch sieht der Schwarzen Johannisbeere ähnlich (Wuchs, Blätter, keine Stacheln), wächst aber kräftiger. Die glatthäutigen Früchte sind kleiner als die Stachelbeeren und hängen meist zu zweit zusammen. Der Ertrag ist regelmäßig. Die Inhaltsstoffe entsprechen den Kreuzungspartnern.

Ernte

Nach der Schwarzfärbung (über rot und blau) die Beeren noch einige Tage hängen lassen. Erst bei Vollreife entwickeln sie ihren süßen, mehr milden Geschmack, der besonders beim Rohverzehr hervortritt. Beim Erhitzen kommt die Säure stärker zum Vorschein. Da die Früchte unregelmäßig reifen, mehrmals durchpflücken. Die Beeren am besten mit der Schere abschneiden.

Konservierungsmöglichkeiten

Die Beeren lassen sich wie Johannisbeeren oder Stachelbeeren verwerten. Da ihre Samenkerne wesentlich feiner sind, ist Durchpassieren nicht unbedingt notwendig. Besonders gut sind auch Mischungen. Ausgezeichnet passt die Heidelbeere dazu, die zur gleichen Zeit reift. Sie nimmt der gekochten Jostabeere etwas von dem intensiven, säuerlichen Geschmack. Die Frucht ist besonders für Saft, Fruchtpüree und Konfitüre geeignet.

Kirsche

Süßkirschen sind wegen ihres süßen Geschmacks zum Rohessen beliebter als die besser verträglichen Sauerkirschen. Doch beide Gruppen haben fast den gleichen Zuckergehalt. Nur die Fruchtsäuren, die erfrischend, appetitanregend, verdauungsfördernd und desinfizierend wirken, sind in den Sauerkirschen, ebenso wie das Provitamin A, in größerer Menge enthalten.

Kirschen sind reich an Mineralstoffen, Vitaminen und gesundheitsfördernden Stoffen. Sie wirken entwässernd, helfen den Harnsäurespiegel zu senken, regen den Stoffwechsel und die Darmfunktion an, stärken Herz, Gehirn und Gefäße, sind wertvoll für Leber und Nieren.

Ernte

Am besten schmecken Kirschen direkt vom Baum. Von Mitte Mai bis in den August hinein ist dies mit den verschiedenen Sorten möglich. Da die Reifung der Süß- und Sauerkirschen stark vom Standort und vom Witterungsverlauf abhängig ist, gibt es keine kalendarischen Angaben. Die Erntezeit wird in Kirschwochen angegeben. Voll ausgereifte Früchte haben das beste Aroma, auch der Zuckergehalt ist dann am höchsten.

Neben Hochstämmen werden heute vermehrt klein bleibende Kirschbäume angeboten. Sie lassen sich leichter beernten, pflegen und besser schützen (Netze gegen Vögel, Folien gegen Regen), sind aber kurzlebiger. Ernteverluste gibt es durch Vögel, aber auch durch viel Regen, der die Früchte faulen oder platzen lässt. Gefährdet sind besonders die aromatischen Knorpelkirschen, weniger die weichen Herzkirschen mit der dehnungsfähigeren Haut.

Die Kirschfruchtfliege mindert stark die Qualität. Frühsorten, auch gelbe Früchte ('Dönissens Gelbe Knorpelkirsche') und Sauerkirschen bleiben größtenteils von ihr verschont. Ein Hängenlassen der madigen Früchte trägt zur weiteren Vermehrung bei.

Süßkirschen werden, wenn sie nicht sofort verarbeitet werden, mit Stiel geerntet. Bei den meisten Sauerkirschen wird nur die Frucht abgepflückt, da sie sich vom Stiel „trocken löst".

Beim Pflücken sämtliche kranken Früchte (auch Fruchtmumien) mit abnehmen und vernichten (Beseitigung der Infektionsherde).

Hinweise zur Verwertung

Bei der Verwertung spielen die Fruchteigenschaften (süß, säuerlich, dunkel, hell, weich, fest, saftig, aromatisch, steinlösend, färbender und nicht färbender Saft) eine große Rolle. Süßkirschen haben weniger Aroma als Sauerkirschen, die aber auch sehr unterschiedlich sein können. Weichselkirschen liefern färbenden, Amarellen nicht färbenden Saft. Im Säurehaushalt ausgeglichener sind Kreuzungen zwischen Süß- und Sauerkirschen (Bastardkirschen), deren Saft färbend (Süßweichseln) oder nicht färbend (Glaskirschen) ist. Empfehlenswert sind Mischungen.

Hilfreich bei der Verwertung ist ein Kirschentsteiner. Zum Würzen geeignet sind Zimtrinde, Nelken, Zitronensaft, Kirschgeist, Rum, einige aufgeknackte Kirschsteine. Die Kerne nicht roh essen, sie enthalten etwas Blausäure.

Konservierungsmöglichkeiten

Tiefgefrieren

Voll ausgereifte Kirschen sind gefriergeeignet, besonders die dunklen Sorten. Die Früchte lassen sich, je nach Verwendungszweck, mit oder ohne Kern, auch ohne Zucker, kaloriensparend einfrieren. Haltbarkeit 3–6 Monate.

Verwendung: z. B. für Müsli, Obstsalat, Fruchtgrütze, Kompott, Auflauf, Kirschknödel, Rohrnudeln, Kuchen, Mischkonfitüre. Auch Kirschkuchen überstehen die Kälte gut.

Kirschen schmecken nach dem Auftauen, wenn noch ein wenig die Kälte zu spüren ist. Zum Kochen und Backen gefroren verwenden. Entsteinen ist auch bei angetauten Früchten möglich.

Frostentsaften

Empfehlenswert nur für Sauerkirschen und dunkle, saftige Süßkirschen. Bei hellen Süßkirschensorten wird der Saft braun. Mit oder ohne Stein einfrieren. Die Ausbeute wird durch Nachpressen (z. B. mit einer Handfruchtpresse) noch verbessert. Die Rückstände sind für Konfitüre brauchbar. Verwendung des Saftes für Getränke, Tee, Eis, Gelee.

Trocknen

Festfleischige, dunkle, voll ausgereifte, aromatische Früchte schmecken getrocknet vorzüglich. Weiche Kirschen saften zu stark.
So wird's gemacht: Entsteinte, halbierte Kirschen mit der Wölbung nach unten auf die Siebe legen. Bei Temperaturen zwischen 30 und 50 °C im Dörrgerät trocknen. Der lange Prozess lässt sich verkürzen, wenn die Früchte im halb getrockneten Zustand eingefroren werden. Sie besitzen dann noch etwas Flüssigkeit und brauchen später kein Einweichen.
Verwendung: z. B. für Bowle, Dickmilch, Gebäck, Getreidebrei, Müsli, Obstsalate, Quark. Ausgezeichneter Rosinenersatz.

Pasteurisieren (heiß einfüllen – einwecken)

Die Qualität des Eingemachten hängt stark von der Sorte ab.

Kirschsaft (dampfentsaftet)

Durch Regen aufgeplatzte Kirschen am besten zu Saft verarbeiten. Helle Süßkirschen ergeben keine sonderlich aromatische Flüssigkeit. Mischen mit anderen Früchten (z. B. Sauerkirschen, Johannisbeeren, Heidelbeeren, Stachelbeeren) oder Säften verbessert den Geschmack. Dunkle, weiche Kirschen, vor allem Sauerkirschen und schwarze Wildkirschen liefern das beste Ergebnis. Sollen die Rückstände der Entsaftung für Fruchtbrei oder Konfitüre verwertet werden, am besten entsteinen. Die Kochzeit verkürzt sich dann.
So wird's gemacht: Gewaschene, entstielte Kirschen in den Dampfentsafter geben. 45 Minuten (Dampfdrucktopf 15–20 Min.) kochen. Den heißen Saft in Schraubflaschen füllen. Nach Belieben vor der Verwendung süßen (z. B. mit Honig) oder mit süßen Säften (z. B. Apfelsaft, Birnensaft, Traubensaft) mischen. Beliebt auch als Heißgetränk oder als Zugabe zu Punsch.

Kirschgelee

Kirschsaft mit anderen Säften mischen, Gelier- und Süßungsmittel eigener Wahl zugeben. Nach Gebrauchsanweisung des Geliermittels kochen. Heiß in Schraubgläser füllen, verschließen.

Fruchtpüree – Fruchtsoße

Entsteinte, gekochte Früchte durch ein Passiersieb treiben, nach Belieben süßen. Heiß in Schraubgläser geben, verschließen. Ungesüßtes Püree evtl. vor dem Verzehr mit Honig süßen.
Variante: Rückstände vom Dampfentsaften mit Beerenfrüchten zu Fruchtpüree kochen.

Fruchtaufstrich (Marmelade)

Wenig aromatische Süßkirschen mit säurereichen Früchten mischen. In der Regel reichen 300–500 g Honig/Zucker für 1 kg Früchte. Beim Mixen von entsteinten Kirschen ist Vorsicht geboten. Allzu leicht werden Steine übersehen. Rückstände vom Entsaften zusammen mit frischen Früchten verarbeiten.

Kirsch-Johannisbeer-Konfitüre

Zutaten: 500–750 g entsteinte Süßkirschen, 500 g Rote Johannisbeeren, Süßungs- und Geliermittel nach eigener Wahl.
Zubereitung: Die entsteinten Kirschen fein schneiden oder kurz mixen. Johannisbeeren ganz lassen oder durchpassieren. Süßungs- und Geliermittel zugeben. Nach Gebrauchsanweisung des Geliermittels kochen. Heiß in Schraubgläser geben, verschließen.
Variante: Die Johannisbeeren durch Erdbeeren ersetzen.

Sauerkirschkonfitüre

Zutaten: 1 kg entsteinte Sauerkirschen, Süßungs- und Geliermittel nach eigener Wahl, nach Belieben 1/4 TL Zimt.
Zubereitung: Entsteinte Sauerkirschen schneiden oder pürieren. Mit Gelier- und Süßungsmittel nach Gebrauchsanweisung des Geliermittels kochen. Heiß in Schraubgläser geben, verschließen.
Variante: Mischung aus Sauer- und Süßkirschen.

Kompott

Schwarze Herzkirschen, rote Knorpelkirschen und dunkle Schattenmorellen haben das meiste Aroma und sehen recht einladend aus. Süßkirschen schmecken am besten zusammen mit säurehaltigem Obst oder Saft, recht gut auch mit Apfelwein. Feste Kirschen

Kirschkompott

sind zum Einwecken geeignet, denn sie behalten die Form. Etwa die Hälfte bis ein Drittel des Zuckers lässt sich durch hellen Honig ersetzen. Vorsichtig dosieren, er schmeckt sonst heraus. Die Menge des Süßungsmittels kann je nach Qualität der Früchte variieren.

Süßkirschkompott mit Apfelsaft

Zutaten: 1 kg Süßkirschen, 1/2 l Apfelsaft, 50–100 g Honig/Zucker oder anderes Süßungsmittel, nach Belieben ein kleines Stück Zimtrinde, 1 Nelke.

Zubereitung: Gewaschene Kirschen 5–15 Minuten (hängt von der Festigkeit und Größe ab) im Sud garen. Heiß in Schraubgläser füllen, verschließen.

Variante: Einen Teil der Süßkirschen durch Sauerkirschen ersetzen, die etwas später zugesetzt werden, oder anstelle des Apfelsafts Apfelwein verwenden (weinsäuerliches Kompott).

Süßkirschkompott mit Johannisbeersaft

Bei hellen Früchten verhilft der rote Saft zu besserem Aussehen.

Zutaten: 1 kg Süßkirschen, 1/4 l ungesüßter Johannisbeersaft, 1/4 l Wasser, 75–100 g Honig/Zucker oder anderes Süßungsmittel.

Zubereitung: Gewaschene Kirschen 5–15 Minuten im Sud garen. Heiß in Schraubgläser füllen, verschließen.

Variante: Johannisbeersaft durch Sauerkirschsaft oder 250 g frische Johannisbeeren ersetzen.

Sauerkirschkompott

Zutaten: 1 kg Sauerkirschen, 1/2 l Wasser, 150–200 g Honig/Zucker oder anderes Süßungsmittel.

Zubereitung: Gewaschene Kirschen 5–15 Minuten im Sud garen. Heiß in Schraubgläser füllen, verschließen.

Fruchtgrütze

Kirschen eignen sich besonders zum Mischen mit Beeren. Wird das Fruchtkompott gebunden (z. B. mit Stärke oder Agar-Agar), wird sie als Grütze bezeichnet. Mit kalter Milch, Sahne, Vanille-/Quarksoße oder auch als Beigabe zu Eis und Milchspeisen ist dieses sämige Kompott ein erfrischender Nachtisch.

Sommerliche Fruchtgrütze

Zutaten: 500 g entsteinte Süßkirschen, 250 g Johannisbeeren, 250 g Erdbeeren, 1/4–1/2 l Wasser, Süßungsmittel (z. B. 100–150 g Honig/Zucker), etwa 1 TL Agar-Agar (hängt vom Fabrikat ab).

Zubereitung: Im Sud die Kirschen etwas vorgaren, dann Johannisbeeren und Erdbeeren zufügen. Agar-Agar mit etwas kaltem Wasser anrühren, hinzugeben, kurz kochen lassen (2–5 Minuten je nach Herstellerangabe). Heiß in Gläser füllen, verschließen.

Variante: 300 g entsteinte Kirschen, 300 g Erdbeeren, 400 g Rote Johannisbeeren, 100 g Felsenbirnbeeren, 1 Stück Zimtrinde, 150 g Honig/Zucker, 1/4–1/2 l Wasser.

Sauerkirschgrütze

Zutaten: 1 kg entsteinte Sauerkirschen, 1/4–1/2 l Wasser oder Kirschsaft, Süßungsmittel (z. B. 150–200 g Honig/Zucker), etwa 1 TL Agar-Agar (hängt vom Fabrikat ab), evtl. 1 Stück Zimtrinde.

Zubereitung: Die entsteinten Früchte in den kochenden Sud geben, vorsichtig bissfest garen. Agar-Agar mit etwas kalter Flüssigkeit an-

Sauerkirschgrütze

rühren und zum Kompott geben. Nach Gebrauchsanweisung des Geliermittels 2–5 Minuten kochen lassen. Die Sauerkirschgrütze heiß in Gläser geben, verschließen.
Variante: Manches Kompott lässt sich nachträglich durch Zugabe von etwas Stärkemehl und kurzes Kochen in eine Grütze umwandeln. Besonders säurehaltige Mischkompotte werden dadurch milder, ebenso durch Zugabe von Rahm und Joghurt.

Kompott (pasteurisiert)
Empfindliche Kirschen und große Erntemengen am besten einwecken. Früchte in Gläser einfüllen. Mit beliebigem Sud übergießen, verschließen. 30 Min. bei 80–85 °C im Wasserbad pasteurisieren. Der Aufguss macht 30–40 % des Glasinhaltes aus. So werden für 1 l Glas 300–400 ml Flüssigkeit und 600–700 g Kirschen benötigt.

Einlegen

Kirschen in Alkohol
Dunkle Sauer- und Süßkirschen eignen sich auch für den Rumtopf. Sie verlieren im Laufe der Zeit an Farbe.

Kirschen in Essig
Aromatische, farbintensive Kirschen (auch Reste vom Frostentsaften) mit so viel Obstessig übergießen, dass sie bedeckt sind. Nach 2–4 Wochen abseihen, Früchte auspressen.
Verwendung: für Marinade oder verdünnt als Getränk (1 TL Essig auf 1Glas Wasser/Apfelsaft, bei Bedarf Honig zugeben).

Kiwi

Die strauchartige, Ranken treibende Kiwipflanze bildet eigroße, braune, behaarte Früchte aus, die ein feinsäuerliches, herbsüßes Aroma besitzen. Neben der großen Art gibt es die kleinfrüchtigen, frostharten (bis -30 °C) Kiwisorten mit 2–3 cm großen, glatten, grünlich-roten Früchten (z. B. Sorte 'Weiki'). Kiwifrüchte zeichnen sich durch einen hohen Vitamin-C-Gehalt aus (höher als bei Zitrusfrüchten). Auch die Mineralstoffe Kalium, Kalzium und Eisen sind gut vertreten. Die ballaststoffreiche Frucht ist kalorienarm.

Ernte

Die großfrüchtige, empfindlichere Kiwi reift bei uns im Spätherbst (Mitte Oktober–Ende November). Bei Frostgefahr die Früchte abdecken, notfalls abnehmen, sonst aber gut ausreifen lassen. Sie müssen noch lagern.

Bei manchen kleinfrüchtigen Sorten beginnt die Ernte z. T. schon Ende August, bei anderen erst im September/Oktober. In der Regel können sie voll ausreifen. Sie sind vom Strauch weg essbar. Die oft traubenförmig verzweigten Fruchtstände werden mit der Schere abgeschnitten. Für den Sofortgenuss und für die Verarbeitung die Früchte möglichst lange hängen lassen, das Aroma verstärkt sich.

Hinweise zur Verwertung

Möglichst roh essen. Farbe, Aroma und Inhaltsstoffe bleiben so am besten erhalten.

Die großfrüchtige Kiwi wird geschält oder ungeschält halbiert und das Fruchtfleisch mit dem Löffel herausgenommen. Bei den kleinfrüchtigen Kiwis ist die Schale essbar. Sie lassen sich aber auch schälen. Die feinen Samenkerne sind bei beiden Arten genießbar (verdauungsfördernd).

Das Fruchtfleisch enthält eiweißspaltendes Enzym. Proteinhaltige Speisen (z. B. Milch, Quark) können dadurch leicht bitter schmecken oder sauer werden. Gelatinehaltige Kiwispeisen (unerhitzt) werden nur schwer fest. Rohe Früchte deshalb zum Schluss zugeben, evtl. überbrühen oder erhitzen. Dadurch verliert das Enzym seine Wirksamkeit.

Lagerung

Wird dieses Obst nicht überreif abgenommen, lässt es sich bei kühler Aufbewahrung bis zu zwei Monaten lagern. Aber nicht zu reifen Äpfeln oder Birnen legen, der Reifeprozess wird dadurch

Kiwi-Eis

beschleunigt. Die pelzige Haut bildet einen guten Schutz gegen Austrocknung. Die Genussreife ist erreicht, wenn das Fruchtfleisch auf leichten Fingerdruck nachgibt.

Die kleinen Kiwis mit ihrer glatten, dünnen Haut sind kaum lagerfähig – in einem kühlen, dunklen Raum mit hoher Luftfeuchtigkeit oder im Gemüsefach des Kühlschrankes nur wenige Tage.

Konservierungsmöglichkeiten

Tiefgefrieren

Kiwis lassen sich zerkleinert oder als ganze Frucht (Großfrüchtige schälen) einfrieren. Verwendung z. B. für Obstsalat, Müsli, Bowle, Obstkuchen, Garnierung.

Fruchtpüree – Fruchtsoße (unerhitzt)
Großfrüchtige Kiwisorten schälen, die kleinen Früchte mit der Schale verarbeiten. Etwas zerkleinern, mixen, nach eigenem Geschmack süßen (z. B. pro 100 ml 10–15 g Honig/Zucker = 1 gestr. EL). Den Fruchtbrei portionsweise einfrieren.

Kiwi-Eis (2–4 Portionen)
200 ml Kiwipüree, Süßungsmittel nach eigenem Geschmack (z. B. 20–30 g Honig/Zucker = 2–3 gestr. EL), 50–100 ml Sahne.
Zubereitung: Kiwibrei süßen, in einem flachen Behälter einfrieren. Den gefrorenen Block fein reiben. Etappenweise den Fruchtschnee zur geschlagenen Sahne geben, vermischen. Ausführliche Beschreibung der Eisbereitung im Allgemeinen Teil (Tiefgefrieren).

Pasteurisieren (heiß einfüllen – einwecken)

Die grüne Farbe leidet beim Erhitzen. Die Produkte sehen dann gelblich aus.

Fruchtpüree – Fruchtsoße
Die geschälten oder die ungeschälten kleinen Früchte mixen. Nach eigenem Geschmack süßen, kurz kochen. Heiß in Schraubgläser füllen, verschließen.

Fruchtaufstrich (Marmelade)
Fruchtbrei (mehr oder weniger grob) mit Gelier- und Süßungsmittel vermischen, nach Belieben etwas geriebenen Ingwer zufügen. Nach Gebrauchsanweisung des Geliermittels kochen. Heiß in Schraubgläser füllen, verschließen.

Kompott
Zutaten: 1 kg kleinfrüchtige Kiwi, 1/2–3/4 l Wasser, Süßungsmittel nach eigenem Geschmack.
Zubereitung: Die Früchte im Sud vorsichtig garen. Das heiße Kompott in Gläser füllen und verschließen.

Einlegen

Kiwi in Alkohol
Kiwifrüchte eignen sich auch für den Rumtopf. Nur große Kiwis werden geschält und in Scheiben geschnitten.
Nähere Beschreibung im Allgemeinen Teil (Einlegen in Alkohol).

Kiwi-Fruchtaufstrich

Kornelkirschpüree (Marmelade)

Kornelkirsche

Die glänzend roten, ovalen Kornelkirschen mit einer Länge von 1–2 cm besitzen ein säuerliches Fruchtfleisch mit einem großen Steinkern. Extrem hoch ist der Vitamin-C-Gehalt. Er kann um das Zehnfache höher liegen als bei der Zitrone. Weitere Inhaltsstoffe: Pektine, Apfel- und Weinsäure, Zucker (10–15 %), Gerbstoffe, Flavonoide, zahlreiche Mineralstoffe, vor allem Kalzium, Magnesium, und das Provitamin A.

Ernte

Am besten schmecken die vollreifen, dunkelroten, weichen Kornelkirschen. Leider fallen sie in diesem Stadium leicht vom Strauch. Helle Früchte sind hart und sauer. Die Reifung am Baum zieht sich über Wochen hin. Kornelkirschen sind einige Tage lagerfähig, sie werden dabei aromatischer, farbintensiver, weicher und saftiger.

Konservierungsmöglichkeiten

Tiefgefrieren

Die Früchte lassen sich problemlos einfrieren. Voll ausgereifte Früchte sind nach dem Auftauen weich. Das Fruchtfleisch lässt sich dann mit einem Stampfer leicht zerdrücken und ohne Kochen durch ein Passiergerät treiben. Diese Fruchtsoße mit säurearmem Püree vermischen (z. B. Hagebutte, Birne) oder zu einer Konfitüre weiterverarbeiten. Rückstände sind für Tee noch brauchbar.

Pasteurisieren (heiß einfüllen – einwecken)

Kornelkirschen sind nicht steinlösend. Das macht die Verarbeitung etwas schwierig.

Fruchtsaft
Gewaschene Früchte in den Dampfentsafter geben. Entsaftungszeit: 45–60 Minuten (Dampfdrucktopf 15–20 Minuten). Den heißen Saft möglichst in kleine Flaschen füllen, verschließen.
Verwendung: Zugabe zu Apfel-, Birnen-, Süßkirsch-, Trauben-, Zucchinisaft oder zu Tee (Zitronenersatz).

Kornelkirsch-Gelee
Saft mit Gelier- und Süßungsmittel eigener Wahl vermischen. Nach Gebrauchsanweisung des Geliermittels kochen. Heiß in Gläser füllen, verschließen.
Variante: Kornelkirsch-Birnen-Gelee, Kornelkirsch-Trauben-Gelee.

Fruchtpüree – Fruchtsoße
Gekochte oder gedämpfte Kornelkirschen (auch Rückstände vom Dampfentsaften) durchpassieren und kurz kochen. Heiß in Gläser füllen, verschließen. Vor Genuss evtl. mit Honig süßen.
Variante: Mit mildem Fruchtbrei mischen (z. B. Pfirsich-, Hagebutten-, Birnenbrei).

Kornelkirsch-Pfirsich-Aufstrich (Marmelade)
Durch Zugabe von Pfirsichen werden die Kornelkirschen wesentlich milder und aromatischer, der Geschmack erinnert an Erdbeeren. Der Pfirsich gewinnt durch die rote Farbe.
Zutaten: 400 g Kornelkirschbrei, 850 g gekochte, geschälte, entsteinte Pfirsiche, 500 g Gelierzucker extra.
Zubereitung: Die Pfirsiche etwas zerkleinern. Sie können auch mit dem Kornelkirschbrei gemixt werden (auch roh möglich). Alles zusammen mischen. Aufstrich nach Gebrauchsanweisung des Geliermittels kochen. Heiß in Schraubgläser füllen, verschließen.

Gärung (Alkohol, Essig)

Apfelwein mit Kornelkirschen
Die Kornelkirschen geben Farbe und Inhaltsstoffe an den Wein ab. Die gewaschenen Kornelkirschen in einen Glasballon geben, frisch gepressten Apfelsaft dazu gießen. Mit Gäraufsatz verschließen. Weiterbehandlung wie Apfelwein.
Weitervergärung zu Essig ist möglich. Ausführliche Beschreibung im Allgemeinen Teil bei der Alkohol- und Essiggärung.

Trocknen der Mirabellen

Mirabelle

Mirabellen gehören zur Familie der Pflaumen. Die kirschgroßen Früchte sind reif goldgelb. Das säurearme Fruchtfleisch ist fest. Der Zuckergehalt (etwa 15 %) ist so hoch wie bei Süßkirschen. Neben Mineralstoffen und Vitaminen finden sich reichlich Ballaststoffe.

Ernte

Nur in wärmeren Lagen reift die Mirabelle Anfang August, in den meisten Gebieten aber erst gegen Monatsende. Die Reifung erfolgt ziemlich einheitlich. Madiges Obst fällt frühzeitig vom Baum. Bei Vollreife lassen sich die Früchte schütteln. Gut ausgereifte Mirabellen schmecken süß und aromatisch.

Konservierungsmöglichkeiten

Tiefgefrieren

Die Früchte ganz oder entsteint einfrieren. Beim Zerkleinern verfärben sie sich etwas, deshalb möglichst unaufgetaut verwenden.
Verwendung: Mirabellenknödel, Kompott, Strudel, Auflauf, Müsli. Auch Kuchen und Strudel sind tiefgefriergeeignet.

Trocknen

Mirabellen schmecken leicht mehlig, sind nicht zu saftig, dafür süß und gut steinlösend. Sie eignen sich hervorragend zum Trocknen.

So wird's gemacht: Die gewaschenen Mirabellen halbieren, entsteinen. Mit der gewölbten Seite auf die Siebe legen und in den Dörrapparat geben. Bei 30–50 °C trocknen.
Tipp: Die Früchte im halbtrockenen Zustand einfrieren. Das verkürzt die Trocknungszeit, außerdem spürt man weniger die Fruchthaut. Das Einweichen nach der Entnahme entfällt.
Verwendung: Müsli, Obstsalat, Eis, Früchtekuchen, Auflauf, Ersatz für Rosinen.

Pasteurisieren (heiß einfüllen – einwecken)

Mirabellen sind eine vorzügliche Einmachfrucht. Sie schmecken, im Gegensatz zu Frühpflaumen und Kriechenpflaumen, auch nach dem Erhitzen süß. Sind Maden im Obst, die Früchte halbieren.

Mirabellenkompott
Zutaten: 1 kg Früchte, 1/2–3/4 l Wasser, Süßungsmittel (wie z. B. 50–100 g Honig/Zucker), Saft einer Zitrone (oder etwas Sanddorn- oder Kornelkirschsaft).
Zubereitung: Die gewaschenen Mirabellen im Sud bissfest garen. Heiß in Schraubgläser füllen und anschließend verschließen. Die Gläser längere Zeit auf den Kopf stellen, um die Braunfärbung der oberen Früchte zu vermeiden. Bei größeren Mengen die Mirabellen in Gläser geben, mit Sud übergießen. 30 Minuten bei 85 °C im Wasserbad pasteurisieren.

Beim Einkochen kann die Oxidation der oberen Schicht vermieden werden, wenn man die Gläser nach Einfüllen und Verschließen einige Stunden stehen lässt. Erst dann im Wasserbad erhitzen.

Mirabellenkompott mit ganzen und entsteinten Früchten

Fruchtpüree
Aufgesprungene Früchte, die im Kompott nicht sehr dekorativ sind, lassen sich zu Mus verarbeiten. Früchte waschen, eventuell ausschneiden, Steine entfernen. Mit wenig Wasser oder Apfelsaft kochen, mixen (vorsichtig, wegen evtl. vergessener Steine), durchpassieren. Nach Belieben süßen (oder erst vor dem Verzehr), kurz kochen, heiß in Gläser geben, verschließen.

Mirabellenaufstrich (Marmelade)
Den Fruchtbrei mit Gelier- und Süßungsmittel mischen, nach Gebrauchsanweisung kochen. Nach Belieben einen Schuss Zwetschgenwasser zugeben. Heiß in Gläser füllen, verschließen.
Variante: Früchte fein schneiden statt sie zu pürieren.

Einlegen

Mirabellen in Alkohol
Mirabellen passen in den Rumtopf. Sie behalten ihre Festigkeit recht gut. Nähere Beschreibung im Allgemeinen Teil (Einlegen in Alkohol).

Mispel

Die Mispel ist selten in Gärten anzutreffen, obwohl sie schon lange in Kultur ist. Nur Liebhaber schätzen dieses Obst, obwohl es voll von gesundheitsfördernden Stoffen ist. Die reichlich enthaltenen Gerbstoffe mit ihrem herben Geschmack wirken zusammenziehend auf die Darmschleimhäute (besonders günstig bei Durchfall, Darmkatarrh). Mit dem außergewöhnlich hohen Gehalt an Ballaststoffen (noch höher als bei getrockneten Zwetschgen) nimmt die Mispel eine Spitzenstellung beim Obst ein. So wird auf milde Weise die Darmfunktion unterstützt. Der Pektinreichtum hilft u. a. mit, den Cholesterinspiegel im Blut zu senken. Dies wirkt einer „Verkalkung" der Blutgefäße entgegen.
Unsere heimische Mispel darf nicht mit der Japanischen Wollmispel verwechselt werden, die in warmen Mittelmeerländern anzutreffen ist und gelbe, erfrischend süßsäuerliche Früchte liefert.

Ernte

Durch den sehr späten Blühtermin (Ende Mai/Anfang Juni) gibt es kaum Ausfälle bei der Ernte. Die grünlich-rostbraunen, fest hängenden Früchte sind bei der Ernte im Spätherbst noch hart und wenig wohlschmeckend. Sie müssen auf dem Lager nachreifen.

Die meist walnussgroßen Mispeln sind eigenartig geformt.

Hinweise zur Verwertung

Mispeln sind nicht leicht zu verarbeiten. Der überwiegende Teil der Sorten (Ausnahme 'Kernlose') enthält 5 große Samenkerne. Ist die Frucht noch hart, sind sie schwer zu entfernen. Ist sie teigig, dann ist dies eine patzige Angelegenheit. Zurück bleibt eine dickere Schale mit etwas Fruchtfleisch. Am leichtesten lassen sich die Kerne bei gefrorenen Früchten entfernen, die leicht angetaut sind.

Auch bei der Weiterverarbeitung muss man viel Liebe für dieses Obst mitbringen. Die Herstellung von Kompott, Fruchtpüree und Konfitüre ist zwar möglich, aber die braungraue Frucht ist nicht besonders attraktiv und geschmacklich auch nicht umwerfend. Mischungen sind eher akzeptabel. Gut schmeckt die Mispel im Kletzenbrot. Entkernte teigige, auch gefrorene und dann aufgetaute Früchte können roh zum Kletzenteig gegeben werden.

Wegen eventuell vergessener Samenkerne ist das Mixen weniger empfehlenswert. Ein gutes Passiersieb leistet bessere Dienste.

Konservierungsmöglichkeiten

Lagerung

Erst durch Lagerung (2–3 Wochen) werden die Mispeln gerbstoffärmer, weicher und teigiger. Die Nachreife vollzieht sich in warmen Räumen schneller. Das Teigigwerden hat auch seine Tücken. Manchmal weiß man nach der mehrwöchigen Lagerzeit nicht genau, ob die Frucht teigig oder schon faulig ist. Außerdem werden nicht alle Mispeln zur gleichen Zeit weich.

Mispelpüree (Marmelade) mit Hagebutten, Mispelaufstrich

Tiefgefrieren

Da Mispeln durch den Frost besser werden, ist diese Konservierungsart zu empfehlen. Beim Einfrieren wird eine gleichmäßigere Reife bei guter Qualität erzielt. Dazu die gewaschenen, von den Kelchblättern befreiten Früchte verwenden. Nach der Entnahme kurz antauen lassen, halbieren, Kerne herausnehmen.

Pasteurisieren (heiß einfüllen – einwecken)

Mispel-Apfel-Saft
Zutaten: Mispeln, säuerliche Äpfel.
Zubereitung: Die Kelchblätter bei den Mispeln abschneiden. Bei den Äpfeln Stiel und Blüte entfernen. Früchte halbieren, achteln oder vierteln. Alles knapp mit Wasser bedecken, langsam erhitzen. Weich, aber nicht musig kochen. Möglichst nicht umrühren. Über Nacht stehen lassen, dann ein Sieb mit einem Tuch bedecken. Saft ablaufen lassen, etwas nachpressen. Die Flüssigkeit erhitzen, heiß in Flaschen füllen, verschließen.

Mispel-Apfel-Gelee (ohne Geliermittel)
Zutaten: 1 l Mispel-Apfelsaft, 3/4–1 kg Zucker.
Zubereitung: Saft mit Zucker etwa 10–20 Minuten kochen. Geleeprobe machen: Auf einen kalten, trockenen Teller einen Teelöffel der Masse geben. Wird sie nach dem Erkalten nicht steif, weiter eindicken. Das fertige Gelee heiß in Gläser geben, schließen.
Dieses Gelee ist für Gebäck geeignet, das länger aufbewahrt wird. Der hohe Zuckergehalt trägt zur guten Konservierung bei.

Variante: Mispeln mit Quitten kochen. Der Saft geliert recht gut. Wer die Flüsigkeit nicht so lange kochen möchte, auch weniger Zucker wünscht, gibt ein Geliermittel zu.

Mispel-Hagebutten-Mus
Rückstände von der Geleebereitung durchpassieren und mit Hagebuttenmus (siehe Hagebutten) vermischen. Verhältnis Mispeln zu Hagebutten 1:1, farblich besser noch 1:2. Nach eigenem Geschmack süßen. Kurz kochen, in Gläser füllen, verschließen.

Fruchtaufstrich (Marmelade) ohne Geliermittel
Wird das Mus länger gekocht und stärker gesüßt, entsteht eine streichfähige Masse. Heiß in Schraubgläser füllen, verschließen.
Variante: Das Mus mit etwas Zitronen- oder Sanddornsaft abschmecken.

Mispel-Apfel-Aufstrich
Zutaten: 500 g Mispelmus, 500 g Apfelmus, etwas Zimt, Gelier- und Süßungsmittel nach eigener Wahl.
Zubereitung: Fruchtbrei mit Gelier- und Süßungsmittel vermischen, nach Gebrauchsanweisung des Geliermittels kochen. Heiß in Gläser füllen, verschließen.

Mispelkompott
Zutaten: 3/4 kg weiche oder gefrorene Mispeln (entkernt), 1/2 l Apfelsaft, Süßungsmittel nach eigenem Geschmack (z. B. 50 g Honig/Zucker).
Zubereitung: Vorbereitete Mispeln in der Flüssigkeit schwach kochen, sie sollen nicht zerfallen. Heiß in Schraubgläser geben, verschließen. Vor dem Verzehr etwas Zitronensaft oder einen anderen säuerlichen Fruchtsaft (z. B. Sanddorn-, Johannisbeer-, Sauerkirschsaft) zugeben.

Gärung

Apfelwein mit Mispeln
Der Apfelwein gewinnt durch die Gerbsäure der Mispeln. Die Früchte mit den Äpfeln mahlen und auspressen.
Variante: Mispelstücke zum Apfelsaft geben und mitvergären.
Nähere Beschreibung im Allgemeinen Teil bei der alkoholischen Gärung.

Pfirsich – Nektarine

Beide Früchte sind eng verwandt. Die Nektarine unterscheidet sich vom Pfirsich, der eine samtartige, flaumige Behaarung aufweist, durch die glatte Haut, etwas festere Beschaffenheit und bessere Steinlösung. Beide Arten besitzen ein süßes, saftiges, aromatisches, erfrischendes Fruchtfleisch, das gut verdaulich und außerdem arm an Kalorien ist. Da sie zudem einiges an Inhaltsstoffen (Kalium, Kalzium, Magnesium, Phosphor, Provitamin A, B-Vitamine u. a.) aufzuweisen haben, eignen sie sich gut für Obsttage. Gicht und Rheumatismus lassen sich durch eine vermehrte Aufnahme lindern. Herz, Leber, Galle werden entlastet.

Ernte

Da es frühe, mittelfrühe und späte Sorten gibt, ist das Ernten in verschiedenen Monaten möglich. Früh reifende Pfirsiche lösen sich meist etwas schlechter vom Stein. Sie sind oft saftiger als Spätpfirsiche, die dafür ein ausgeprägteres Aroma besitzen.

Je nach Witterung zieht sich die Ernte über 2–3 Wochen hin. Im Gegensatz zur Handelsware können Pfirsiche und Nektarinen im Hausgarten voll ausreifen. An sonnigen Plätzen (Südhauswände) entwickelt sich dieses Steinobst besonders gut.

Hinweise zur Verwertung

Pfirsiche und Nektarinen lassen sich durch Eintauchen in kochendes Wasser leicht häuten. Zerkleinerte Früchte bräunen schnell. Einlegen in Zitronenwasser oder Zugabe von etwas Vitamin C bremst den Vorgang. Pfirsichkerne nicht roh essen. Sie enthalten etwas giftige Blausäure, die aber beim Kochen zerstört wird. Zwischen den einzelnen Sorten gibt es Unterschiede bei der Steinlöslichkeit und beim Fruchtfleisch (saftig bis leicht mehlig, weiß bis gelb, süß bis fad). Diese Eigenschaften spielen teilweise bei der Konservierung eine Rolle. An warmen Tagen reifen Pfirsiche und Nektarinen besonders schnell. Sie sind nur kurzfristig lagerfähig. Eine schnelle Verwertung ist oft notwendig.

Konservierungsmöglichkeiten

Tiefgefrieren

Rohe Pfirsiche und Nektarinen sind nicht sehr gefriertauglich. Sie bräunen mehr oder weniger stark. Früchte deshalb nur einfrieren, wenn sie nach dem Auftauen auch roh gegessen werden.

Empfehlenswerter ist rohes Fruchtpüree. Entsteinte, geschnittene Früchte mixen, Zitronensaft, nach Bedarf auch etwas Wasser oder Fruchtsaft zugeben. Nach eigenem Geschmack süßen. In Behälter geben, einfrieren. Verwendung als Eis oder Fruchtsoße.

Pfirsich-Himbeer-Eis (2–4 Portionen)
Zutaten: 100 g rohes Pfirsichpüree, 100 g roher Himbeerbrei, 20–40 g Honig/Zucker (2–4 gestr. EL) oder anderes Süßungsmittel, 50–100 ml Sahne.
Zubereitung: Obstbrei abschmecken, in Behälter füllen, einfrieren. Eisblock fein reiben. Den Fruchtschnee mit geschlagener Sahne vermischen.
Ausführliche Beschreibung der Eisbereitung im Allgemeinen Teil (Tiefgefrieren).

Nektarinen-Erdbeer-Eis
Zutaten: 100 g rohes Nektarinenpüree, 100 g rohes Erdbeerpüree (von mehrmals tragenden Sorten), 20–40 g Honig/Zucker (2–4 gestr. EL) oder anderes Süßungsmittel, 50–100 ml Sahne.
Zubereitung: wie Pfirsich-Himbeereis.
Variante: Nektarinen-Aprikosen-Eis.

Trocknen

Nur bei sehr aromatischen, mehr mehligen Früchten empfehlenswert. Ein Dörrgerät ist Voraussetzung. Dieses wasserreiche Obst muss schnell trocknen, sonst kann es zu Schimmel- oder Fäulnisbildung kommen. Das Braunwerden ist kaum zu vermeiden. Entsteinte Früchte in Spalten schneiden. Nebeneinander auf Siebe legen. Bei 30–50 °C trocknen.
Tipp: Früchte nur schwach trocknen, sie sollen noch elastisch sein. Die Spalten einfrieren. Verwendung für Müsli, Obstsalat, Früchtebrot.

Pasteurisieren (heiß einfüllen – einwecken)

Geraspelter Pfirsich-/Nektarinen-Brei mit Äpfeln
Früchte, die noch nicht so weich sind und sich auch schwer vom Stein lösen, raspelt man am besten. Der Brei kann ungesüßt bleiben (gut für Diabetiker). Auch Süßen mit Honig vor dem Verzehr ist möglich. Verwendung für Torten- und Pfannkuchenfüllungen, gekochte Getreidebreie, Müsli, Joghurt oder Zwischenmahlzeiten.
Zutaten: 500 g Pfirsiche oder Nektarinen, 500 g Äpfel, Süßungsmittel nach eigenem Geschmack, 2 Messerspitzen Vitamin C oder Saft einer Zitrone.

Zubereitung: Die gewaschenen, entkernten, geschälten Äpfel und ganze Pfirsiche/Nektarinen grob raspeln und sofort mit Vitamin C oder Zitronensaft vermischen. 5–10 Minuten ohne Wasser dünsten. Nach Belieben süßen (z. B. 50–100 g Honig/Zucker). Kochend heiß in Gläser füllen (evtl. mit einer Gabel stupfen), verschließen. Bei größeren Mengen ist anschließendes Pasteurisieren (20 Minuten bei 80 °C) empfehlenswert.

Passierter Pfirsich-/Nektarinen-Brei mit Äpfeln

Zutaten: 500 g Pfirsiche oder Nektarinen, 500 g Äpfel, 125–250 ml Wasser oder Apfel/Birnensaft, Süßungsmittel nach eigenem Geschmack.

Zubereitung: Pfirsiche, Nektarinen entsteinen, Äpfel entkernen. Alles in Stücke schneiden. Mit der Flüssigkeit weich kochen, durchpassieren. Nach eigenem Geschmack süßen.

Variante: Pfirsich-Aprikosen-Brei, Nektarinen-Renekloden-Brei, Pfirsich-Birnen-Brei.

Gesundheitstipp: Fruchtbrei vor dem Verzehr durch geriebene Äpfel, Birnen oder Säfte (z. B. Zitronen-, Sanddornsaft) aufwerten.

Pfirsich-Aprikosen-Aufstrich (Marmelade)

Farbe und Geschmack befriedigen bei einer reinen Pfirsichkonfitüre nicht immer. Mischungen schneiden besser ab.

Zutaten: 500 g entsteinte Pfirsiche, 500 g entsteinte Aprikosen, Gelier- und Süßungsmittel nach eigener Wahl.

Zubereitung: Obst fein schneiden oder musig zerkleinern, mit dem Gelier- und Süßungsmittel nach Gebrauchsanweisung des Geliermittels kochen. Heiß in Gläser füllen, verschließen.

Geraspelter Pfirsichbrei mit Äpfeln

Pfirsich-Johannisbeer-Aufstrich

Zutaten: Pfirsich- und Johannisbeerbrei (2:1), Gelier- und Süßungsmittel nach eigener Wahl.

Zubereitung: Entsteinten Pfirsiche und entstielte Johannisbeeren weich kochen, durchpassieren, Gelier- und Süßungsmittel zugeben, nach Gebrauchsanweisung des Geliermittels kochen, heiß abfüllen, verschließen.

Variante: Auch Äpfel passen in diese Mischung.

Pfirsich-Kornelkirsch-Aufstrich

Zutaten: Pfirsich- und Kornelkirschbrei (2:1), Gelier- und Süßungsmittel nach eigener Wahl.

Zubereitung: Kornelkirschen weich kochen, durchpassieren. Mit gekochtem Pfirsichbrei vermischen, Gelier- und Süßungsmittel zugeben. Nach Gebrauchsanweisung des Geliermittels kochen, heiß abfüllen, verschließen.

Dreifruchtkonfitüre

Zutaten: 250–500 g entsteinte Nektarinen, 500 g entsteinte Aprikosen, 250 g entkernte Äpfel, Gelier- und Süßungsmittel nach Wahl.

Zubereitung: Nektarinen und Aprikosen klein schneiden, nach Belieben etwas mixen, Äpfel raspeln. Alles weich dünsten. Gelier- und Süßungsmittel zugeben, nach Gebrauchsanweisung des Geliermittels fertig stellen. Heiß in Gläser füllen, verschließen.

Pfirsichkompott (heiß eingefüllt)

Zutaten: 1 kg reife, aber nicht zu weiche Pfirsiche, 1/2 l Wasser, Birnen- oder Apfelsaft, 50–100 g Honig/Zucker oder anderes Süßungsmittel, Saft einer halben Zitrone oder 1 Messerspitze Vitamin C.

Zubereitung: Pfirsiche 1–2 Minuten ins kochende Wasser geben, kurz abschrecken, dann die Haut abziehen, halbieren oder vierteln. In den kochenden, abgeschmeckten Sud legen. 5–10 Minuten gar ziehen, aber nicht verkochen lassen. Heiß in Gläser füllen, verschließen.

Variante: Einen Teil der Flüssigkeit durch Apfel- oder Weißwein ersetzen, evtl. mehr süßen. Das Kompott schmeckt weinsäuerlich.

Pfirsichkompott (pasteurisiert)

Größere Mengen im Wasserbad pasteurisieren. Die Form bleibt so am besten erhalten.

Zutaten: 1 l Wasser, Birnen- oder Apfelsaft, 100–200 g Honig/Zucker oder anderes Süßungsmittel, Saft einer Zitrone oder 2 Messerspitzen Vitamin C.

Der Sud reicht für etwa 2–4 kg Früchte (hängt von der Zerkleinerung ab).

Kompott aus geschälten und entsteinten Pfirsichen

Zubereitung: Pfirsiche häuten, halbieren, entsteinen oder ganz lassen. Dicht in Gläser schichten, sofort mit dem abgeschmeckten heißen Sud übergießen, um das Verfärben zu vermeiden. 30 Minuten bei 85 °C im Wasserbad pasteurisieren, bei ganzen Früchten 10 Minuten länger.
Varianten: Pfirsiche/Nektarinen mit Aprikosen, Mirabellen, Renekloden, Äpfeln oder Birnen mischen.
Gesundheitstipp: Vor dem Verzehr ins Kompott frische oder gefrorene Erdbeeren, Himbeeren, Johannisbeeren geben, durchziehen lassen. Es schmeckt fruchtiger und sieht einladender aus. Geschmacks- und Vitalstoffe bringen auch frisch gepresster Zitronen-, Orangen- oder Apfelsaft.

Einlegen

Aprikosen, Nektarinen in Alkohol
In kleinen Mengen können Pfirsich- oder Nektarinenstücke in den Rumtopf wandern. Sie verfärben sich etwas bräunlich.
Nähere Beschreibung im Allgemeinen Teil (Einlegen in Alkohol).

Pflaume – Zwetschge

Die **echte Pflaume** ist meist früh reifend, groß, weich, saftig und würzig. Die grüne, gelbe, blaue oder rötliche Frucht mit einer mehr oder weniger ausgeprägten Bauchnaht ist nicht immer steinlösend. Sie eignet sich gut zum Frischverzehr, auch für Kompott oder Fruchtaufstrich, aber nur wenig zum Backen oder Dörren. Manche Sorten schmecken nach dem Kochen säuerlich.

Die meist grün-gelblichen **Renekloden** nehmen mit ihrem feinen Geschmack eine Sonderstellung unter den Pflaumen ein (Näheres bei Renekloden).

Die **Zwetschgen** sind in der Regel spitzer, kleiner, besitzen häufig keine Furche oder Naht und lösen sich leichter vom Kern als Pflaumen. Sie lassen sich vielseitig verwerten. Gute Sorten schmecken auch nach dem Erhitzen süß, sie behalten die Form.

Die Erkennungsmerkmale verwischen sich durch die Kreuzungen immer mehr. Dies ist besonders bei den **Halbzwetschgen** der Fall. Die kleine, rundliche, hellrote bis dunkelblaue **Kriechenpflaume** ist häufig verwildert anzutreffen. Auch die kirschgroßen gelben **Mirabellen** gehören zur Pflaumenfamilie (Näheres bei Mirabellen).

Pflaumen zeichnen sich durch hohe Pektin- und Fruchtzuckerwerte aus, die sich in der Dörrfrucht noch konzentrieren. So sind eingeweichte Trockenfrüchte ein natürliches Abführmittel.

Ernte

Die Erntezeit der verschiedenen Pflaumensorten erstreckt sich über mehrere Monate. Die Früchte möglichst lange am Baum ausreifen lassen, das gilt besonders für die Spätzwetschgen. Das beste Aroma hat aus meiner Sicht die 'Hauszwetschge', wenn sie um den Stiel schon etwas runzelig und gut ausgefärbt ist. Manche Sorten reifen folgernd. Mehrmaliges Durchpflücken ist erforderlich.

Feste Pflaumen lassen sich länger aufbewahren, während voll ausgereifte Früchte bald zu verarbeiten sind. Am besten flach auslegen, denn einzelne Früchte neigen zum Schimmeln und stecken andere an. Die schwarzblaue oder violette Bereifung nicht beseitigen. Der feine Wachsüberzug schützt das Obst vor der Austrocknung. Erst kurz vor der Verarbeitung die Früchte waschen.

Konservierungsmöglichkeiten

Tiefgefrieren

Frühzwetschgen und Pflaumen liefern in der Regel keine so guten Ergebnisse wie die süßen, würzigen, säurearmen Spätzwetschgen.

Gefrorene Zwetschgen, Saft, Aufstrich

Vor dem Einfrieren größerer Mengen die Sorte testen (1–2 Tage im Gefriergerät). Entscheidend ist auch der Verwendungszweck.

Ganze Früchte nehmen mehr Platz ein. Aromatische, nicht zu weiche Zwetschgen sind im gefrorenen Zustand brauchbar für Zwetschgenknödel und Rohrnudelfüllung. Rohe Früchte schmecken aufgetaut erfrischend, wenn sie noch fest sind und etwas Kälte in sich haben. Werden sie matschig, tritt Saft aus und sie sind nicht mehr so gut.

Halbiert oder geteilt: Eine platzsparende Unterbringung in Beuteln oder Behältern ist möglich. Leichtere bis stärkere Bräunung tritt nach dem Auftauen auf. Gefroren oder leicht angetaut verwendbar für Müsli, Kuchen, Auflauf, Kompott, Konfitüre. In diesem Zustand lassen sie sich verhältnismäßig gut schneiden.

Tipp: Gefrorene Früchte saften stärker als die frischen. Dies ist bei Kuchen oft ungünstig. Besser schneiden etwas vorgetrocknete Zwetschgen oder auch gebackene Obstkuchen (z. B. Zwetschgendatschi) ab.

Frostentsaften

Beim Auftauen geschnittener Pflaumen/Zwetschgen entsteht reichlich Saft. 1 kg entsteinte Früchte liefern ohne Nachpressen etwa 1/2 l Flüssigkeit. Die schonende Saftausbeute liegt also bei etwa 50 %. Den unerhitzten bräunlichen Saft am besten mit anderen Auszügen mischen (wie z. B. Kornelkirsch-, Brombeer-, Holunder-, Apfelsaft) und roh trinken. Auch die Weiterverarbeitung ist möglich. Die wasserarmen Rückstände sind noch für Aufstrich, Müsli und Holunderkompott brauchbar.

Trocknen

Diese Konservierungsart bewährt sich besonders bei Zwetschgen. Zwischen den einzelnen Sorten gibt es Unterschiede. Sehr gut eignen sich Hauszwetschgen. Vollreife, schon etwas eingezogene Früchte bringen das beste Ergebnis. Das getrocknete Obst ist aromatisch, süß, reich an Ballast- und Vitalstoffen und vielseitig einsetzbar. Die Trocknungszeit ist bei geteilten Zwetschgen wesentlich kürzer. Ganze Früchte trocknen sehr langsam, die Haut schützt vor Austrocknung. Entsteinte Ware ist in der Küche vorteilhafter. Nur in einem Trocknungsgerät verläuft der Wasserentzug optimal. An der Luft dauert der ganze Vorgang zu lange, vor allem bei ungünstiger Witterung. Es kann zu Schimmelbildung kommen. Im Backrohr wird die Feuchtigkeit zu schlecht abgeleitet.

So wird's gemacht: Gewaschene Früchte halbieren oder mit dem Entsteiner teilen, Steine entfernen. Mit der Schnittfläche nach oben nebeneinander auf ein Gitter legen. Im Trocknungsapparat bei 40–50 °C dörren. Das Trocknen kann je nach Gerät und Beschickung 2–3 Tage dauern.

Tipp: Bei einem Überangebot ist das Einfrieren angetrockneter Ware (evtl. geschnitten) günstig, weil sie weniger Platz benötigt. Die Trocknungszeit ist dann um die Hälfte niedriger. Einweichen ist später nicht erforderlich. Verwendung für Früchtekuchen, Kletzenbrot, Weihnachtsplätzchen, Hefegebäck, Müsli, Kompott, Auflauf, Rumtopf.

Pasteurisieren (heiß einfüllen – einwecken)

Pflaumen lassen sich durch Erhitzen abwechslungsreich konservieren. Sie harmonieren gut mit Zimt, Nelken, Sternanis, Ingwer, Piment, Vanille, Lebkuchengewürz, Wein und Essig, können aber auch für sich allein verarbeitet werden. Da die Früchte unterschiedlich in ihren Zucker- und Säurewerten sind, variiert die Zugabe von Süßungsmitteln. Lieber schwach süßen und bei Bedarf vor dem Verzehr nachsüßen.

Pflaumen/Zwetschgen-Saft (dampfentsaftet)

Bei einer reichen Ernte bietet sich das Dampfentsaften an. Gewaschene, halbierte, entsteinte Früchte in den gelochten Einsatz des Dampfentsafters geben. Entsaftungszeit: 45 Minuten, im Dampfdrucktopf 15–20 Minuten. Den sämigen Saft heiß (mind. 75 °C) in Flaschen füllen oder zu Gelee verarbeiten.

Die Ausbeute liegt je nach Fruchtart bei 50–60 %. Den Saft zum Trinken oder zur Geleebereitung am besten mit Auszügen anderer Früchte mischen (z. B. Kornelkirschen, Brombeeren, Holunder,

Äpfel, Birnen, Sauerkirschen, Rhabarber). Pflaumensaft passt auch mit Sauerkirsch- oder Holundersaft in ein Glühsaft- oder Punschgetränk.

Variante: Wer keinen Dampfentsafter besitzt, kann die Früchte mit wenig Wasser kochen, anschließend den Saft durch ein Sieb ablaufen lassen.

Pflaumengelee

Den reinen oder verschnittenen Pflaumen-/Zwetschgensaft mit Gelier- und Süßungsmittel mischen und nach Gebrauchsanweisung des Geliermittels zu Gelee kochen.

Zwetschgenmus (Powidl)

Rückstände von der Saftgewinnung lassen sich zusammen mit frischen Früchten zu Mus verarbeiten. Früher wurde es ohne Zucker und Geliermittel hergestellt. Handelsübliches Zwetschgenmus darf bis zu 30 % Zucker enthalten.

Süße Spätzwetschgen werden so lange gekocht, bis genügend Wasser verdampft und die Masse dicklich ist. Das kann, je nach Menge, Stunden dauern. Dabei verlieren die Früchte etwa zwei Drittel ihres Gewichtes, aber auch wertvolle Inhaltsstoffe. Dafür entfällt die reichliche Zuckerzugabe, wie sie bei Aufstrichen üblich ist.

Unsere Vorfahren kochten das Zwetschgenmus in großen Kesseln. Einfacher ist die Herstellung im Backrohr, es brennt ohne Umrühren nicht an. Damit der Wasserdampf besser abziehen kann, immer wieder lüften oder die Backofentüre einen Spalt offen lassen.

Zubereitung: Etwa 3–4 kg sehr süße, am besten bereits schon am Stiel geschrumpfte Zwetschgen halbieren, entsteinen, zerkleinern. Die Masse in die Fettpfanne des Backofens geben. Bei Mittelhitze dünsten. Sind die Früchte weich (nach etwa einer halben Stunde), auf geringere Temperaturen zurückgehen (konventioneller Herd 150 °C). 2–4 Stunden eindicken lassen. Nach Belieben würzen und abschmecken. Heiß in Gläser füllen, sofort verschließen. Ist das Zwetschgenmus zu wenig süß, ist vor dem Verzehr noch die Zugabe von Honig möglich.

Variante: Die Eindickungszeit verkürzt sich durch Zugabe dampf- oder frostentsafteter Zwetschgen und von Gelierzucker.

Pflaumen-/Zwetschgen-Aufstrich mit Agar-Agar

Zutaten: 1 kg entsteinte Zwetschgen, 250–500 g Honig/Zucker, 3–4 gestr. TL Agar-Agar, nach Belieben Gewürze oder einen Schuss Zwetschgenwasser.

Zubereitung: Zwetschgen klein schneiden, mixen oder durch den Fleischwolf drehen. Agar-Agar mit etwas kalter Flüssigkeit verrühren. Zusammen mit dem Süßungsmittel und den Gewürzen zum

Zwetschgenkompott

Fruchtbrei geben. Einige Minuten kochen. Wenn das Obst weich ist, nach Belieben einen Schuss Zwetschgenwasser zufügen. Die heiße Masse in Schraubgläser geben, verschließen.

Hinweis: Beachten Sie beim Agar-Agar die Hinweise des Herstellers. Es gibt Unterschiede zwischen den einzelnen Produkten in der Gelierfähigkeit.

Variante: Anstelle von Agar-Agar ein zuckerreduziertes Geliermittel verwenden.

Mehrfruchtmischungen: Pflaumen/Zwetschgen lassen sich auch mit anderen Früchten mischen (z. B. Brombeeren, Holunder, Äpfel, Birnen, Vogelbeeren, Kornelkirschen, Berberitzen).

Einfaches Pflaumen-/Zwetschgen-Kompott

Zutaten: 1 kg Pflaumen/Zwetschgen, 300–500 ml Wasser, Apfelsaft oder Apfelwein, 50–100 g Honig/Zucker oder anderes Süßungsmittel, nach Belieben Gewürze.

Zubereitung: Früchte waschen, ganz lassen, halbieren oder vierteln. In den kochenden, gewürzten Sud geben. 5–15 Minuten leise ziehen lassen. Kochend heiß in Gläser füllen, sofort verschließen.

Zwetschgenkompott süßsauer

Zutaten: 1 kg Zwetschgen, 100 ml Essig (5 %ig), 300–400 ml Wasser oder Apfelsaft, 75–150 g Honig/Zucker oder anderes Süßungsmittel, 1–2 Nelken, 1–2 cm Stangenzimt, etwas geriebener Ingwer.

Zubereitung: Ganze Zwetschgen in den kochenden, gewürzten Sud geben, leise garziehen lassen (10–15 Minuten). Heiß in Gläser füllen, verschließen.

Zwetschgen in Rotwein
Zutaten: 1 kg vollreife, süße Spätzwetschgen, 1/4 l Rotwein, 1/4 l Wasser, 150 g Honig/Zucker, 1/4 Stange Zimt, 1–2 Nelken oder Sternanis.
Zubereitung: Die ganzen oder halbierten, entsteinten Früchte 10–15 Minuten im gewürzten Sud leise kochen. Dann in Gläser geben, verschließen.

Zwetschgenkompott ohne Süßungsmittel
Vollreife Spätzwetschgen sind oft so süß, dass kein zusätzlicher Zucker notwendig ist. Empfehlenswert für Diabetiker und Gesundheitsbewusste.
Zutaten: 1 kg Zwetschgen, evtl. etwas Apfel- oder Birnensaft, nach Belieben Gewürze.
Zubereitung: Zwetschgen halbieren, entsteinen, bei schwacher Hitze langsam dünsten. Bei Bedarf etwas Saft zufügen. Kochend heiß einfüllen, verschließen.
Variante: Zwetschgen mit Gewürzen in den ungelochten Einsatz des Dampfdrucktopfes geben, kurz garen, dann heiß in die Gläser füllen.

Mischkompott
Pflaumen/Zwetschgen ergeben zusammen mit anderem Obst gute Mischungen. Es eignen sich dafür Äpfel, Birnen, Holunder, Brombeeren, Quitten.

Kompott (pasteurisiert)
Bei größeren Mengen und auch bei empfindlichen Früchten (z. B. Pflaumen) am besten im Wasserbad einwecken (30 Minuten bei 85 °C).

Einlegen

Pflaumen im Rumtopf
Aromatische Früchte können entsteint und geteilt in den Rumtopf wandern. Nähere Beschreibung im Allgemeinen Teil (Einlegen in Alkohol).

Preiselbeere

Die niedrigen Preiselbeerstauden, die in Wald, Moor, Heide und Gebirge wachsen, werden in kleinem Umfang auch kultiviert. Die bei Vollreife hell- bis scharlachroten Früchte enthalten viele organische Fruchtsäuren, gesundheitsfördernde Farbstoffe, reichlich Pektine und wichtige Vitamine und Mineralstoffe. Die herb-säuerlichen Beeren, die eingemacht begehrt sind, fördern den Appetit und wirken mit ihren feinen Samenkernen verdauungsfördernd.

Die Preiselbeerblätter, die nach der Fruchtreife gesammelt werden, weisen desinfizierende Eigenschaften auf (günstig bei Nieren-, Blasenentzündung). Die enthaltenen Gerbstoffe helfen bei Durchfall, Gicht und Rheuma.

Ernte

Leider werden die kleinen Beerenträubchen oft schon gesammelt, wenn sie noch ziemlich farblos sind. Die Inhaltsstoffe sind aber erst bei reifen Beeren voll enthalten. Die Früchte reifen noch nach. Sie halten sich von allen Wildbeeren am besten, denn sie enthalten relativ viel der konservierenden Benzoesäure.

Konservierungsmöglichkeiten

Tiefgefrieren

Das Tiefgefrieren frischer Beeren ist möglich. Da sie roh nicht besonders schmackhaft sind, außerdem Gefährdung durch den Fuchsbandwurm besteht, ist späteres Erhitzen notwendig.

Trocknen

Aus getrockneten Preiselbeeren wurde früher ein Tee gekocht und Fieberkranken verabreicht. Auch pulverisierte Früchte ergeben ein durstlöschendes Getränk.

Der Wasserentzug braucht bei Preiselbeeren seine Zeit. Vollreife, aromatische Beeren auf Siebe geben und in einem Trocknungsgerät bei 30–50 °C trocknen.

Pasteurisieren

Preiselbeersaft
Zutaten: 2 kg Preiselbeeren, 1/4 l Wasser, auch Birnen- oder Apfelsaft, nach Belieben Süßungsmittel (z. B. 100–200 g Honig/Zucker pro Liter Saft).

Zubereitung: Die gewaschenen Preiselbeeren mit der Flüssigkeit langsam weich kochen, dann abseihen. Den Saft nach Belieben süßen. Heiß in kleine Flaschen füllen, verschließen. Rückstände sind für Aufstrich und Fruchtsoße noch brauchbar.
Gesundheitstipp: Preiselbeersaft erst vor dem Verzehr mit Honig süßen oder mit Birnen/Apfelsaft mischen.

Preiselbeergelee
Zutaten: 1 l Preiselbeersaft, Gelier- und Süßungsmittel.
Zubereitung: Saft mit Gelier- und Süßungsmittel kochen. Heiß in Gläser füllen, verschließen.
Variante: Bei Zugabe von reichlich Zucker (3/4–1 kg pro Liter Saft) geliert die Flüssigkeit bei längerem Kochen auch ohne Geliermittel. Vor dem Einfüllen eine Geleeprobe machen. Einen Esslöffel der Masse auf einen kalten Teller geben. Erstarrt die Flüssigkeit, kann abgefüllt werden, sonst weiterkochen, bis sie geliert.
Dieses Gelee eignet sich besonders für Weihnachtsgebäck. Es hält sich ungeöffnet lange Zeit.

Preiselbeersoße
Rückstände von der Saftgewinnung und frische Beeren mit etwas Wasser oder Fruchtsaft kochen. Kurz mixen, nach Belieben süßen. Bei Bedarf noch etwas Flüssigkeit zufügen, sodass eine sämige Fruchtsoße entsteht. Die kochend heiße Flüssigkeit in kleine Flaschen oder Gläser füllen und verschließen.
Gesundheitstipp: Ungesüßten Soßen vor dem Verzehr Honig beigeben oder roh gemixten Birnen-, Apfelbrei zufügen.

Preiselbeerkompott
Zutaten: 1 kg Preiselbeeren, 1/4–1/2 l Wasser oder Fruchtsaft (z. B. Birnensaft), 250–500 g Birnen, 100–200 g Honig/Zucker oder anderes Süßungsmittel.
Zubereitung: Die in kleine Stücke geschnittenen Birnen in der gesüßten Flüssigkeit etwas vorkochen. Dann Preiselbeeren zugeben, nicht zu musig kochen. Heiß in Gläser geben, verschließen.
Variante: Birnen durch Äpfel und Ebereschen ersetzen.

Preiselbeeren eingekocht
Zutaten: 1 kg Preiselbeeren, 200–250 g Honig/Zucker, 0–100 ml Wasser.
Zubereitung: Preiselbeeren ohne oder nur mit wenig Wasser langsam erhitzen. Süßungsmittel zugeben. Früchte 5–10 Minuten kochen, dann in Gläser abfüllen, verschließen.
Verwendung: Beilage zu Wild, Sauerbraten, Reisbrei, für Garnierung, Tortenfüllung.

Preiselbeerkompott zu Fasan

Variante: Werden die ohne Wasser gekochten Preiselbeeren gemixt, gesüßt und eingekocht, entsteht ein schmackhafter Brotaufstrich. Die Zugabe eines Geliermittels verkürzt die Kochzeit.

Preiselbeeren gestreckt
Meistens sind Preiselbeeren so rar, dass sie mit Roten Johannisbeeren (tiefgekühlt oder eingeweckt), Äpfeln, Birnen, Quitten, Ebereschen oder Gelben Rüben gestreckt werden müssen. Dadurch lässt sich auch Süßungsmittel sparen.
Zutaten: 1,5 kg Preiselbeeren, 1/2–3/4 kg Obst oder Gelbe Rüben, 1/4 l Wasser oder Fruchtsaft (z. B. Birnen- oder Apfelsaft), 300–500 g Honig/Zucker oder anderes Süßungsmittel.
Zubereitung: Äpfel, Birnen, Quitten (oder Gelbe Rüben) raspeln. In der Flüssigkeit vorkochen. Dann Preiselbeeren und Süßungsmittel zugeben. Bei schwacher Hitze 5–10 Minuten kochen. Heiß in Gläser füllen, verschließen.

Preiselbeeraufstrich (Marmelade)
Werden die ohne Wasser gekochten Preiselbeeren gemixt, gesüßt und eingekocht, entsteht eine streichbare Masse. Die Zugabe eines Geliermittels verkürzt die Kochzeit.

Quitte

Die apfel- oder birnenförmigen Früchte des 2–3 m hohen Quittenbaumes oder -strauches sind im Sommer wenig auffallend. Bei der Reifung dagegen leuchten sie wie Zitronen und machen schon von Weitem durch ihren Duft auf sich aufmerksam. Quitten enthalten neben Vitaminen und Mineralstoffen auch Gerbstoffe, Kieselsäure und vor allem außergewöhnlich viele Pektine, die eine Herz- und Darmschutzwirkung haben. Gekochter Quittenbrei wirkt heilend bei Entzündungen der Magenschleimhaut. Mit etwas Wasser angesetzte Quittenkerne ergeben eine gelierende Masse. Verwendung beim Wundliegen von Kranken, bei aufgesprungener, rissiger Haut, bei Warzen und Hühneraugen. Warmer Quittensaft mit Honig ist ein bewährtes Mittel gegen Erkältungskrankheiten.

Quitten, leicht kandiert

Ernte

Die Quitte blüht spät im Mai. Ernteausfälle durch Erfrieren der Blüte sind deswegen selten. Die Ernte beginnt, wenn die grünen, mit einem Flaum umgebenen Früchte sich grünlich gelb bis leuchtend gelb verfärben. Ungünstige Witterung und schlechter Standort begünstigt das Braunwerden des Fruchtfleisches und führen zu kürzerer Lagerzeit. Halbreif geerntete Früchte reifen nach.

Lagerung

Bei niedrigen Temperaturen (um 0 °C) und hoher Luftfeuchtigkeit sind Quitten längere Zeit haltbar. Eine entscheidende Rolle spielen aber die Sorteneigenschaften. So kann die Lagerdauer einige Monate, manchmal aber auch nur wenige Wochen betragen. Trotz ihrer Härte sind sie anfällig für Fäulnis und Fleischbräune.

Die großen und vollreifen Früchte mit ausgeprägter gelber Farbe zuerst verwerten.

Hinweise zur Verwertung

Geschnittene Quitten verfärben sich an der Luft und werden beim Kochen mehr oder weniger rötlich (Ausnahme 'Riesenquitte von Lescovac'). Zugabe von Zitronensaft, besonders von Vitamin C, macht die Masse heller. In der Regel die Quitten mit der Schale verarbeiten.

Bei den einzelnen Sorten gibt es Unterschiede im Geschmack, aber auch der Standort spielt eine Rolle. In ungünstigen Lagen (wenig Wärme, Sonne, Licht) bilden sich wie bei Birnen vermehrt Steinzellen aus. Solche Früchte eignen sich nicht so gut für Kompott. Man verwendet sie besser für durchpassierte Produkte (z. B. Konfitüre, Paste) oder zur Gelee-, Saft- und Likörherstellung. Quitten lassen sich auch braten.

Wegen ihres herben Geschmackes sind Quitten nur in kleinen Mengen roh essbar. Gut schmecken auch geriebene Quitten mit Walnüssen unter Zugabe von etwas Honig.

Konservierungsmöglichkeiten

Tiefgefrieren

Roh eignet sich die Quitte kaum zum Einfrieren. In kleinen Mengen kommt Saft oder Eis in Frage. Quitten gebacken (z. B. Quittenbrot, Früchtekuchen, Strudel) oder gekocht bereiten dagegen keine Probleme.

Trocknen – Kandieren

In geraspelter Form lässt sich die Quitte zwar trocknen, aber das Ergebnis befriedigt geschmacklich nicht. Hervorragend eignet sich die Frucht aber zum Kandieren. Dafür ist nur wenig Flüssigkeit notwendig, weil durch das Kochen vermehrt Sud entsteht.

Quittenschnitten leicht kandiert

Zutaten: 100 ml Wasser oder Apfelsaft, 500 g Zucker/Honig, 1 kg Quitten. Die Mengen lassen sich beliebig erweitern.

Zubereitung: Quitten trocken abreiben, waschen, halbieren, vierteln, Kernhaus großzügig ausschneiden (es ist oft steinig), einige

Millimeter dicke Spalten (mit Schale) schneiden. 100 ml Wasser oder Fruchtsaft mit 100 g Zucker erhitzen, 200 g Quittenschnitten einlegen, 5–10 Minuten im Zuckersud garen. Sie behalten sehr gut die Form. Mit einer Lochkelle herausfischen.

Danach wieder 100 g Zucker zufügen, 200 g geschnittene Quitten einlegen. Kein Wasser mehr zufügen, es tritt genügend Saft aus. Den Vorgang wiederholen. Hat sich genügend Sud gebildet, die doppelte Menge Quitten und Zucker zugeben.

Zum Schluss wird der übrig gebliebene Zuckersud über alle kandierten Quitten gegossen. Über Nacht kühl durchziehen lassen, dann gut abtropfen, nebeneinander auf flache Teller oder Tortenplatten legen. Ein paar Tage im warmen Raum etwas antrocknen lassen. In einem Trockengerät dauert der Vorgang nur einige Stunden. Die Schnitten sollen aber elastisch bleiben. Sie halten sich wochenlang.

Tipp: Das Kandierte nur kurz antrocknen lassen (12–24 Stunden Lufttrocknung), dann einfrieren. Je nach Verwendungszweck ganz lassen oder würfelig schneiden.

Verwendung: Für Früchtekuchen, Plätzchen, Süßspeisen anstelle von Orangeat. Gewürfelte, kandierte Früchte lassen sich gut in einem Blitzhackgerät zerkleinern. Die süße, aromatische Restflüssigkeit eignet sich für Kompott, Gelee und Punsch. Sie hält sich bei heißer Einfüllung und sofortigem Verschließen in Flaschen oder Gläsern monatelang.

Quittenpaste (Quittenbrot – Quittenkonfekt)

Das großzügig ausgeschnittene Kernhaus, das beim Kandieren anfällt, enthält reichlich Pektine, die gut gelieren. Zusammen mit zerkleinerten Quitten mit wenig Wasser weich kochen und durchpassieren. Dies ist die Grundlage für die Quittenpaste, auch Quittenbrot oder Quittenkonfekt genannt.

Zutaten: 1 l wasserarmer Quittenbrei, 3/4–1 kg Zucker, nach Belieben Gewürze (z. B. geriebener Ingwer, Zimt, Zitronensaft).

Zubereitung: Quittenbrei dick einkochen, dann nach und nach Zucker zugeben. Weiterkochen, bis die Masse zäh vom Löffel fällt. Nun den Brei etwa 1–11/2 cm dick auf ein Emailblech mit Backfolie (nässt nicht durch, klebt nicht) oder in niedrige Behälter geben, glatt streichen. An der Luft ein paar Tage trocknen lassen, evtl. wenden. Ist die Masse fest geworden (sie soll noch elastisch sein), in kleine Stücke schneiden oder Formen ausstechen. Oberseite nach Belieben in Zucker wälzen. Bei Bedarf noch etwas nachtrocknen, später in ein Glas geben.

Hinweis: Durch die hohe Zuckerzugabe und durch das Trocknen hält sich das Konfekt wochenlang. Bei verringerter Zuckerzugabe die Fruchtpaste früher verzehren.

Pasteurisieren (heiß einfüllen – einwecken)

Quittensaft (kalt gepresst)

Bei einem großen Angebot kommt die Saftgewinnung in Frage. Besonders schnell geht dies mit leistungsstarken Obstpressen. Auch die elektrische Haushaltszentrifuge verarbeitet die gereinigten, geschnittenen, entkernten Quittenstücke recht gut. Die Ausbeute liegt bei etwa 50 %. Die Flüssigkeit verfärbt sich an der Luft. Bei Zugabe von etwas Vitamin C (eine Messerspitze auf 1 l) tritt die gelbe Farbe mehr in den Vordergrund.

Der Saft enthält viel Aroma-, Duft- und Gerbstoffe, er ist aber pur zu herb und zu sauer. Eine Mischung mit süßen Apfel-, Birnen- oder Traubensäften bringt gute Ergebnisse. Der Quittensaft sollte dabei in der Minderheit sein. Kalt gepresster Quittensaft hält sich gekühlt einige Tage. Für eine längere Aufbewahrung ist Erhitzung notwendig. Allerdings leiden darunter auch Geschmacks-, Farb- und Vitalstoffe. Beim Erhitzen bilden sich verstärkt Trubstoffe, die sich mit einem Sieb entfernen lassen. Heiß in gut verschließbaren Flaschen eingefüllt, hält sich Quittensaft bis zur nächsten Ernte.

Quittensaft (durch Kochen gewonnen)

Zutaten: 1 kg Quittenrückstände oder zerkleinerte Quitten mit Schalen und Kernhäusern (aber ohne Blütenansätze und Stiele), 1 l Wasser.

Zubereitung: Quitten mit Wasser weich kochen. Die erkaltete Masse in einem Sieb mit Tuch abtropfen lassen. Nach Belieben mit der Hand nachpressen. Den Saft kochend heiß mit oder ohne Süßungsmittel in Flaschen füllen, verschließen.

Quittenpaste

Quittengelee
Der gekochte Quittensaft eignet sich auch gut für Gelee. Wird er genügend lange eingekocht und mit reichlich Zucker (3/4–1 kg auf 1 l Saft) angereichert, erstarrt die Masse beim Abkühlen ohne Geliermittel. Beim Kochen Geleeproben machen. Eine geringe Menge des entnommenen Saftes muss auf einem kalten Teller fest werden. Die Kochzeit verkürzt sich durch die Zugabe eines Geliermittels auf wenige Minuten. Auch ein Verschneiden ist möglich (z. B. Zugabe von etwas Apfelwein, Apfel- oder Birnensaft).
Variante: Einige Zierquitten mit ihrem pikanten Aroma reiben, in wenig Saft kurz kochen. Zum übrigen Quittensaft geben.
Hinweis: Der kalt gepresste Quittensaft ist nicht gut für Gelee geeignet. Er enthält weniger Gelierstoffe, ist herber und kaum sämig.

Quittenbrei
Werden die Rückstände bei der Geleeherstellung nicht nachgepresst, können sie durchpassiert werden. Ein Vermischen mit aromatischem Apfel- oder Birnenbrei ist günstig. Gesüßt oder ungesüßt in Gläser füllen, verschließen.
Quittenbrei lässt sich auch aus zerkleinerten, ungeschälten Quitten (am besten mit Kernhaus) herstellen. Auf 1 kg Quitten 1/4–1/2 l Wasser zugeben. Die gekochte, durchpassierte Masse nach eigenem Geschmack süßen.
Variante: Quitten, Birnen, Zwetschgen etwa zu gleichen Teilen, Süßungsmittel nach eigenem Geschmack, 1/4–1/2 l Wasser.

Quitten-Apfelmus geraspelt
Nur empfehlenswert für steinarme Quitten.
Zutaten: 500 g gesäuberte, entkernte Quitten, 500 g geschälte Äpfel, 100 g Honig/Zucker, eine Messerspitze Vitamin C, nach Belieben Gewürze (z. B. geriebener Ingwer, Zitronensaft).
Zubereitung: Quitten fein reiben, Äpfel gröber raspeln, eine Messerspitze Vitamin C zugeben. Bei kleiner Hitze ohne Wasserzugabe weichdünsten, dann süßen und würzen, nochmals kurz durchkochen. Heiß in Gläser füllen, verschließen.

Quittenaufstrich (Marmelade)
Wird wasserarmer Quittenbrei länger eingekocht und entsprechend viel Süßungsmittel (3/4–1 kg Honig/Zucker pro 1 l) zugesetzt, entsteht eine dickliche Masse. Zugabe eines Geliermittels verkürzt die Kochzeit und zum Teil auch das Süßungsmittel. Nach Gebrauchsanweisung des Geliermittels arbeiten.
Variante: Der Quittenbrei kann auch zum Teil (1/3–1/4) aus Zierquitten bestehen, denn diese bringen noch mehr Säure, Gelier- und Aromastoffe mit. Auch Zieräpfel harmonieren und gelieren stark.

Quittenkompott mit Birnen

Quittenkompott
Für das Kompott nur steinarme Früchte verwenden. Als Flüssigkeit ist der restliche Sud vom Kandieren verdünnt geeignet.
Zutaten: 1/4 l Quittensud, 1/4 l Wasser oder eine gesüßte Flüssigkeit nach eigenem Geschmack herstellen, 750 g entkernte, geschnittene Quitten, nach Belieben Gewürze, Zitronensaft.
Zubereitung: Gewürzte Flüssigkeit zum Kochen bringen, Quittenspalten zugeben, bissfest garen. Heiß abfüllen, verschließen.
Variante: Anstelle von Wasser Apfelwein oder -saft verwenden.

Quittenkompott mit Birnen
Zutaten: 250 g entkernte Quitten, 250 g geschälte und entkernte Birnen, 1/2l Wasser, 50–75 g Honig/Zucker, 1/2 Zitrone.
Zubereitung: In den kochenden Sud die in Spalten geschnittenen Quitten geben, etwas vorgaren. Dann die Birnenspalten beifügen. Alles bissfest kochen. Heiß in Gläser füllen, verschließen.
Variante: 200 g Quitten, 200 g Birnen, 200 g Zwetschgen.

Gärung

Quitten können in geringer Menge auch mit den Äpfeln mitgepresst werden. Der Saft wird besonders klar.

Einlegen

Quitten in Alkohol
Zutaten: 250 g Quitten, 50–100 g heller Honig/Zucker, 1/4 l Kornbrand (38 %).

Zubereitung: Honig/Zucker in Kornbrand auflösen. Die würfelig geschnittenen oder geraspelten Quitten zugeben. Ca. 4–6 Wochen dunkel ziehen lassen. Dann abseihen und die Flüssigkeit wieder in die Flasche füllen. Nochmals nachreifen lassen. Die Quittenreste eignen sich gut für Kompott, Nachspeisen, Backwaren.
Variante: Einen Teil der Quitten durch Zierquitten ersetzen.

Quitten in Honig
Quitten in Stifte schneiden, in ein Glas geben. Mit so viel flüssigem Honig übergießen, dass sie bedeckt sind. Kühl stellen.
Verwendung: für Müsli, Obstsalat.

Quitten in Essig
Die Quitten raspeln und in ein Glas geben. So viel Apfelessig zugeben, dass sie bedeckt sind. 2–4 Wochen dunkel ziehen lassen, dann abseihen, auspressen.
Verwendung: für Marinade, verdünnt als Getränk (1 TL Essig, 1 Glas Wasser/Apfelsaft, nach Bedarf mit Honig süßen).

Reneklode

Die überwiegend grünlich-gelben, manchmal auch violetten, rotschaligen Edelpflaumen sind mittelgroß bis groß und haben ein saftiges, süßes, würziges Fruchtfleisch. Das Obst enthält neben Vitaminen reichlich Fruchtzucker, Kalium und Eisen. Die Frucht wird von einem empfindlichen Magen viel besser als die Zwetschge vertragen.

Ernte

Mit unterschiedlichen Sorten kann sich die Ernte über einen längeren Zeitraum verteilen. Auch die Reifezeit einer Sorte ist nicht ganz einheitlich. Früchte, die voll ausgereift sind und viel Sonne bekamen, besitzen die besten Qualitäten. Sie sind auch von Wespen sehr begehrt. Mehrmals durchpflücken. Bei Sofortverwertung auch schütteln. Überreife Früchte sind weich und fallen leicht vom Baum. Eine baldige Verarbeitung ist notwendig.

Konservierungsmöglichkeiten

Ein Reneklodenbaum kann bei günstigem Witterungsverlauf hohe Erträge bringen. Da die Reifezeit einer Sorte nicht stark auseinander klafft, fallen oft große Mengen zur Verwertung an. Vollreife Renekloden sind kaum lagerfähig.

Renekoldensoße, Aufstrich, Püree

Tiefgefrieren

Renekloden lassen sich zwar einfrieren, verlieren dabei aber an Aussehen. Helle Früchte verfärben sich bräunlich und geben beim Auftauen viel Flüssigkeit ab. Wer sich daran nicht stört, kann die Früchte ganz, halbiert oder zerkleinert einfrieren. Besser schneidet der ungekochte, gemixte Fruchtbrei ab, wenn etwas Vitamin C (eine Messerspitze für 1/2 l) oder Zitronensaft zugegeben wird.
Verwendung: als Fruchtsoße, Eis und verdünnt als Getränk.

Gekochte Produkte machen beim Einfrieren keine Schwierigkeiten. Sie nehmen aber wertvollen Platz weg und sind in Gläsern besser aufgehoben.

Pasteurisieren (heiß einfüllen – einwecken)

Die edle Frucht schmeckt auch ohne Gewürze. Die Art der Haltbarmachung richtet sich auch nach der Fruchtbeschaffenheit. Überreife, sehr weiche Früchte am besten zu Konfitüre und Fruchtbrei verarbeiten. Feste Renekloden werden für Kompott bevorzugt.

Fruchtpüree – Fruchtsoße
Weiche, überreife Früchte ohne oder nur mit wenig Wasser kochen, durchpassieren, nochmals erhitzen, nach Wunsch süßen. Heiß in Gläser füllen, verschließen. Die Soße hält sich auch ungesüßt.

Dreifruchtpüree
Zutaten: 500 g Renekloden, 500 g Aprikosen, 250 g Äpfel, 1/2 l Wasser, etwa 100 g Honig/Zucker oder anderes Süßungsmittel.

Mischkompott aus Renekloden, Aprikosen und Äpfeln

Zubereitung: Die zerkleinerten, entsteinten und entkernten Früchte mit Wasser weich kochen, durchpassieren, süßen. Heiß in Gläser füllen, verschließen.

Reneklodenaufstrich (Marmelade)

Beim Aufstrich entfaltet die Reneklode ebenfalls ihr edles Aroma.
Zutaten: 1.000–1.250 ml Fruchtbrei, Gelier- und Süßungsmittel eigener Wahl.
Zubereitung: Den Fruchtbrei mit Gelier- und Süßungsmittel vermischen. Nach Gebrauchsanweisung des Geliermittels kochen. Heiß in Gläser füllen, verschließen.
Wer mehr Fruchtstücke liebt, schneidet enthäutete Renekloden in Stücke, kocht sie weich und gibt Gelier- und Süßungsmittel dazu.
Variante: Einen Teil der Renekloden durch Aprikosen, Nektarinen oder Pfirsiche ersetzen.

Reneklodenkompott

Diese Früchte ergeben mühelos ein herrliches Kompott. Wird bei den Renekloden die Haut entfernt, sehen sie schöner aus und schmecken noch besser. Ein Süßungsmittel ist bei voll ausgereiften, aromatischen Früchten nicht unbedingt erforderlich.
Zutaten: 1 kg feste Renekloden, 1/4–1/2 l Wasser, Apfel- oder Birnensaft, 0–50 g Honig/Zucker, nach Belieben 1–2 Nelken, 1–2 Pimentkörner, ein kleines Stück Zimtrinde.
Zubereitung: Die Früchte hintereinander kurz ins kochende Wasser geben, bis die Haut springt, dann abziehen. Nach Belieben halbieren, entsteinen. In den kochenden Sud geben, bei schwacher Hitze kurz garen. Heiß in Schraubgläser füllen, verschließen.

Reneklodenkompott (pasteurisiert)

Für größere Mengen ist das Pasteurisieren im Wasserbad günstiger, die Form bleibt besser erhalten. Wird die Schale abgezogen, wirkt sich dies raumsparend aus. Damit sich die oberste Schicht bei der Lagerung in Einweckgläser nicht braun verfärbt, die gefüllten Gläser einige Stunden, noch besser über Nacht kühl stellen, dann erst einwecken. Bei Schraubgläsern ist dies nicht notwendig, sie werden randvoll gefüllt und lassen sich nach dem Erhitzen auf den Kopf stellen.
So wird's gemacht: Früchte mit oder ohne Haut in Gläser geben. Mit einem gesüßten Sud (z. B. 1 l Wasser, 100–200 g Honig/Zucker oder anderes Süßungsmittel) übergießen. 30 Minuten bei 85 °C im Wasserbad pasteurisieren.

Renekloden-Aprikosen-Kompott

Aprikosen harmonieren gut mit Renekloden. Diese Mischung ist farblich und geschmacklich sehr gut.
Zutaten: 500 g Renekloden, 500 g Aprikosen, 1/4–1/2 l Wasser oder Apfel-, Birnensaft, 50–100 g Honig/Zucker.
Zubereitung: Renekloden nach Belieben enthäuten, halbieren oder ganz lassen. Aprikosen teilen, entsteinen. Die Früchte im kochenden Sud leise garen, sie sollen nicht zerfallen. Heiß in Schraubgläser füllen, verschließen. Bei größeren Mengen einwecken.

Einlegen

Renekloden in Alkohol

Reife, aber nicht zu weiche Renekloden können auch in den Rumtopf wandern. Früchte halbieren, entsteinen. Nähere Beschreibung im Allgemeinen Teil (Einlegen in Alkohol).

Rhabarber

Rhabarber ist eigentlich ein Gemüse, weil man die Stängel und nicht die Früchte verzehrt. Doch in der Zubereitung steht Rhabarber dem Obst sehr nahe.

Er enthält viele Vitamine (A, B1, B2, C), Mineralstoffe (Kalium, Kalzium, Phosphor, Eisen), Zitronen- und Apfelsäure, Fruchtzucker, Pektine. Bei Neigung zu Steinbildung, bei Rheuma und Gicht sollte man wenig Rhabarber essen wegen der Oxalsäure. Rhabarber unterstützt die Darmtätigkeit, regt die Absonderung der Galle an, wirkt bakterizid. Rote Sorten sind milder als grüne.

Ernte

Eine Verfrühung der Ernte ist durch Folien- oder Vliesauflage möglich. Genussfähig sind nur die Stiele. Die Stangen beim Ernten nicht schneiden, sondern möglichst weit unten mit einer leichten Drehung vorsichtig herausziehen. Immer nur einen Teil des Stockes beernten, die Pflanze benötigt die restlichen Blätter zum Wachstum. Nach der Ernte (bis Mitte Juni) düngen, damit die Pflanze Reserven für das nächste Jahr anlegen kann.

Hinweise zur Verwertung

Oxalsäure ist bei rotstieligen und rotfleischigen Sorten, auch bei jüngeren Stangen und in der ersten Vegetationszeit in geringeren Mengen vorhanden. Durch Blanchieren und Abziehen der Haut verringert sich der Gehalt. Wegen der Säure kein Aluminiumgeschirr für die Zubereitung benutzen und keine Aluverpackung verwenden. Das erfrischende, feinsäuerliche Aroma nicht mit zu viel Gewürzen überdecken. Kurzfristig lassen sich die Stiele (ohne Blätter) in ein feuchtes Tuch einschlagen und kühl lagern.

Konservierungsmöglichkeiten

Tiefgefrieren

Gewaschene Stangen in Stücke schneiden, einfrieren. Haltbarkeit 6–12 Monate. Unaufgetaut oder angetaut für Kuchen, Aufläufe, gemischte Konfitüre oder Kompotte verwenden. Gefrorener Rhabarber kann später mit Erdbeeren, Felsenbirnen, Heidelbeeren oder im Herbst auch mit Zwetschgen und Holunder einer Fruchtgrütze beigemischt werden. Auch die gekochte Form eignet sich zum Einfrieren. Allerdings ist das Einwecken zweckmäßiger. Gefriertauglich sind auch Rhabarberkuchen aus Rühr- oder Hefeteig.

Frostentsaften

Rhabarber ist ideal zum Frostentsaften. Die gefrorenen, geschnittenen Stiele im Kühlschrank über Nacht auftauen und dann im Sieb abtropfen lassen. 1 kg Stangen liefern etwa 1/2 l Saft. Im Tuch, in einem Gefrierbeutel (Ecke abschneiden) oder in einer kleinen Handfruchtpresse nachpressen (wird nicht musig). Die Ausbeute liegt dann bei 70–80 %.

Der Saft hat ein feines Aroma und eignet sich als Zugabe zu Tee und Getränkemischungen. Er lässt sich aber auch zu Gelee verarbeiten.

Pasteurisieren (heiß einfüllen – einwecken)

Rhabarbersaft (dampfentsaftet)
Rhabarberstücke in den Fruchtkorb des Dampfentsafters geben. Entsaftungszeit 30–45 Minuten. Saftausbeute bei 1 kg Rhabarber etwa 0,6–0,7 l. Schneller geht es im Dampfdrucktopf (10–15 Minuten). Besonders geeignet für kleine Mengen.

Heiße Flüssigkeit zu Gelee verarbeiten oder in Flaschen abfüllen. Der Saft hält sich ohne Zucker. Er lässt sich später süßen oder mit anderen süßen, säurearmen oder farbigen Säften (wie z. B. Apfel-, Birnen-, Erdbeer-, Holunder-, Kirsch-, Gelbe- oder Rote-Rüben-, Topinambur-, Traubensaft) vermischen. Günstig ist hier die Abfüllung in kleine Flaschen oder Gläser, denn die Zugabe zu anderen Säften sollte gering sein.

Rückstände vom Entsaften sind zusammen mit frischer Ware für Aufstrich noch brauchbar.

Rhabarbersaft

Rhabarbersaft (elektrisch entsaftet)
Nicht zu lange Rhabarberstücke in den elektrischen Entsafter geben. Bei älteren Geräten eventuell die faserige Haut abziehen (macht u. U. Schwierigkeiten beim Reiben). Die Saftausbeute liegt bei etwa 70 %.
Zur Konservierung den Saft erhitzen, nach Belieben filtern (Kaffeefilter), heiß einfüllen. Einfrieren ist ebenfalls möglich (z. B. für Eis mit 10–20 % Honig/Zucker). Der rosarote Saft sieht dekorativ aus und schmeckt erfrischend.

Rhabarbergelee
Für Gelee eignet sich der durch Dampf gewonnene, aber auch der rohe Rhabarbersaft. Nicht übersüßen.
Zutaten: Rhabarbersaft, Gelier- und Süßungsmittel nach eigener Wahl.
Zubereitung: Saft mit Gelier- und Süßungsmittel vermischen. Nach Gebrauchsanweisung des Geliermittels kochen. Heiß in Gläser füllen, verschließen. Dieses säuerlich-erfrischende Gelee passt gut für Tortenfüllungen.
Variante: Rhabarbersaft mit Apfel-, Birnen- oder Süßkirschsaft vermischen.

Fruchtpüree
Zutaten: 500 g Rhabarber, 50–100 ml Wasser oder säurearmer Fruchtsaft, nach Belieben Süßungsmittel und Gewürze.
Zubereitung: Rhabarber fein schneiden, in der Flüssigkeit weich dünsten, abschmecken. Kochend heiß in Gläser füllen, verschließen. Dieses Rhabarbermus hält sich auch ungesüßt (ideal für Diabetiker).

Der Brei lässt sich auch mit anderen Früchten (z. B. Erdbeeren, Bananen) mixen und süßen oder später mit Aprikosen-, Birnen-, Hagebutten-, Quitten- oder Reneklodenmus vermischen. Der Fruchtbrei kann auch Grundlage für einen Aufstrich (Marmelade) sein, wenn wenig Flüssigkeit zugegeben wird.

Rhabarberaufstrich (Marmelade)
Der ohne oder mit wenig Wasser hergestellter Brei wird mithilfe eines Gelier- und Süßungsmittels streichfähig. Durch die Zugabe von süßen und farbigen Früchten (z. B. Erdbeeren, Süßkirschen, Bananen) verbessert sich das trübe Aussehen, bringt mehr Farbe oder mildert die Säure. Auch die Rückstände vom Dampfentsaften lassen sich unter Zugabe von frischen Früchten zu einem Aufstrich verarbeiten.

Rhabarberkompott mit Trockenzwetschgen

Rhabarberkompott (heiß eingefüllt)
Zutaten: 500 g Rhabarber, 1/4 l Wasser, 50–75 g Honig/Zucker oder anderes Süßungsmittel, nach Belieben Gewürze (z. B. aufgeschlitzte Vanilleschote, frisch geriebener oder kandierter Ingwer, Zimt, Nelken oder Piment).
Zubereitung: Rhabarber in 1–2 cm lange Stücke schneiden, in den kochenden, gewürzten Sud geben, vorsichtig garen (2–5 Minuten, je nach Dicke und Zartheit), sonst zerfallen die Stiele zu Brei. Heiß einfüllen, sofort verschließen.

Rhabarberkompott (pasteurisiert)
Die Form bleibt beim Einkochen besser erhalten. Empfehlenswert für größere Mengen. Rohe Rhabarberstücke in Gläser schichten, mit gewürztem Sud übergießen. 30 Minuten bei 85 °C pasteurisieren. Der Aufguss macht etwa die Hälfte des Glasinhaltes aus. Für ein Literglas braucht man je nach Packungsdichte 650–700 g Rhabarber und etwa 1/2l Flüssigkeit.
Gesundheitstipps: Gekochten Rhabarber vor dem Verzehr mit frischen oder gefrorenen Früchten (z. B. Birnen, Erdbeeren, Felsenbirnbeeren, Mirabellen, Pfirsichen) oder frisch gepressten Säften (z. B. Birnen-, Gelbe-Rüben-, Zitronensaft) aufwerten.
Auch eingeweichte Trockenfrüchte (wie z. B. Birnen, Mirabellen, Zwetschgen) bringen Aroma und Süße, ebenso Mischungen mit säurearmen Kompotten.
Verwendung: Kompott und Fruchtbrei passen gut zu Getreidegerichten (wie Müsli, Flammeri, Pudding, Haferflocken-, Grieß-, Reisbrei). Milchprodukte (Joghurt, Quark, Sahne) mildern die Säure.

Sanddorn-Eis

Sanddorn

Der heimische Sanddorn bildet reichlich Wurzelausläufer und dient deshalb häufig zur Befestigung von Dämmen und Böschungen. Die Beeren sind ein Vitamin-Depot. Enorm hoch ist der Vitamin-C-Gehalt (teilweise über 1.000 mg/100 g Früchte). Damit liegt der Sanddorn um ein Vielfaches über der Zitrone (50 mg/100 g). Reichlich kommt auch das Provitamin A vor. Gut vertreten sind die gesundheitsfördernden Anthocyane. Die Kerne, die viel Öl enthalten (um 7 %), besitzen einen strahlenschutzwirksamen Stoff.

Die Früchte stärken die Abwehrkräfte, regen den Appetit an, erhöhen die Leistungsfähigkeit und wirken erfrischend bei fieberhaften Erkrankungen. Pur schmeckt der Sanddornsaft äußerst sauer. Er wird, wie Zitronensaft, verdünnt genossen.

Ernte

Damit es überhaupt zu einer Ernte kommt, sind bei dieser zweihäusigen Pflanze auch männliche Exemplare erforderlich. Die Ernte der kaum erbsengroßen, orangegelben bis roten Beeren ist mühsam. Probleme bereiten nicht nur die dornigen Zweige, sondern auch die auf kurzen Stielen sitzenden Beeren. Die Züchtung bemüht sich um dornenarme, ertragreiche Sorten. Sanddorn neigt zu Alternanz (Wechsel zwischen starken und schwachen Erträgen).

Bei Überreife sind die Früchte weich und platzen leicht beim Ernten. Feste Beeren, die vor der vollen Fruchtausfärbung gesammelt werden, enthalten mehr Vitamin C und lassen sich wesentlich leichter pflücken oder mit der Schere abschneiden.

Alte, blasse Früchte nicht verwenden, weil schon qualitätsmindernde Abbauprozesse stattgefunden haben. Zum Sammeln und beim Verarbeiten kein Geschirr aus Metall verwenden. Die Beeren möglichst schnell haltbar machen, weil es sonst zu Vitaminverlusten kommt.

Konservierungsmöglichkeiten

Tiefgefrieren

Dies ist die schnellste und schonendste Konservierung. Man kann die ganzen Beeren oder auch den Saft einfrieren. Nach dem Auftauen nicht erhitzen, um die wertvollen Inhaltsstoffe zu erhalten. Verwendung für Eis, Getränke, Joghurt, Müsli, Quark.

Frostentsaften

Aufgetaute Beeren mit einer Handfruchtpresse entsaften. Verwendung für Getränk und Müsli. Die Fruchtrückstände sind noch für Tee brauchbar.

Sanddorneis (2–4 Portionen)
Zutaten: 100 ml Sanddornsaft, 100 ml Apfelsaft, etwa 50 g Honig/Zucker, 50–100 ml Sahne.
Zubereitung: Den Fruchtsaft nach eigenem Geschmack süßen. In einen flachen Behälter geben, einfrieren. Den Eisblock fein reiben. Den Fruchtschnee etappenweise zur geschlagenen Sahne geben, vermischen. Nähere Beschreibung der Eisbereitung im Allgemeinen Teil (Tiefgefrieren).

Pasteurisieren (heiß einfüllen – einwecken)

Sanddornsaft
Mit etwas Geduld lassen sich die Beeren in einem elektrischen Haushaltsentsafter zu Saft machen. Die Früchte springen durch die schnelle Umdrehung leicht heraus. Besser geht es, wenn Äpfel mit entsaftet werden. Der Saft lässt sich auch durch Dampf gewinnen. Durch die längere Hitzeeinwirkung verliert er aber an Wert.

Dazu die Früchte in den Dampfentsafter geben und 30–45 Minuten (Schnellkochtopf 10–20 Minuten) erhitzen. Den gewonnenen Saft heiß (80 °C) in kleine Flaschen füllen, verschließen. Am besten erst vor Gebrauch süßen oder mit süßen, säurearmen Säften (z. B. Birnen-, Apfel-, Traubensaft) vermischen.
Variante: Verdünnter Saft entsteht, wenn man die Beeren mit etwas Wasser kocht, dann abseiht und leicht nachpresst.

Schlehenlikör

Sanddorngelee
Den Saft mit Gelier- und Süßungsmittel vermischen, nach Gebrauchsanweisung des Geliermittels zu Gelee kochen. Heiß in Gläser füllen, verschließen.
Variante: Den intensiven Saft mit hellen, süßen Säften (z. B. Trauben-, Birnen-, Quitten-, Melonensaft) strecken.

Sanddornaufstrich (Marmelade)
Beeren mit etwas Flüssigkeit weich kochen. Heiß durch das Passiergerät treiben.
Fruchtbrei mit Gelier- und Süßungsmittel vermischen, nach Gebrauchsanweisung des Geliermittels kochen. Heiß in Gläser füllen, verschließen.
Varianten: Sanddorn-Hagebutten, Sanddorn-Birnen, Sanddorn-Mirabellen, Sanddorn-Berberitzen.

Einlegen

Sanddornbeeren in Essig
Sanddornbeeren in ein Glas geben. So viel Apfelessig darüber gießen, dass sie bedeckt sind. 2–4 Wochen dunkel ziehen lassen, dann abseihen, Beeren nachpressen.
Verwendung: für Marinade, verdünnt als Getränk (1 TL Essig, 1 Glas Wasser/Apfelsaft, bei Bedarf mit Honig süßen).

Schlehe

Der sehr dicht verzweigte, dornige Strauch bietet die Lebensgrundlage für über 100 Schmetterlingsarten, Schwebfliegen, Honig- und Wildbienen. Die meist bereiften blauschwarzen Beeren, die viel Pektine, aber auch Fruchtsäuren, Zucker und Gerbstoffe enthalten, sehen im Oktober sehr einladend aus.

Das Fruchtfleisch, das erst nach intensiver Frosteinwirkung angenehm schmeckt, wirkt appetitanregend, entschlackend, stärkend bei Erschöpfungszuständen, reinigend auf Niere, Blase und Blut. Der Schlehensaft wird zum Gurgeln bei Zahnfleischbluten und Entzündungen der Mundschleimhaut eingesetzt. Die Blüten werden als wassertreibender, leicht abführender Tee empfohlen.

Ernte

Die Blüten erscheinen im April/Mai. Die Beeren sind im Spätherbst erntereif. Das Pflücken der blauschwarzen, runden Früchte mit grünem Fruchtfleisch wird durch die spitzen Dornen erschwert. Starke Fröste machen zwar die Beeren etwas milder, aber das Aussehen leidet durch längeres Hängenlassen. Außerdem ist das Ernten bei kühlen Temperaturen nicht unbedingt ein Vergnügen. Günstiger ist es, die Früchte bei Vollreife an einem warmen Spätherbsttag zu ernten und einzugefrieren.

Konservierungsmöglichkeiten

Tiefgefrieren

Ideal ist die Lagerung im Gefriergerät. Die Früchte werden weich, mild, süß und verlieren ihre Herbheit. So sind sie roh gut essbar.
Verwendung: für Müsli, Obstsalat, als rohe Beigabe zu gekochtem Kompott und zu Dickmilch.

Pasteurisieren (heiß einfüllen – einwecken)

Gekochte Beeren schmecken rau und pelzig. Das Fruchtfleisch löst sich schwer vom Stein. Deshalb ist die Saftpressung günstiger.

Schlehensaft
1 kg Früchte (am besten tiefgefroren) mit 1 l Apfel- oder Birnensaft kochen. Den Saft abseihen, nach Belieben süßen, heiß in Flaschen füllen, verschließen.
Gesundheitstipp: Schlehensaft erst vor dem Verzehr süßen oder mit Apfel-, Birnen- oder Traubensaft mischen.

Gärung (Alkohol, Essig)

Schlehen-Apfel-Wein

Die Früchte nach Frosteinwirkung (ideal durch ein Gefriergerät) zum Apfelsaft geben und mit dem Wein vergären lassen. Nach 6–8 Wochen wird der Schlehen-Apfel-Wein abgezogen. Ausführliche Beschreibung der alkoholischen Gärung im Allgemeinen Teil.

Einlegen

Schlehen in Alkohol

Zutaten: 1,5 kg Schlehen, 1 Flasche Korn (z. B. 38 %ig), nach Belieben Honig/Zucker oder Kandiszucker.

Zubereitung: Schlehen (am besten tiefgefroren) in ein weites Glasgefäß geben. Mit so viel Alkohol übergießen, dass sie bedeckt sind. Zugedeckt etwa 6 Wochen dunkel ziehen lassen. Dann abseihen, in Flaschen füllen. Nach Belieben süßen. Zwei Monate nachreifen lassen.

Schlehen in Apfelessig

Schlehen (am besten tiefgefroren) in ein Glas geben. Mit so viel Apfelessig übergießen, dass sie bedeckt sind. 4–8 Wochen dunkel ziehen lassen, dann den dunkelroten Essig abseihen.

Verwendung: für Marinade oder verdünnt als Getränk (1 TL Essig, 1 Glas Wasser/Apfelsaft, bei Bedarf süßen).

Stachelbeere

Die borstigen oder glatten Beeren mit grüner, roter oder gelber Fruchtschale besitzen viele Samenkörner, die zusammen mit Schleimstoffen, Fruchtsäuren und Fruchtzucker reinigend, stärkend, verdauungsfördernd und leicht abführend wirken. Stachelbeeren enthalten ein breites Spektrum an Vitaminen und Mineralstoffen. Die meisten Schutz- und Heilstoffe werden mit rohen, voll ausgereiften Früchten aufgenommen.

Ernte

Mit den unterschiedlichen Sorten lassen sich Ernte und Rohgenuss auf längere Zeit ausdehnen. Stachelbeeren sind das einzige Beerenobst, das unreif verwertbar ist. Manchmal kann schon Ende Mai, meistens aber im Juni (hängt von der Sorte ab) mit der Grünpflücke begonnen werden. Die noch mehltaufreien, säurearmen Früchte eignen sich zum Einmachen, aber nicht zum Frischverzehr. Günstig ist eine Abnahme bei starkem Behang. Die restlichen Beeren werden dann größer und süßer. Bei Vollreife und reichlich Sonne sind Stachelbeeren süß und feinaromatisch. Allerdings bestehen zwischen den Sorten beachtliche Unterschiede. Dünnschalige Beeren können bei langer Regenzeit platzen. Die widerstandsfähigen Sorten besitzen leider oft die kräftigsten Stacheln, was die Ernte erschwert. Hochstämme, die allerdings eine kürzere Lebenszeit haben, lassen sich bequemer abernten als Büsche.

Konservierungsmöglichkeiten

Tiefgefrieren

Ganze Früchte

Reife Stachelbeeren von Stängel- und Blütenansatz befreien, waschen, abtrocknen lassen, einfrieren.

Verwendung: Unaufgetaut oder aufgetaut (z. B. für Müsli, Obstsalat, als rohe Zugabe zu Kompott oder Kuchen) verwenden.

Fruchtpüree

Geputzte Früchte mit etwas Wasser oder Fruchtsaft mixen. Nach Belieben durchpassieren, süßen, tiefkühlen.

Variante: Stachelbeeren mit verschiedenen Früchten mischen (z. B. Himbeeren, Johannisbeeren, Aprikosen, Renekloden, Pfirsiche, Kirschen).

Verwendung: als Fruchtsoße, Eis, Zugabe zu gekochtem Mus, Dickmilch, Kefir, verdünnt als Getränk.

Stachelbeereis (2–4 Portionen)

Zutaten: 200 ml Fruchtbrei, Süßungsmittel (z. B. 20–40 g = 2–4 gestr. EL Honig/Zucker), 50–100 ml Sahne.

Zubereitung: Den abgeschmeckten Fruchtbrei in einen flachen Behälter abfüllen, einfrieren. Den Eisblock fein reiben. Fruchtschnee etappenweise zur geschlagenen Sahne geben, vermischen.

Trocknen

Da Stachelbeeren nur feine Samenkerne haben, eignen sich aromatische, süße, voll ausgereifte Beeren auch zum Trocknen. Rote Früchte sehen am schönsten aus.

So wird's gemacht: Blütenansätze und Stiele entfernen, Früchte halbieren. Nebeneinander auf Siebe legen (offene Seite nach oben). Bei 30–50 °C im Dörrgerät trocknen.

Verwendung: wie Rosinen. Ideal zum Rohgenuss, im Müsli, Zugabe zu Kompott, Dickmilch.

Pasteurisieren (heiß einfüllen – einwecken)

Stachelbeersaft (einfache Art)
Den geputzten Früchten so viel Wasser zugeben, dass sie gerade bedeckt sind. Langsam weich kochen. Dann den Saft durch ein Tuch oder einen Seiher ablaufen lassen. Nachpressen bringt ein besseres Ergebnis. Die Flüssigkeit erhitzen, gesüßt oder ungesüßt in Flaschen füllen, verschließen.

Stachelbeersaft (dampfentsaftet)
Am besten eignen sich feste Früchte. Bei Vollreife gibt es weniger Saft. Die Ausbeute liegt bei 50–60 %. Reine Stachelbeersäfte sind im Geschmack nicht immer befriedigend. Gute Ergebnisse liefern die roten Früchte. Ungesüßter Saft lässt sich später süßen oder mit Apfel-, Birnen-, Traubensaft mischen.
So wird's gemacht: Gewaschene Stachelbeeren in den Dampfentsafter geben. 30–45 Minuten (Dampfdrucktopf 10–20 Minuten) erhitzen. Den heißen Saft (mindestens 75 °C) in Flaschen füllen, verschließen. Rückstände für Fruchtpüree oder Fruchtaufstrich verwenden.
Variante: Stachelbeeren zusammen mit anderen Beeren entsaften.

Stachelbeergelee
Stachelbeersaft mit Gelier- und Süßungsmittel vermischen. Nach Gebrauchsanweisung des Geliermittels zu Gelee kochen. Heiß in Gläser füllen, verschließen.
Varianten: Mit anderen Säften (z. B. Himbeer-, Heidelbeer-, Johannisbeer-, Kirschsaft) mischen.

Stachelbeerpüree
Reste vom Entsaften oder frisch gekochte Beeren mixen, nach Belieben durchpassieren. Mit oder ohne Süßungsmittel erhitzen, heiß in Gläser geben, verschließen.
Variante: Mit anderen Früchten mischen.

Stachelbeerkonfitüre (Marmelade)
Fruchtbrei mit Gelier- und Süßungsmittel vermischen. Nach Gebrauchsanweisung des Geliermittels kochen. Heiß in Gläser füllen, verschließen.
Varianten: Vor dem Abfüllen von einigen frischen Stängeln Basilikum und Zitronenmelisse die Blätter abzupfen, grob hacken, unter die heiße Konfituere rühren und nochmals aufkochen lassen.
Stachelbeeren mit Äpfeln, Aprikosen, Erdbeeren, Felsenbirnbeeren, Johannisbeeren, Pfirsichen oder Renekloden mischen.

Stachelbeerkompott mit Apfelkugeln

Stachelbeeraufstrich ohne Geliermittel
Zutaten: 500 g geputzte Stachelbeeren, 375–500 g Zucker, einige Zitronenmelisse- und Pfefferminzblätter, 1/2 TL Zimt.
Zubereitung: Stachelbeeren mit dem Schneidestab des Handrührgerätes oder dem Mixer zerkleinern, notfalls durch den Fleischwolf drehen. Zu Mus verkochen, dann Süßungsmittel zugeben. So lange kochen, bis die Masse zu gelieren anfängt. Einen kleine Menge auf einen kalten Teller geben, sie muss fest werden. Fein geschnittene Kräuter gegen Ende zugeben. Heiß in Gläser füllen, verschließen.

Stachelbeerkompott
Zutaten: 1 kg feste Stachelbeeren, 3/4 l Wasser, Pfefferminzblätter, 1 Rosmarinzweig, 100–200 g Honig/Zucker.
Zubereitung: Beeren vom Stängel- und Blütenansatz befreien. Pfefferminze und Rosmarin mit kochendem Wasser übergießen. 5–10 Minuten ziehen lassen, dann abseihen. Die Früchte in den kochenden, gesüßten Teesud geben. Kurz und vorsichtig kochen. Sofort in Gläser füllen, verschließen.

Stachelbeerkompott mit Frühäpfeln
Zutaten: 500 g geschälte, entkernte Äpfel, 500 g feste Stachelbeeren, 3/4–1 l Wasser, Apfelsaft oder Apfelwein (Most), 100–200 g Honig/Zucker, nach Belieben Vanillestange, 1 Stück Zimtrinde.
Zubereitung: In den gewürzten, kochenden Sud die zerkleinerten Äpfel (gewürfelt oder kugelig) und die geputzten Beeren geben. Kurz und vorsichtig garen, heiß in Gläser füllen, verschließen.
Gesundheitstipp: Das Kompott vor dem Verzehr mit frischen oder gefrorenen Früchten aufwerten.

Beerengrütze mit Vanillesoße

Stachelbeerkompott (pasteurisiert)
Die von Stiel und Blüte befreiten Stachelbeeren dicht in Gläser geben, mit der gesüßten (evtl. mit Zimt und Zitronensaft gewürzten) Flüssigkeit übergießen, verschließen. 30 Minuten bei 85 °C im Wasserbad einwecken.

Beerengrütze
Zutaten: 1 kg verschiedene Beeren (Stachelbeeren, z. B. mit Erdbeeren, Johannisbeeren, Himbeeren, Brombeeren), 1/2–3/4 l Wasser oder Fruchtsaft (z. B. Apfel-, Birnensaft), 100–200 g Honig/ Zucker, etwa 1 TL Agar-Agar (Menge hängt vom Fabrikat ab).
Zubereitung: Die Früchte in den kochenden Sud geben, vorsichtig garen. Empfindliche Beeren wie Himbeeren oder Erdbeeren) später zugeben. Zum Schluss das mit etwas Wasser angerührte Geliermittel beifügen. Noch kurz kochen lassen. Heiß in Gläser füllen.
Variante: Wasser oder Fruchtsaft zur Hälfte durch Rotwein ersetzen.

Einlegen

Stachelbeeren in Alkohol
Reife, süße, aromatische Früchte eignen sich für den Rumtopf. Stängel- und Blütenansatz entfernen und einlegen. Nähere Beschreibung im Allgemeinen Teil (Einlegen in Alkohol).

Zierquitte

Die robusten, teilweise sehr niedrigen Sträucher mit mehr oder weniger dornigen Zweigen sind besonders im Frühjahr mit ihren leuchtenden Blüten (Bienenweide) sehr dekorativ.

Die Zier- oder auch Scheinquitten sind im Holz viel frosthärter, genügsamer, anspruchsloser und robuster als die echten Quitten. Sie gedeihen sogar noch auf mageren Sandböden. Alle Sorten der stark duftenden Früchte sind essbar. Das Fruchtfleisch enthält sehr viele Fruchtsäuren.

Ernte

Die Früchte halten besonders im unreifen Zustand noch gut an den Zweigen. Meistens fallen sie erst nach dem Frost ab. Leichte Minustemperaturen werden vertragen. Daher nicht zu früh ernten, denn die Früchte nehmen noch an Umfang und Qualität zu.

Lagerung

Zierquitten sind meist länger lagerfähig als die echten Quitten. Die Sorten weisen unterschiedliche Formen und farben auf. Sie besitzen einen gewissen Zierwert.

Hinweise zur Verwertung

Liebhaber schätzen Zierquitten mit ihren herb-bitteren Aromastoffen (z. B. als Konfitüre). Der Geschmack bewegt sich zwischen Grapefruit, Orange und Zitrone. Sie sind besonders zum Mischen mit säure- und pektinarmen Fruchtarten (z. B. Birnen, Kürbis) geeignet. Möglichst nicht schälen, sonst gehen Aromastoffe verloren. Zierquittenkerne nicht mitkochen oder essen.

Konservierungsmöglichkeiten

Trocknen

Die Früchte lassen sich grob geraspelt gut an der Luft trocknen. Es tritt im Gegensatz zu den echten Quitten keine Verfärbung auf. Verwendung als Tee- oder Gebäckzugabe.

Zierquittenaufstrich mit Birnen und Äpfeln

Pasteurisieren (heiß einfüllen – einwecken)

Zierquittensaft
In einem elektrischen Entsafter lassen sich die geschnittenen, entkernten Früchte pressen. Der Saft verfärbt sich nicht. Wird die Flüssigkeit erhitzt, heiß in kleine Flaschen oder Gläser gefüllt und gut verschlossen, beträgt die Haltbarkeit einige Monate.
Variante: Zusammen mit Äpfeln entsaften.

Zierquittenaufstrich (Marmelade)
Zutaten: 1 kg fein geriebene Zierquitten, 1 kg Zucker.
Zubereitung: Die mit der Schale fein geriebenen Zierquitten bei schwacher Hitze ohne Wasserzusatz dünsten, dann Süßungsmittel zugeben, noch ein paar Minuten kochen. Die stark gelierende Masse heiß in Gläser füllen, verschließen. Nach dem Öffnen hält sich diese Konfitüre durch den hohen Zuckeranteil auch ungekühlt.
Variante: Einen Teil der Quitten durch Äpfel ersetzen.

Zierquitten-Kürbis-Aufstrich
Der säurearme, milde Kürbis verträgt sich gut mit dem säuerlichen, herben Geschmack der Scheinquitte. Er bringt zudem Farbe mit.
Zutaten: 500 g entkernte Zierquitten, 500 g geschälter, entkernter Kürbis, 500 g Honig/Zucker.
Zubereitung: Kürbis und Zierquitten fein reiben, weich dünsten. süßen. Kurz durchkochen. Heiß in Gläser geben, verschließen.

Aubergine

Durch Züchtung wurde die ursprünglich hühnereigroße, weißgelbe Frucht in Form, Farbe und Größe verändert. Vorherrschend ist heute die längliche, dunkelblau-violette Art mit lackartig glänzender, ledriger Haut. Die Aubergine enthält etwa 90 % Wasser, außerdem die Mineralstoffe Kalium, Kalzium, Eisen und Vitamine der B- und C-Gruppe. Die milde, leicht verdauliche, kalorienarme Frucht wird bei Diabetes, Rheuma, Gicht, Magen-Darmerkrankungen und Nierenleiden eingesetzt. Sie wirkt beruhigend, harntreibend und fördert die Gallensekretion.

Ernte

Das Nachtschattengewächs, dessen Heimat das tropische Indien ist, bringt bei uns nur im Gewächshaus oder unter Folie eine sichere Ernte. Die Frucht ist reif, wenn der Glanz sich etwas abschwächt und die Schale bei Druck leicht nachgibt. Die kleinen, essbaren Samenkerne sind dann noch weiß und weich. Die Auberginen können in reifem Zustand ca. eine Woche ohne Qualitätsverlust an der Pflanze verbleiben. Sie reifen auch bei Zimmertemperatur nach.

Bei unreifen Früchten kann das giftige Solanin enthalten sein. Bei Überreife wird das Innere braun und schwammig. Dies wird auch durch gemeinsame Lagerung mit reifem Obst (z. B. Äpfel) oder Gemüse (z. B. rote Tomaten) gefördert.

Bei 8–12 °C und hoher Luftfeuchtigkeit (Aufbewahrung in einem gelochten Folienbeutel) halten die geernteten Früchte etwa eine Woche. Unter 5 °C kommt es zur Fleckenbildung.

Hinweise zur Verwertung

Die Frucht ist zum Rohgenuss nicht geeignet. Beim Braten, Grillen und Dünsten entfaltet sich das Aroma, das durch Fettzugabe noch gefördert wird. Allerdings schnellt dadurch der Energiewert in die Höhe, denn das schwammige Fruchtfleisch ist gierig auf Fett. Kalorienärmer ist das Bräunen im Backofen.

Die Schale enthält Geschmacks- und Vitalstoffe. Sie wird nur bei älteren Exemplaren entfernt, z. B. durch kurzes Einlegen in kochendes Wasser. An der Luft verfärbt sich das Fruchtfleisch bräunlich. Beim Kochen oder Dämpfen bleibt die helle Farbe erhalten.

Das passt zu Auberginen: Fenchel, Kartoffeln, Paprikaschoten, Pilze, Tomaten, Zucchini, Kräuter und Gewürze (Basilikum, Curry, Estragon, Knoblauch, Majoran, Oregano, Petersilie, Pfeffer, Salbei, Thymian, Zitronensaft, Zwiebeln). Eine Ergänzung durch Hackfleisch (von Rind, Schwein oder Schaf) ist gut möglich.

Südländisches Mischgemüse

Konservierungsmöglichkeiten

Tiefgefrieren

Rohe Auberginenstücke am besten im Dampf 2–3 Minuten blanchieren. Im Wasserbad saugen sie sich mit Flüssigkeit voll. Brauchbar ist auch die gegrillte oder gebratene Form. Fertiggerichte schwach würzen. Gefroren oder leicht angetaut für Suppe, Eintopf, Auflauf verwenden (am besten mit aromastarkem Gemüse).

Südländisches Mischgemüse (Ratatouille) zum Einfrieren

Zutaten: 500 g Auberginen, 500 g grüne, gelbe oder rote Paprikaschoten, 500 g Zucchini, 500 g Tomaten, 250–500 g Zwiebeln, Olivenöl zum Anbraten, einige Knoblauchzehen, Oregano, Thymian, Petersilie oder Basilikum, Paprikapulver, Pfeffer, Salz, nach Belieben ein kleines Stück Pfefferoni oder Cayennepfeffer, nach Bedarf etwas Wasser.

Zubereitung: Von der Aubergine den fünfzipfligen Kelch, von den Tomaten den grünen Stielansatz entfernen, Paprikaschoten entkernen, alles in Stücke schneiden. Zwiebeln schälen, in Ringe schneiden, in etwas Öl leicht anschwitzen, herausnehmen und beiseite stellen. Nacheinander Auberginen-, Zucchini- und Paprikastücke leicht anbräunen. Das angeschwitzte Gemüse zusammen mit den zerkleinerten Tomaten (nach Belieben enthäutet) bissfest garen. Nach Bedarf etwas Wasser zufügen. Zum Einfrieren nur schwach würzen oder erst nach dem Auftauen abschmecken.

Ausgekühlt in Gefrierbehälter geben, einfrieren (3 Monate haltbar). Dazu passt Brot oder Reis.

Auberginen trocknen im Dörrapparat rasch wie Pilze.

Auberginenaufstrich

Zutaten: 2 Auberginen (1–11/2 kg), 4 rote Paprikaschoten (250–500 g), Salz, Pfeffer, Zitronensaft, 2–4 Knoblauchzehen, 4–6 EL Öl, nach Belieben etwas Cayennepfeffer oder eine Chilischote.

Zubereitung: Die Auberginen bei Mittelhitze etwa eine 3/4 Stunde im Rohr braten. Nach der halben Garzeit die Paprikaschoten zugeben. Von den weichen Auberginen die Haut abziehen, in Stücke schneiden und zusammen mit den entkernten Paprikaschoten in einem Blitzhackgerät o. Ä. pürieren. Den ausgekühlten Brei dann portionsweise einfrieren. Haltbarkeit 3 Monate.

Nach dem Auftauen mit den oben angegebenen Zutaten würzen. Schmeckt gut als Brotaufstrich mit geriebenem Käse überbacken.

Variante: Öl durch Sauerrahm ersetzen.

Trocknen

Das leicht schwammige, in dünne Scheiben oder Streifen geschnittene rohe Fruchtfleisch (mit oder ohne Schale) trocknet im Dörrapparat. Das Trockengut lässt sich auch pulverisieren. Verwendung für Suppen und Eintöpfe. Das Aroma ist nicht sehr ausgeprägt.

Pasteurisieren (heiß einfüllen – einwecken)

Auberginensoße (Ketchup)

Zutaten: 500 g Auberginen, 500 g Tomaten, 100 g Zwiebeln, 50–75 ml Obstessig (5 %ig),1–2 gestr. TL Salz, 25–50 g Honig/Zucker (2–4 gestr. EL). Nach Belieben etwas Estragon, Rosmarin, Thymian, 2–4 Knoblauchzehen, ein Stück Chilischote.

Zubereitung: Auberginen und Tomaten mit der Schale grob zerkleinern. Zwiebeln schälen, in Stücke schneiden. Das Gemüse ohne Wasserzugabe mit den Kräutern weich kochen, durchpassieren, abschmecken. Nochmals kurz erhitzen, kochend heiß in kleine Gläser oder Flaschen füllen, verschließen.

Variante: Die Tomaten zur Hälfte durch rote, entkernte Paprikaschoten ersetzen. Gewürze nach eigenem Geschmack.

Die Soßen werden sämiger durch Zugabe von Agar-Agar (z. B. 1 gestr. TL). Kurz aufkochen lassen. Heiß einfüllen, verschließen.

Blumenkohl

Dieses Feingemüse ist wegen seiner Bekömmlichkeit und des milden Geschmackes geschätzt. Weißer Blumenkohl ist am beliebtesten und gilt als Aristokrat in der Kohlfamilie. Grüner und violetter Blumenkohl mit mehr Vitalstoffen, besserer Haltbarkeit und intensiverem Geschmack sind im Handel nur vereinzelt anzutreffen. Die grünen Außenblätter enthalten besonders viele gesundheitsfördernde Stoffe. Sie lassen sich wie Spinatbrei zubereiten. Die Rose schmeckt auch roh geraspelt. Vitamin C (Blumenkohl enthält mehr als Zitrusfrüchte) bleibt so am besten erhalten.

Ernte

Hohe Temperaturen, verbunden mit Trockenheit, können eine konzentrierte Erntezeit von 2–6 Tagen zur Folge haben. Bei kühler und feuchter Witterung gibt es mehr Spielraum (etwa 2 Wochen). Ein gestaffelter Anbau bringt eine gewisse Entzerrung des Angebotes. Besonders gut entwickelt sich Blumenkohl, wenn er im Spätsommer gepflanzt wird und im Herbst heranreift.

Blumenkohl ist kein Lagergemüse. Bei kühlen Temperaturen und relativ hoher Luftfeuchtigkeit hält er sich einige Tage. Bei der Ernte Druckstellen vermeiden, sie werden bald braun. Bei kurzfristiger Aufbewahrung nicht neben reifem Obst und Tomaten lagern.

Konservierungsmöglichkeiten

Milchsaure Gärung

Blumenkohl raspeln oder fein schneiden. Zusammen mit Weißkraut (2/3), nach Belieben auch mit roten Paprikaschoten einsalzen (10 g Salz pro kg Gemüse), stampfen, in Gläser geben. Weiterbehandlung wie Sauerkraut. Ausführliche Beschreibung der milchsauren Gärung im Allgemeinen Teil.

Blumenkohl, zum Einfrieren vorbereitet

Mischgemüse mit Blumenkohl (Mixed Pickles)

Tiefgefrieren

Den geputzten Blumenkohl in Röschen schneiden. 2–4 Minuten ins kochende Wasser geben. Dem Blanchierwasser nach Belieben etwas Essig oder Zitronensaft zufügen. Abkühlen im kalten Wasserbad, dann tiefgefrieren. Haltbarkeit: 6–8 Monate. Unaufgetaut oder angetaut verwenden. Gefrorener Blumenkohl eignet sich für Suppen, Aufläufe, Eintöpfe, Füllungen und Mischgemüse.

Blumenkohlblättergemüse
Blumenkohlblätter 2–4 Minuten lang blanchieren, abkühlen, einfrieren. Im gefrorenen oder angetauten Zustand in einem Blitzhackgerät pürieren. Mit Kartoffeln oder Mehl binden, mit Sahne und Gewürzen abschmecken. Auch Einfrieren von Blumenkohlbrei oder Suppe ist möglich. Lagerfähigkeit 3–6 Monate.

Trocknen

Blumenkohl in kleine Röschen teilen, 5 Minuten lang dämpfen, dann trocknen. Verwendung für Suppen und Eintöpfe.

Pasteurisieren (heiß einfüllen – einwecken)

Blumenkohl süßsauer
Zutaten: Je nach Größe 1–2 Blumenkohlköpfe. Aufguss: 125 ml Essig, 500 ml Wasser, 1 gestr. EL (10 g) Salz, 2 gestr. EL (25 g) Honig/Zucker, 1 Messerspitze Vitamin C oder Zitronensaft, nach Belieben Lorbeerblatt, Pfeffer-, Piment-, Senfkörner.

Zubereitung: Blumenkohl in kleine Röschen teilen, waschen und bissfest kochen. Danach in Schraubgläser geben. Mit kochender Flüssigkeit (Gemüsewasser, Essig, Gewürze) übergießen und verschließen. Bei größeren Mengen einige Minuten vorkochen, in Gläser geben, mit Sud bedecken. 35 Min. bei 85 °C im Wasserbad pasteurisieren.
Bei längerer Lagerung verfärbt sich Blumenkohl ohne Zusatz von Vitamin C oder Zitronensaft.

Mischgemüse mit Blumenkohl
Zutaten (netto): 3/4–1 kg Blumenkohl, 200 g Knollenfenchel, 200 g Stangensellerie, 500 g rote Paprikaschoten, 100 g Zwiebeln (z. B. Schalotten), 1 Messerspitze Vitamin C.
Sud: 800 ml Gemüsesud, 200 ml Apfelessig (5 %ig), 50 g Honig/Zucker (4 gestrichene EL), 20 g Salz (2 gestr. EL), 2–4 EL Senfkörner, Chilischote oder Pfefferkörner.
Zubereitung: Den geputzten Blumenkohl in Röschen, Fenchel und Stangensellerie in Stücke schneiden. In 3/4 l Wasser bissfest kochen (nicht übergaren!). Die entkernten rohen Paprikaschoten und die geschälten Zwiebeln in Stücke schneiden.
Zusammen mit dem vorgegarten Gemüse in Gläser geben. Mit dem gewürzten Essig-Gemüse-Sud übergießen und verschließen. 35 Minuten bei 85 °C im Wasserbad pasteurisieren.
Variante: Das Gemüse kann sich auch so zusammensetzen: 3/4–1 kg Blumenkohl, 200 g Gelbe Rüben, 200 g Bohnen, 500 g Paprikaschoten, 100 g Zwiebeln.
Je nach Gartenangebot lassen sich beliebige Mischungen zusammenstellen.

Blanchierte Bohnen zum Einfrieren und Einwecken

Bohne

Bei Bohnen sind die jungen grünen, gelben oder violetten Hülsen mit kaum ausgebildeten Kernen oder die reifen Samenkerne mit ihrer Nährstoffkonzentration essbar. Bei Busch- und Kletterbohnen gibt es erhebliche Unterschiede in der Kulturzeit, Ertrag, Aussehen, Geschmack und in der Zartheit.

Grüne Bohnen enthalten eine Vielfalt an Vitaminen und Mineralstoffen, aber nur wenig Kalorien. Die ausgereiften, getrockneten Bohnenkerne sind reich an wertvollem Eiweiß (etwa 20%), Kohlenhydraten (etwa 50%), Ballaststoffen, Vitaminen (B-Gruppe, Niacin) und Mineralstoffen (Kalium, Kalzium, Eisen, Magnesium). Bohnen sind nitratarm.

Ernte

Die Erntezeit hängt sehr von der Sorte ab. Die Blütenbildung und damit auch die Reifung verläuft nicht einheitlich. Besonders Stangenbohnen produzieren immer neue Blüten, die sich rasch zur Frucht entwickeln. Bei gutem Witterungsverlauf sichert ein regelmäßiges Durchpflücken (2–3-mal pro Woche) zarte Qualitäten. Dies trifft besonders für die robusten Feuer- oder Prunkbohnen zu, die schnell bastig werden. Buschbohnen am besten satzweise anbauen, um Erntespitzen zu vermeiden. Voll ausgebildete Bohnenkerne sind in weichem Zustand eine Delikatesse.

Jahrelang haltbare Samenkerne erhält man von allen Sorten, wenn die Hülsen ausreifen können. Buschbohnen werden gerne zur vollständigen Trocknung als ganze Pflanzen aufgehängt.

Kurzfristige Aufbewahrung

Grüne Bohnen verlieren durch längere Aufbewahrung an Frische, Farbe und an Vitalstoffen. Sie brauchen dann länger zum Weichwerden. So kann der Vitamin-C-Gehalt nach dreitägiger Lagerzeit im Keller oder in der Speisekammer schon um die Hälfte geringer sein. Im Kühlschrank macht der Verlust etwa ein Drittel aus. Da Bohnen empfindlich gegen kalte Temperaturen sind, möglichst nur im Gemüsefach des Kühlschrankes aufbewahren (höchstens 2 Tage). Bohnen, die schon etwas welk sind, vor dem Kochen 10 Minuten lang in kaltes Wasser legen.

Hinweise zur Verwertung

Bohnen nicht roh essen. Sie enthalten das giftige Phasin, das beim Kochen unschädlich wird. Nicht übergaren, Wertstoffe und grüne Farbe leiden darunter. Blaue Bohnen werden beim Kochen grün. Das Gelb bleibt dagegen gut erhalten. Da die Bohnen heute größtenteils fadenfrei sind, braucht nur der Stängelansatz entfernt zu werden. Je dunkler die Bohnenkerne sind, desto mehr Aroma bringen sie mit. Weiße Kerne nehmen eine zu lange Kochzeit schnell übel, sie verkochen leicht zu Brei. Das gilt auch für die weichen, noch unreifen Samenkerne.

Passende Kräuter und Gewürze: Basilikum, Bohnenkraut, Knoblauch, Kümmel, Liebstöckel, Lorbeer, Majoran, Minze, Oregano, Paprika, Petersilie, Pfeffer, Rosmarin, Salbei, Schnittlauch, Sellerie und Zwiebel. Sie verbessern die Verdauung.

Konservierungsmöglichkeiten

Milchsaure Gärung

Neben Sauerkraut gab es früher auch milchsaure Bohnen als Vorrat. Der giftige Inhaltsstoff Phaseolin wird durch die Gärung nur zum Teil zerstört, Kochen ist deshalb notwendig. Da Bohnen im Gegensatz zu Weißkraut kaum Saft ziehen, ist eine Sudzugabe notwendig.

Zutaten: 1/2 l kaltes Bohnenkochwasser, 1–2 gestr. EL Salz (10–20 g), 1 TL Essig, 1 gestr. TL Honig/Zucker, nach Belieben Zwiebeln, Senf- oder Pfefferkörner, scharfe Paprikaschoten, Bohnenkraut oder Dillblüten. Der Sud reicht für etwa 3/4 kg Bohnen.

Tipp: Besonders gut funktioniert die Gärung bei den Bohnen, wenn dem abgekühlten Sud 1–2 EL unerhitzter Sauerkrautsaft als Starthilfe zugegeben werden. Besonders empfehlenswert ist dies bei gekochten Bohnen.

Zubereitung: Junge, zarte Bohnen putzen und in Stücke schneiden. Roh lassen oder 4 Minuten lang blanchieren. Auskühlen lassen, dann in Einweckgläser schichten (einige Zentimeter unter dem Rand freilassen), nachdrücken. Holzscheibe mit Abstandshalter auflegen. Mit so viel erkaltetem Sud übergießen, dass das Brettchen von der Flüssigkeit bedeckt ist. Mit Gummiring, Deckel, Bügelverschluss oder Klammern verschließen. Etwa eine Woche bei Zimmertemperatur (18–20 °C) dunkel gären lassen. Dann kühler stellen. Genauere Beschreibung im Allgemeinen Teil im Abschnitt Haltbarmachung durch Gärung.
Varianten: Werden fein geschnittene, blanchierte Bohnen mit reichlich Weißkraut eingesäuert, entfällt die Zugabe einer Lake, weil der Kohl genug Flüssigkeit mitbringt.
Verwendung: für Eintopf mit Lammfleisch, Kartoffelsuppe, Kürbis-Gelbe-Rüben-Suppe, Kohlrüben-Gelbe-Rüben-Gratin oder Mischgemüse.

Tiefgefrieren

Nicht alle Sorten eignen sich gleich gut. Meist ist die Gefriertauglichkeit auf der Samentüte vermerkt. Leider geht beim Einfrieren viel von der Knackigkeit verloren.

Zum Einfrieren die Bohnen waschen, dann portionsweise in kochendem Wasser 2–4 Minuten lang kochen (blanchieren). Danach in kaltem Wasser abschrecken, nach Belieben schneiden, dann einfrieren. Bohnen laugen weniger aus, wenn sie im Dampf (doppelte Zeit) vorbehandelt werden. Haltbarkeit: 6–8 Monate. Unaufgetaut garen. Verwendung für Eintöpfe, Aufläufe, Mischgemüse, Salate, Suppen.

Überreife grüne Bohnen, bei denen die Kerne zum Teil schon ausgebildet sind, am besten kochen und durch den Fleischwolf drehen. Die zähen Fasern bleiben in der Scheibe hängen. Auch Mixen der gekochten Bohnen und anschließendes Durchpassieren ist möglich. Bohnenbrei nach dem Auftauen mit Salz, Bohnenkraut und Rahm abschmecken. Haltbarkeit für Fertiggerichte bis 3 Monate. Angetaut erwärmen.

Trocknen

Junge grüne Bohnen lassen sich auch trocknen, am besten geschnitten, geschnipselt oder blanchiert (2 Minuten). Der Wasserentzug erfolgt am schnellsten im Dörrgerät, notfalls im Backofen bei niedrigen Temperaturen (50 °C). Die Trockenware bleibt beim Kochen recht bissfest und eignet sich besonders für Suppen und Eintöpfe. 100 g gedörrte Bohnen entsprechen 1 kg frischer Bohnen.

Bohnenaufstrich

Bohnenkerne trocknen gewöhnlich an der Pflanze. Bei ungünstiger Witterung kann ein Nachtrocknen im Haus notwendig werden. Für Trockenkochbohnen gibt es spezielle Typen (z. B. Weiße Bohnen, Wachtelbohnen, Braune Bohnen), die unterschiedliche Farben, Größen und Kocheigenschaften (mehlig oder festkochend) aufweisen. Die Hülsen sind zäher und nicht für den Frischverbrauch geeignet.
Verwendung: Suppen, Eintöpfe, Aufläufe, Frikadellen, Aufstrich. Bohnen harmonieren gut mit Getreide, Kartoffeln, Gelben Rüben, Lauch, Lauch, Sellerie, Tomaten und auch mit Fleisch. 100 g Dörrbohnenkerne entsprechen 400–500 g frischen Bohnenkernen.

Bohnenaufstrich
Zutaten: 200 g Trockenbohnen (am besten mehlig kochend), 200 g Quark, etwas Sahne oder Sauerrahm, eine geschnittene Zwiebel oder ein paar Knoblauchzehen, Salz, nach Belieben Senf, Kümmel, Majoran, Paprika, Kräuter, etwas Apfelessig oder Zitronensaft.
Zubereitung: Gekochte Bohnen im Universalzerkleinerer mixen oder durch den Fleischwolf drehen, mit Quark, Rahm oder Joghurt vermischen, mit Gewürzen und Kräutern abschmecken.
Variante: Statt Quark eignet sich auch weicher Schaf- oder Ziegenkäse. Dunkle Bohnenkerne sind intensiver im Geschmack.
Kochtipps: Getrocknete Bohnenkerne mehrere Stunden einweichen, am besten über Nacht. Weitere Verkürzung der Garzeit durch drei bis fünftägiges Keimen (leichter verdaulich, weniger blähend) und durch Kochen im Dampfdrucktopf.
Salz und Essig immer erst am Ende der Kochzeit zugeben, die Bohnenkerne werden sonst nicht so schnell weich.

Pasteurisieren (heiß einfüllen – einwecken)

Bohnen sind ein beliebtes Sauergemüse. Im Gegensatz zur gefrorenen Ware sind eingeweckte Bohnen sofort essbar. Gelbe Bohnen (Wachs-, Butterbohnen) sehen nach dem Erhitzen appetitlich aus, während das Grün stark leidet.
Hinweis: Bei Bohnen können sich unter Umständen nach dem Erhitzen Pilzsporen ausbilden und zum Aufgehen des Glases führen, vor allem bei einer schwachen Essiglösung. Beste Sicherheit bietet das Nachpasteurisieren. Dies gilt besonders für ältere, eiweißreichere Ware.

Milde süßsaure Bohnen
Zutaten: 1,5–2 kg Bohnen, 1 l Wasser (Bohnenkochwasser), 1/4 l Obstessig (5%ig), 25 g (2 gestr. EL) Salz, 50 g (4 gestr. EL) Honig/Zucker, nach Belieben Bohnenkraut, Zwiebeln, scharfe Paprikaschoten oder Pfefferkörner.
Zubereitung: Geputzte Bohnen in Stücke schneiden und bissfest garen. Die heißen Bohnen fest in Gläser schichten, mit kochendem Sud übergießen, verschließen.
Zur Sicherheit nacherhitzen: Nach 2 Tagen die Bohnen 30 Minuten lang bei 85 °C im Wasserbad pasteurisieren oder nochmals aufkochen und heiß einfüllen.
Varianten: Einladend sehen Bohnen (besonders gelbe) mit anderen Gemüsearten aus (z. B. Gelbe Rüben). Bohnen können auch Bestandteil von saurem Mischgemüse (Mixed Pickles) sein. Rezept siehe Blumenkohl. Kleine Mengen ein paar Minuten lang kochen, dann wieder heiß einfüllen.

Brokkoli

Brokkoli unterscheidet sich vom Blumenkohl nicht nur durch seine grüne bis violette Farbe, sondern insgesamt auch durch deutlich mehr Inhaltsstoffe (z. B. 30- bis 60-mal mehr Karotin). Er darf ohne Abschirmung voll in der Sonne stehen und bildet dadurch das gesunde Grün aus. Der Vitamin-C-Gehalt ist doppelt so hoch wie bei der Zitrone. Überdurchschnittlich hoch sind auch die Kalium- und Kalziumwerte. Ebenfalls gut ausgestattet ist Brokkoli mit Folsäure (besonders notwendig in der Schwangerschaft, wichtig auch für Blut und Schleimhäute).

Sein Ansehen ist stark gestiegen, seit ihm weitere gute Eigenschaften (abwehrstärkend, tumorvorbeugend, bakterien- und pilzfeindlich, entgiftend) nachgesagt werden. Die gute Verträglichkeit ist ein weiterer Vorteil.

Brokkoli-Auflauf aus eingefrorener Ware

Ernte

Bei Frühjahrsaussaat erfolgt die Ernte in den Sommermonaten. Günstiger ist bei uns der Anbau im Juni. Der Brokkoli gerät so weniger in Hitzeperioden, die ihn zum Blühen anregen. Die Ernte, kurz bevor sich die kleinen gelben Blüten bemerkbar machen, verläuft dann weniger hektisch und lässt sich bis in leichte Frosttage (bis -5 °C) hinein ausdehnen. Abdeckungen mit Folie, Vlies oder das Einschlagen der Pflanzen mit den Wurzeln an einem geschützten Ort verlängert die Saison.

Nach dem Abschneiden des Hauptkopfes bilden sich bei warmen Temperaturen noch kleinere Seitenknospen aus, die recht brauchbar sind. Verwendet werden auch die Stiele (evtl. leicht schälen, kreuzweise einschneiden, vorgaren oder separat kochen) und Blätter (ähnlich zubereiten wie Wirsing). Leicht aufgeblühte Knospen sind im Handel unerwünscht, aus dem eigenen Garten sind sie noch verwertbar.

Abgeschnittener Brokkoli wird durch längere Aufbewahrung welk, er verliert an Farbe und Geschmack. Am besten hält er sich kurzfristig in kühler, feuchter Luft (evtl. in feuchtes Tuch einschlagen). Nicht neben reifen Tomaten und Obst lagern.

Konservierungsmöglichkeiten

Milchsaure Gärung

Brokkoliröschen lassen sich in einer schwachen Salzlösung milchsauer vergären. Besser wird das Ergebnis bei einer Mischung (2/3) mit Weißkraut.

So wird's gemacht: Brokkoli fein raspeln (Küchenmaschine) und zum gehobelten, gestampften Weißkraut geben. Mit Salz (für 1 kg Brokkoli 10 g = 1 gestr. EL) gut durchmischen. In Einweckgläser geben, fest pressen (einige Zentimeter unter dem Rand freilassen). Holzscheibe mit Abstandshalter auflegen, fest niederdrücken, damit das Brettchen von der Flüssigkeit bedeckt ist. Mit Gummiring, Deckel, Bügelverschluss oder Klammer verschließen. 8 Tage bei Zimmertemperatur (18–20 °C) gären lassen. Dann kühler stellen. Genaue Beschreibung im Allgemeinen Teil bei der milchsauren Gärung.

Tiefgefrieren

Brokkoli behält auch beim Einfrieren sein appetitliches Grün und seinen milden Geschmack. Das geputzte Gemüse in Röschen teilen, Stielansatz kreuzweise einschneiden. 2–4 Minuten lang ins kochende Wasser geben, im Eiswasser abkühlen, einfrieren. Haltbarkeit 6–8 Monate. Unaufgetaut garen für Suppe, Auflauf, Eintopf, Nudelgericht, Füllung, Pizza, Omelette.

Trocknen

Brokkoli in möglichst kleine Röschen teilen, 2 Minuten blanchieren, auf Siebe geben und in einem Dörrgerät bei 30–50 °C trocknen. Nach Belieben auch pulverisieren. Verwendung für Suppen und Eintöpfe.

Pasteurisieren (heiß einfüllen – einwecken)

Brokkoli lässt sich zwar wie grüne Bohnen einwecken, aber die Ergebnisse sind nicht sehr befriedigend. Durch die längere Erhitzung verliert er an Farbe und Aroma, der Kohlgeschmack tritt in den Vordergrund.

Chicorée

Die Treib- oder Bleichzichorie, eine Kulturpflanze des 19. Jh., stammt von unserer wild wachsenden Wegwarte ab. Ursprünglich diente die geröstete und gemahlene Wurzel zur Kaffeeherstellung.

Die leicht herben Geschmacksstoffe wirken wie ein Magenbitter, regen den Appetit, die Leber- und die Darmtätigkeit an. Chicorée wird besonders bei Rheuma, Gicht und wegen seines Insulingehaltes auch bei Diabetes empfohlen. Das Gemüse ist sehr nitratarm.

Hinweise zur Verwertung

Geernteter Chicorée wird durch Lichteinfall in kurzer Zeit grün und damit auch bitterer. Deshalb dunkel aufbewahren, z. B. im Gemüsefach des Kühlschrankes.

Roh schmeckt er knackig frisch, saftig und harmoniert gut mit süßen Früchten und Nüssen, als Mischsalat mit Marinaden.

Möglichst nicht durch Wässern im geschnittenen Zustand die Inhaltsstoffe ausschwemmen. Früher wurde der weiße Innenkern, der mehr Bitterstoffe beherbergt, kegelförmig 1–2 cm tief herausgeschnitten. Bei den heutigen milden Sorten ist dies nicht mehr notwendig. Chicorée lässt sich auch dämpfen, dünsten, kochen und überbacken. Allerdings schmeckt er nach dem Garen bitterer.

Tiefgefrieren

Überschüsse lassen sich in blanchierter oder gegarter Form einfrieren.

Chicorée-Rohkost

Chinakohl-Rohkost und Chinakohl-Mischgemüse zum Einfrieren

Chinakohl

Chinakohl vereinigt die guten Eigenschaften von Kopfsalat, Weißkohl und Wirsing. Er schmeckt roh und gegart. Das kalorienarme, knackige, milde Gemüse ist durch seinen hohen Gehalt an Senfölen recht bekömmlich und bläht kaum. Der asiatische Kohl zeichnet sich durch viele Vitamine (besonders Vitamin C), Mineralien, Ballaststoffe und biologisch hochwertiges Eiweiß aus. Nahe verwandt ist der geschmacklich ähnliche **Pak-Choi.**

Ernte

Die gedrungenen bis länglichen Köpfe sind in unseren Gärten erst im Herbst erntereif, denn bei einem zu frühen Anbau kommt es zur Blütenbildung. Chinakohl wird so lange wie möglich auf dem Beet belassen. Er verträgt Frost bis -6 °C. Vlies, Wanderkasten oder Folientunnel verlängern den Aufenthalt im Freiland.

Kurzfristige Aufbewahrung

Abgeschnittener Chinakohl wird am besten im Folienbeutel aufbewahrt, damit er nicht zu stark austrocknet.

Lagerung

Vor dem starken Kälteeinbruch im Spätherbst den Chinakohl mit der Wurzel und etwas Erde in einem isolierten Frühbeet oder verpackt in kühlen Räumen oder gut geschützten Kellerschächten lagern. Temperaturen in der Nähe des Gefrierpunktes sind ideal. Gelegentlich kontrollieren und faulige Blätter entfernen. In der Regel hält sich der Chinakohl 2 bis 3 Monate.

Hinweise zur Verwertung

Am zartesten sind die Blattspitzen. Sie eignen sich besonders für die Rohkost. Der geschmacksneutrale, aber nicht fad schmeckende Salat passt sich vielen Rezepturen an, harmoniert gut mit Äpfeln, Birnen, Nüssen und Weintrauben, aber auch mit Gelben Rüben, Paprika, Pastinaken, Rettichen, Sellerie und Tomaten. Er schmeckt mit guten Marinaden, auch solchen auf Dickmilchbasis.

Die kräftigen Stielteile werden durch maximal 10-minütiges Dämpfen, Dünsten oder Kochen weich. Schmackhaft ist auch das Kochen in Milch. Besonders die gegarte Art verträgt Gewürze und Kräuter wie Cayennepfeffer, Ingwer, Kurkuma, Koriander, Kräutersalz, Kümmel, Petersilie, vegetarische Suppenwürze, Zwiebel.

Konservierungsmöglichkeiten

Milchsaure Gärung

In den asiatischen Ländern wird Chinakohl ähnlich wie Sauerkraut haltbar gemacht.

Zutaten: 1 kg Chinakohl, 10 g Salz (1 gestr. EL).

Zubereitung: Den Chinakohl streifig schneiden und mit Salz vermischen. Etwas stampfen oder durchdrücken, bis sich Wasser bildet. In Gläser füllen (ein paar Zentimeter unter dem Rand freilassen). Holzscheibe und Abstandshalter auflegen. Gut andrücken, das Holzbrettchen muss von der Lake bedeckt sein. Mit Gummiring, Deckel und Klammern verschließen. Etwa eine Woche bei Zimmertemperatur (18–20 °C) gären lassen. Dann kühler stellen. Ausführliche Beschreibung im Allgemeinen Teil (milchsaure Gärung).

Variante: 200 g streifig geschnittener Chinakohl, 700 g gehobeltes Weißkraut, 100 g grob geraspelte oder streifig geschnittene Gelbe Rüben (ersatzweise Kürbis oder rote Paprikaschoten), 10 g Salz.

Verwendung: in kleineren Mengen für Salate, Suppen (fein geschnitten oder gemixt), Eintöpfe, Aufläufe.

Tiefgefrieren

Chinakohl lässt sich auch blanchiert oder fertig gegart einfrieren. Den geschnittenen Chinakohl 2 Minuten in kochendem Wasser blanchieren, dann kalt abschrecken. Gut abgetropft einfrieren. Verwendung z. B. für Aufläufe, Pichelsteiner Eintopf.

Viele neue Endiviensorten sind selbstbleichend.

Endivie

Endivie, die zur Zichorienfamilie gehört, bildet keine festen Köpfe. Die mehr oder weniger gefüllte Rosette besteht aus glatten oder gekrausten, ungeteilten oder geschlitzten Blättern mit einem gelben Herz. Endivie ist dem Kopfsalat von den Inhaltsstoffen her überlegen. Hervorzuheben sind besonders Kalium, Kalzium, Magnesium, Eisen, Provitamin A und die zur B-Gruppe gehörende Folsäure.

Begehrt sind die hellen Blätter, die zarter und milder schmecken. Wertvoller sind jedoch die grünen Außenblätter, die mehr Wertstoffe enthalten. Besonders den Bitterstoffen wird eine galle- und harntreibende, appetitanregende, magenstärkende Wirkung nachgesagt.

Ernte

Die Ernte setzt schon im Spätsommer mit der Sommerendivie ein. Aber die Hauptsaison ist der Herbst. Da die Gefahr des Schossens in der kühleren Jahreszeit gering ist, kann der voll ausgebildete Salat ohne Qualitätsminderung lange auf dem Beet bleiben.

Früher wurde Endivie 2–3 Wochen vor der Ernte zur Ausbildung gelber Blätter zusammengebunden oder in der Mitte mit einem Teller bzw. einer sog. Endivienhaube aus undurchsichtigem Polyäthylen abgedeckt. Bei den neueren Züchtungen ist dies nicht mehr nötig. Sie sind selbstbleichend (vor allem bei dichter Pflanzung). Die Haltbarkeit ist stark von der Sorte abhängig. Manche Pflanzen neigen bei nasser Witterung zu Fäulnisbildung (bevorzugt am Blattrand und an der Unterseite). Stickstoffüberdüngung fördert dies.

Lagerung

Endivie so lange wie möglich im Herbst auf dem Beet belassen, sie verträgt einige Minusgrade (bis -5 °C). Bei Frostgefahr mit Vlies, Folie oder Wanderkasten abdecken. Vor tieferen Temperaturen wird der Salat geschützt, wenn er bei trockenem Wetter mit Erdballen ins Frühbeet, Treibhaus oder an einen anderen geschützten Ort kommt. Wird viel gelüftet, halten sich gesunde Stauden bis in den Dezember hinein. Dabei werden sie milder, der Gelbanteil nimmt bei Dunkelheit noch zu.

Hinweise zur Verwertung

Kurzfristig lässt sich ein abgeschnittener Endiviensalat in einem Folienbeutel vor Feuchtigkeitsverlust schützen. Den Salat noch vor dem Schneiden waschen, sonst gehen wertvolle Inhaltsstoffe verloren.

Erbsen

Junge Erbsen sind zart und leicht verdaulich. Sie enthalten biologisch hochwertiges Eiweiß mit lebenswichtigen Aminosäuren, viele Kohlenhydrate, Mineralstoffe (Kalzium, Kalium, Magnesium, Eisen) und Vitamine (besonders B1, B2, E). Am konzentriertesten sind die Inhaltsstoffe bei Trockenerbsen mit einem hohen Eiweiß- (23 %) und Kohlenhydratgehalt (um die 50 %). Sie sind ein guter Ersatz für Fleisch und bringen zudem reichlich Ballaststoffe mit. Der Nitratgehalt ist äußerst niedrig.

Ernte

Die Ernte hängt von Aussaatzeit, Sorte und Anbaumethode ab. Vlies und Folie bringen eine Verfrühung. Mit einer gestaffelten Aussaat und mit frühen, mittelfrühen und späten Sorten verlängert sich die Erntezeit und damit auch die Möglichkeit zum Frischverzehr. Da sich die Blühphase über einen längeren Zeitraum erstreckt, erfolgt die Reifung nicht einheitlich. Deshalb regelmäßig durchpflücken.

Die **Wintererbse** (Aussaat Oktober) ist Ende Mai oder Anfang Juni schon erntereif. Sie spielt eine untergeordnete Rolle. Ausfälle durch ungünstige Witterung sind häufig.

Dann folgen die **Zuckererbsen** (Kefen, Kaiserschoten), die mit dem nicht ausgereiften Samenkorn und der zarten Hülse wie grüne Bohnen gegessen werden. Neuere Züchtungen sind fadenfrei. Je frischer die Erbsen geerntet werden, desto zarter sind sie.

Verwertung von Zuckererbsen

Auch die **Schalerbsen** (Pal-, Roller-, Kneifel-, Brockelerbsen) sind frühzeitig erntereif, da sie nicht so kälteempfindlich sind und deshalb oft schon im März ausgesät werden können. Das Korn ist meistens rund und glatt. Die Kohlenhydrate liegen überwiegend in Form von Stärke vor. Der Geschmack ist weniger süß. Mit zunehmender Reife steigt der Ertrag, aber Farbintensität und Zartheit nehmen ab. Die Erbsen werden leicht mehlig. Frühe Ernten liefern eine gute Qualität. Lässt man Schalerbsen ausreifen, gibt es ausgezeichnete Trockenerbsen, die für Suppe, Püree und Eintopf Verwendung finden.

Markerbsen mit größerem, kantigem Samenkorn sind von feinster Qualität. Sie sind süßer und zarter als Schalerbsen. Die Ernte beginnt etwas später, denn Markerbsen sind wärmebedürftiger und können deshalb nicht so früh ausgesät werden. Gute Sorten reifen langsam ab. Sie sind nur frisch oder gefroren zu verwenden. Der Abfall bei Schal- und Markerbsen ist nicht unbedeutend. 2 1/2 kg Erbsenschoten ergeben etwa 1 kg ausgepalte Erbsen.

Knackerbsen sind Kreuzungen zwischen Mark- und Zuckererbsen. Sie besitzen eine etwas dickeren Schale, die beim Brechen knackt. Sie können mit und ohne Hülsen gegessen werden. Die Körner lassen sich auch einfrieren oder einwecken. Für Suppen und Püree sind sie weniger gut geeignet.

Kurzfristige Aufbewahrung

Gepflückte Erbsen reifen wie Zuckermais nach. Der Zucker verwandelt sich in Stärke. Sie schmecken dann mehliger und manchmal leicht bitter, deshalb nur wenige Tage und dabei kühl lagern.

Hinweise zur Verwertung

- Bereits 6–8 Stunden nach der Ernte verlängert sich die Kochzeit um 5–10 Minuten.
- Passende Kräuter und Gewürze: Dill, Kerbel, Knoblauch, Pfeffer, Pfefferminze, Majoran, Petersilie, Salbei, Thymian, Zitrone, Zwiebel.
- Kombinationen sind möglich mit Blumenkohl, Kohlrabi, Lauch, Gelben Rüben, Pilzen, Spargel, Zucchini.

Konservierungsmöglichkeiten

Tiefgefrieren

Diese Art der Haltbarmachung ist einfach, schnell, nimmt nicht zu viel Platz in Anspruch und bringt ein gutes Ergebnis. Geeignet sind Mark-, Zucker- und Knackerbsen, weniger die Schalerbsen. Haltbarkeit 6–8 Monate.

Die junge zarten Erbsen 1–2 Minuten blanchieren, abschrecken. Zweckmäßig sind kleine Portionen. Dadurch lassen sich verschiedene Gerichte farblich auflockern (Gemüsesuppen, Risotto, Salate, Eintöpfe). Mischungen mit anderem Gemüse sind möglich. Am besten gefroren verwenden. Dabei verkürzt sich die Kochzeit. Auch Fertiggerichte sind gefriertauglich (Haltbarkeit 3–6 Monate).

Trocknen

Hierfür sind die Schalerbsen hervorragend geeignet. Man lässt die Hülsen mit den Samenkörnern voll ausreifen. Der Zucker wandelt sich dabei in Stärke um. Wenn die Blätter gelb sind, werden die ganzen Pflanzen zum Trocknen aufgehängt.

Ungeeignet zum Trocknen sind Markerbsen und Zuckererbsen. Sie werden beim Kochen nicht weich, da sie eine andere Stärkeart enthalten.

Verwendung: Trockenerbsen sind lange haltbar und vielseitig einsetzbar (Suppen, Eintöpfe, Püree, Brotaufstriche). Einweichen und Vorkeimen verkürzt die Garzeit und steigert die Bekömmlichkeit. Salz und Essig nicht zum Einweichen und Kochen zugeben. Das Quellen und Weichwerden wird sonst erschwert.

Pasteurisieren (heiß einfüllen – einwecken)

Geeignet sind Markerbsen, weniger die Schalerbsen, die leicht gelieren.

Erbsen und Gelbe Rüben im Glas

Feldsalat mit Pastinaken

Erbsen und Gelbe Rüben im Glas
Sicherheitshalber zweimal erhitzen.
Zutaten: 400 g Erbsen, 400 g Gelbe Rüben, 400 ml Wasser, 100 ml Apfelessig (5 %ig), 30 g (3 gestr. EL) Honig/Zucker, 10 g (1 gestr. EL) Salz.
Zubereitung: Das Gemüse bissfest im Wasser vorkochen. Dann Essig, Zucker und Salz zugeben. Kochend heiß in Gläser füllen, mit Schraubdeckel verschließen. Nach 2 Tagen den Inhalt nochmals erhitzen und heiß einfüllen. Größere Mengen lassen sich auch im Wasserbad nachpasteurisieren (30 Minuten bei 85 °C). Eventuell entstandene Sporen werden dadurch abgetötet.

Feldsalat

Feldsalat, der früher auch auf dem Acker anzutreffen war, ist im Garten eine anspruchslose Nachkultur, die ab August bis in den Oktober hinein gesät wird. Auch der Anbau im Frühjahr und Sommer ist möglich, aber kaum verbreitet. Der mit dem Baldrian verwandte Feldsalat, der schon immer bei uns heimisch war, enthält zwei- bis dreimal mehr Provitamin A und Vitamin C als Kopfsalat, Endivie oder Chicorée. In den Blättern finden sich neben dem die Nerven beruhigenden Baldrianöl noch viele Mineralstoffe.

Ernte

Je nach Anbau und Sorte erfolgt die Ernte im Herbst, Winter oder Frühjahr. Gemüsenetze schützen vor Laub und Nadeln, vor Tieren (Hasen, Rehe, Vögel), aber auch vor Kälte (Austrocknung). Bei den kleinblättrigen Sorten werden die Rosetten geschnitten. Bei der großblättrigen Art pflückt man nur die äußeren Blätter, dadurch ist ein Nachwachsen möglich.

Den Vogerl-, Rapunzel- oder Mausohrsalat möglichst bald verzehren. Er welkt rasch und verliert an Wertstoffen. Kurzfristig kann in Folienbeuteln kühl gelagert werden. Gefrorenen Feldsalat langsam bei niedrigen Temperaturen auftauen. Er fällt sonst bei Wärme rasch zusammen. Der Anbau zu verschiedenen Zeiten verlängert die Erntezeit.

Überwinterung

Fast alle Sorten sind winterhart und vertragen Temperaturen bis -15 °C (Ausnahme 'Holländischer breitblättriger'). Folie, Vlies, Frühbeet und Gewächshaus lassen das Wachstum auch bei kühleren Temperaturen zu. Die Ernte ist dann auch bei Schnee und Frost möglich. Der überwinterte Feldsalat beginnt im Frühjahr bei warmen Temperaturen (März, April) zu blühen. Die Ernte also nicht zu lange hinausschieben, denn die Blätter werden dann rau und pelzig. Sie schmecken nicht mehr knackig.

Hinweise zur Verwertung

Das ehemalige Ackerwildkraut lässt sich gut mit anderen Gemüsearten wie Chicorée, Endivie, Kresse, Kürbis, Rettich, Pastinaken, Sellerie, Spinat, Gelben Rüben, Tomaten, Meerrettich, Zuckerhut und Zwiebeln kombinieren. Auch Obst passt dazu.

Der Salat harmoniert im Frühjahr auch mit fein geschnittenem Grünkohl, Bärlauch oder jungen Gänseblümchenrosetten, die sich geschmacklich kaum vom Feldsalat unterscheiden.

Konservierungsmöglichkeiten

Tiefgefrieren

Bei warmer Witterung die Überschüsse blanchieren und einfrieren, bevor sie auswachsen. Verwendung finden sie bei Kartoffelsuppe, Pasta und Aufläufen oder als Beigabe zu Spinat und Grünkohl.

Gurke

Die am Boden kriechende oder an Schnüren, Drähten, Gittern kletternde Gurke ist ein wärmebedürftiges Gewächs. Bevorzugt werden heute rein weiblich blühende Sorten, die bitterfrei sind und keine Kerne ausbilden.

Die Gurke gehört zu den kalorienärmsten Gemüsearten. Sie enthält wichtige Mineralstoffe (Kalzium, Eisen, Jod, Kalium, Phosphor) und Vitamine (Provitamin A, Vitamin B1, C). Dieses Kürbisgewächs entwässert und schwemmt Harnsäure aus. Ihre Wirkstoffe fördern die Durchblutung der Haut und lindern so manchen Kopfschmerz (z. B. durch Auflegen von Gurkenstücken oder -schalen).

Ernte

Haupterntezeit ist der Sommer. Eine Verfrühung lässt sich durch Glas, Folie und Vlies erreichen. Die Gurke schmeckt roh, also in grünem Zustand, am besten. Bei Überreife verfärbt sie sich gelblich weiß. Deshalb möglichst früh ernten und immer wieder durchpflücken. Bei den kleinen Einlegegurken kann dies bei günstigem Wetter 2- bis 3-mal in der Woche notwendig sein. Kulturende ist meistens Mitte September. Allerdings verursachen kühlere Temperaturen (vor allem nachts) oft schon frühzeitig Kälteschäden.

Bei günstigen Lagerbedingungen (um 12 °C bei hoher Luftfeuchtigkeit) halten sich Gurken 1–2 Wochen. Dünnschalige Sorten welken rasch. Nicht im Kühlschrank, auch nicht zusammen mit reifem Obst lagern. Es beschleunigt das Gelbwerden.

Hinweise zur Verwertung

Unsere heutigen Sorten enthalten kaum noch Bitterstoffe. Bei ungünstigen Bedingungen können sich aber diese Stoffe besonders am Stielansatz bilden. Dort sollte zuerst der Geschmackstest erfolgen. Leicht bittere Gurken, die konserviert werden, bauen im Laufe der Zeit die Bitterstoffe ab.

Dünnschalige Früchte nicht unbedingt schälen. Die Wertstoffe liegen vorwiegend unter der Haut. Salz entzieht den zerkleinerten Gurken Wasser. Deshalb erst kurz vor dem Verzehr würzen. In geraspelter Form und mit Joghurt oder Sauerrahm angemacht, ist die Gurke verträglicher.

Überschüsse lassen sich mit der Küchenmaschine entsaften. Die Ausbeute ist hoch, besteht doch die Gurke zu etwa 95 % aus Wasser. Dieser wertvolle Mineral- und Vitaminlieferant lässt sich auch mit anderen Säften mischen.

Konservierungsmöglichkeiten

Milchsaure Gärung

Meistens werden Gurken durch Essig gesäuert. Bei der milchsauren Gärung verwandeln die Milchsäurebakterien den vorhandenen Zucker in Säure. Ein Essigzusatz ist hier nicht notwendig.

In kleineren Mengen lassen sich geschnittene oder grob geraspelte Gurken mit Weißkraut einsäuern. Doch in der Regel legt man die Früchte separat ein.

Milchsaure Gurken

Zutaten: 1–1 1/2 kg kleine Einlegegurken (6–12 cm), 1 l Wasser, 50 g Salz, 1–2 Schalotten oder Knoblauchzehen, nach Belieben Gewürze (z. B. Chilischote, Koriander, Lorbeerblatt, Meerrettich, Pfefferkörner, Piment, Senfkörner) und Kräuter (Bohnenkraut, Dill, Estragon, Eichen- oder Kirschblätter).

Zubereitung: Die gewaschenen Gurken, Zwiebeln, Knoblauch, die Gewürze und Kräuter in ein Einweckglas einschichten, mit kaltem Salzwasser übergießen. Holzscheibe und Abstandshalter auflegen. Mit Gummiring, Deckel, Klemmspangen oder Klammer verschließen. Etwa eine Woche in einem warmen Raum gären lassen, dann kühler stellen.

Nach etwa 2 Wochen sind die Gurken zum Verzehr geeignet. Der Geschmack ist allerdings gewöhnungsbedürftig. Am besten in den Kühlschrank stellen, dann säuern sie nicht zu sehr nach.

Der Gärvorgang lässt sich auch durch Pasteurisieren (20 Minuten bei 85 °C) stoppen.

Tipp: Die Gärung läuft besonders schnell an, wenn von dem selbst gemachtem Sauerkraut einige Löffel Flüssigkeit zu den Gurken gegeben wird. Nähere Beschreibung der milchsauren Gärung im Allgemeinen Teil.

Gurken und Weißkraut, milchsauer eingemacht

Essiggurken

Tiefgefrieren

Gurken lassen sich ganz oder geschnitten einfrieren. Das Zellgewebe wird gelockert, beim Auftauen tritt sehr viel Saft aus. Geschnittene Gurken noch gefroren mit Marinade übergießen. Ganze Gurken angetaut zerkleinern. Am besten überstehen gekochte Gurkengerichte die Kältebehandlung.

Frostentsaften

Für die Saftgewinnung ist Einfrieren zerkleinerter Ware ideal. Die Ausbeute ist recht gut. Der Saft ist mild, erfrischend und passt auch gut in Buttermilch- oder Kefirgetränke. Er lässt sich mit verschiedenen Obst- und Gemüsesäften mischen. Die Rückstände werden zum Kochen von Suppen, für Milchmixgetränke oder als Beigabe zu Salaten verwendet.

Pasteurisieren (heiß einfüllen – einwecken)

Diese Art der Konservierung nimmt bei Gurken einen breiten Raum ein. Besonders die süßsaure Art ist beliebt. Bei starken Essiglösungen ist Erhitzen nicht unbedingt notwendig. Aber die intensive Säure schmeckt nicht jedem.

Wird das Gemüse pasteurisiert und luftdicht verschlossen, kann der Aufguss schwächer sein. Gewürze und Kräuter nach Belieben zugeben (z. B. Chilischote, Dill, Estragon, Knoblauch, Koriander, Lorbeerblatt, Meerrettich, Nelken, Pfefferkörner, Piment, Senfkörner, Zwiebel).

Einige Rezepturen zum Ausprobieren:

- 1/2 l 5 %iger Apfelessig, 3/4 l Wasser, 20 g Salz (2 gestr. EL), 50–75 g Zucker/Honig
- 1/4 l 5 %iger Apfelessig, 1/2 l Wasser, 20 g Salz, 100 g Honig/Zucker
- 1/4 l 5 %iger Apfelessig, 3/4 l Wasser, 20 g Salz, 100 g Honig/Zucker
- 1/4 l 5 %iger Apfelessig, 3/4 l Wasser, 20 g Salz, 20 g Honig/Zucker.
- 1/4 l 5 %iger Apfelessig, 1/4 l Wasser, 1/2 l Apfelsaft, 20 g Salz, 100 g Honig/Zucker.

Für diesen Sud werden 1,5 bis 2 kg küchenfertige Gurken benötigt. Dafür eignen sich kleine Einlegegurken, kernlose Gurkenscheiben mit Schale oder Gurkenstücke. Auch ausgewachsene, bauchige, gelbe Gurken sind brauchbar. Sie werden geschält und halbiert. Mit einem Löffel nimmt man die Kerne heraus und schneidet die Gurken in Stücke.

So wird eingelegt: Die vorbereiteten Gurken mit beliebigen Gewürzen und Kräutern dicht in Gläser schichten und mit einer Essiglösung übergießen (bis ca 1 cm unter dem Glasrand), verschließen. 25 Minuten bei 85 °C im Wasserbad pasteurisieren.

Selbst hergestellter Essigsud ohne Konservierungsmittel ist nach dem Verzehr der Gurken brauchbar für Salatmarinaden, auch zum Einlegen von Fleisch.

Curry-Gurkengemüse

Curry-Gurkengemüse
Für diese Haltbarmachung können Gurken auch ausgereift sein. Die Zubereitung nimmt nicht viel Zeit in Anspruch.
Dieses Gurkengemüse passt zu einer Brotzeit.
Zutaten: 1 kg geschälte, entkernte Gurken, 1–2 TL Curry, 1–2 TL Senf, 2 TL Salz, 50 ml 5 %iger Apfelessig, 50 g Honig/Zucker.
Zubereitung: Gurken hobeln oder in kleine Stücke schneiden, mit allen Zutaten bissfest dünsten, heiß in Gläser geben, verschließen.
Varianten: 1 kg gehobelte Gurken, 500 g geschälte, gehobelte Äpfel, 1–2 TL Curry, 1/4 TL Kurkuma, 2 TL Salz, 50–100 ml 5 %iger Apfelessig, 50–100 g Honig/Zucker.
Oder: 1 kg gehobelte Gurken, 250 g geschälte, gehobelte Äpfel, 250 g geschnittene Zwiebeln, 2 TL Curry, 2 TL Salz, 50 g Zucker, 50 ml, 5 %iger Apfelessig.

Süßsaures Mischgemüse
Zutaten (netto): 1 kg Blumenkohl, 200 g Knollenfenchel, 200 g entkernte Gurken, 500 g rote Paprikaschoten, 100 g Zwiebeln (z. B. Schalotten), 1 Messerspitze Vitamin C.
Sud: 800 ml Gemüsesud, 200 ml Apfelessig (5% ig), 50 g Honig/Zucker (4 gestr. EL), 20 g Salz (2 gestr. EL), 2–4 EL Senfkörner, Chilischote oder Pfefferkörner.
Zubereitung: Geputzten Blumenkohl in Röschen, Fenchel in Stücke schneiden, in 3/4 l Wasser bissfest kochen. Die entkernten rohen Paprika, Gurken und die geschälten Zwiebeln in Stücke schneiden. Zusammen mit dem gegarten Gemüse in Gläser schichten. Mit dem gewürzten Gemüse/Essig-Sud übergießen. 35 Minuten bei 85 °C im Wasserbad pasteurisieren.

Kartoffel

Bei der Kartoffel stimmt wirklich alles: der gute Geschmack, die vielseitige Verwendbarkeit, die günstige Nährstoffzusammensetzung, der geringe Energiegehalt und der Preis. Die wasserreiche Knolle (75–80 %) enthält in erster Linie Kohlenhydrate in Form von leicht verdaulicher Stärke (etwa 15 %). Eiweiß (etwa 2 %) liegt in hochwertiger Form vor und ergänzt sich ausgezeichnet mit dem Protein der Milch und des Eies. Gut vertreten sind die Mineralstoffe, vor allem Kalium, Kalzium, Magnesium, Eisen und die Vitamine besonders der B-Gruppe und Vitamin C. Wichtig sind auch die Ballaststoffe. Fett ist dagegen nur in Spuren vorhanden.

Ernte

Wenn das Laub anfängt, gelb, braun und dürr zu werden, werden die Knollen erntereif. Der Zeitpunkt der Ernte hängt vom Pflanztermin und von der Sorte ab. Heimische Frühkartoffeln stehen im Juni, mittelfrühe Sorten ab Mitte August zur Verfügung. Lagerkartoffeln werden im Herbst geerntet. Sie haben eine dickere Schale und enthalten mehr Stärke. Junge Kartoffeln kann man dagegen mit ihrer dünnen Schale genießen. Kartoffeln sind stoß- und druckempfindlich, besonders bei niedrigen Temperaturen. Sie bekommen bei grober Behandlung dunkle Flecken.

Lagerung

Frühkartoffeln aus dem eigenen Garten möglichst etappenweise ernten. In der Erde bleiben sie am längsten frisch. Gut abtrocknen lassen, dann erst in den Keller bringen. Die eigentlichen Lagerkartoffeln sind die Spätsorten des Herbstes. Bei dunkler, kühler, luftiger und trockener Aufbewahrung halten sie bis zum Frühjahr.

Einlagerungskartoffeln bitte nie waschen. Abgetrocknet nach Sorten und Kocheigenschaften (fest oder mehlig kochend) einlagern. Kranke Exemplare aussortieren, verletzte, angenagte und kleine Knollen zuerst verbrauchen. Regelmäßig kontrollieren, besonders in den ersten Wochen. Manche Fäulniserscheinungen treten erst im Lager auf. Nicht neben Obst lagern. Es beschleunigt die Reife. Kartoffeln müssen dunkel aufbewahrt werden. Unter Lichteinfluss (deutlich bei frei liegenden Knollen auf dem Acker) werden die Erdäpfel grün. Es entsteht das giftige Solanin. Dann großzügig ausschneiden oder als Saatgut verwenden.

Kartoffeln müssen luftig lagern. Deshalb nicht mehr als 50 cm hoch stapeln. Nicht direkt auf den Boden legen, besser sind Lattenroste. Den Lagerraum regelmäßig lüften.

Eine zu hohe Temperatur und trockene Luft führen zu verstärkter Keimbildung und lassen die Knollen schrumpfen. Die wertvollen Inhaltsstoffe wandern in den Austrieb. Keime wegen ihrer Giftigkeit vor der Verarbeitung entfernen und die Augen großzügig ausschneiden. Die ideale Lagertemperatur beträgt 4–6 °C bei einer relativer Luftfeuchtigkeit von 90 %.

Frost vertragen die Kartoffeln nicht. Schon bei Temperaturen unter 3 °C wird bereits Stärke in Zucker umgewandelt, sodass die Knollen süßlich schmecken. Bei steigenden Temperaturen und längerer Lagerung kommt es langsam wieder zu einem Abbau des Zuckers. Starke Fröste können allerdings das Zellgewebe empfindlich schädigen. Fäulnis ist dann die Folge.

Lagerung in der Erdtrommel

Häuser mit Zentralheizungen haben in der Regel zu warme und trockene Keller. Früher wurden große Vorräte in Erdmieten angelegt. Gute Erfahrungen liegen bei der Erdtrommel vor (siehe Allgemeiner Teil). Die Kartoffeln bleiben stramm und treiben kaum aus. Die Lagerung bis in den Mai hinein ist möglich. Das feuchte und kühle Erdklima trägt dazu bei.

Sehr strenge Winter können Kartoffeln süßlich werden lassen. Deshalb die Trommeln nur zur Hälfte mit Kartoffeln füllen und den restlichen Raum für weniger empfindliches Wurzelgemüse (Gelbe und Rote Rüben, Rettiche, Pastinaken, Schwarzwurzeln, Sellerie, Wasserrüben) ausnützen. Einen gewissen Kartoffelvorrat sollte man in einem leicht zugänglichen frostfreien Raum bereithaben, wenn die Entnahme bei eisigen Temperaturen schlecht möglich ist.

Gefriergeeignete Kartoffelknödel

Konservierungsmöglichkeiten

Tiefgefrieren

Die rohe Kartoffel ist nicht gefriergeeignet. Das Tiefgefrieren ist deshalb auf wenige Fertigprodukte beschränkt. Eingefrorene Kartoffelknödel sind geröstet empfehlenswert, Kartoffelpüree eignet sich für eine Suppe. Gut lassen sich Pommes frites, Kartoffelbrot und süßer Kartoffelkuchen tiefkühlen. Bei vielen Gerichten muss eine Qualitätsminderung in Kauf genommen werden, vor allem bei zu langer Lagerung.

Knoblauch

Knoblauch wird seit dem Altertum als Gewürz und als Heilmittel verwendet. Neben Vitaminen und Mineralstoffen sind besonders die schwefelhaltigen ätherischen Öle von Bedeutung. Dieses Liliengewächs hat einen guten Einfluss auf den Fettstoffwechsel und die Bildung von Blutplättchen, es wirkt vorbeugend gegen Arterienverkalkung und Herzinfarkt und es erschwert die Bildung von Blutgerinnseln. Knoblauch hat bakterien-, pilztötende und entzündungshemmende Eigenschaften, vor allem im Magen- und Darmbereich. Die natürliche Darmflora wird nicht geschädigt.

Ernte

Die im Herbst gesteckten Zehen bringen eine frühere und größere Ernte als die Frühjahrspflanzung, denn noch vor Wintereintritt werden Wurzeln und Triebe gebildet.

Im Anfangsstadium der Reife ist Knoblauch noch sehr mild. Die Klauen haben noch viele weiche Häute, die man nicht unbedingt abziehen muss (mit Schale pressen oder kochen). Auch das junge grüne Kraut ist brauchbar, es ist mild im Geschmack. Gegen Ende der Reife vergilbt das Laub dann immer mehr, der Knoblauch wird würziger und schärfer. Es ist empfehlenswert, eine Probe zu ziehen. Besser etwas zu früh als zu spät ernten. Bleibt der Knoblauch zu lange im Boden, bauen Mikroorganismen die schützende Hülle ab, die Knolle fällt auseinander. Fäulnis macht sich breit und die Lagerfähigkeit nimmt ab.

Knoblauch in Öl und in Essig eingelegt

Lagerung

Den mit einer Gabel bei trockenem Wetter geernteten Knoblauch an der Sonne nachtrocknen lassen. Später zu Zöpfen flechten, luftig aufhängen oder die Schäfte auf 5–10 cm Länge abschneiden und in Flachsteigen auslegen. Gut trocknen lassen, damit sich zwischen den einzelnen Zehen kein Schimmel bildet. Am besten hält sich Knoblauch bei Temperaturen um 0 °C und einer Luftfeuchtigkeit von 65–75 %. Wärmere Temperaturen begünstigen das Austreiben. Ist die Luft zu feucht, steigt die Fäulnisgefahr. Knoblauch ist gut lagerfähig und braucht keine Konservierung.

Konservierungsmöglichkeiten

Milchsaure Gärung

Durch die Milchsäuregärung wird Knoblauch milder und verliert etwas von seinem Geruch. Verwendung wie roher Knoblauch.
So wird's gemacht: Den geschälten Knoblauch in ein kleines Glas geben. Nach Belieben Gewürze (z. B. Chilischote, Pfeffer-, Senfkörner, Lorbeerblatt) zugeben. Mit einer schwachen, kalten Salzlösung (1 gestr. TL für 1/4 l Wasser) bedecken. Etwa eine Woche bei 18–20 °C dunkel gären lassen, dann kühler stellen.

Tiefgefrieren

Geschälten Knoblauch in kleine Schraubgläser geben und einfrieren. Die Zehen lassen sich auch gefroren pressen und schneiden.

Trocknen

Knoblauchpulver
Geschälte Knoblauchzehen dünn schneiden, auf ein Sieb legen, in das Trockengerät geben und bei maximal 30 °C trocknen. In einer Reibschale oder in einem Gerät mit Schlagwerk das Getrocknete zu Pulver mahlen. Nach Belieben mit Salz (evtl. grobes Meersalz) vermischen. In ein Glas füllen, verschließen.

Einlegen

Knoblauch in Apfelessig
Zutaten: Apfelessig, Knoblauch, ein Stück Chilischote, Rosmarin, Thymian, Pfefferkörner, Lorbeerblatt.
Zubereitung: Geschälte Knoblauchzehen mit Gewürzen in ein Glas geben, mit Essig übergießen. Diese Zehen bleiben wochenlang frisch, solange sie mit Essig bedeckt sind.
Verwendung: z. B. für Salate, Brotaufstrich, Suppen.

Knoblauch in Öl
Nicht so lange wie in Essig eingelegt halten sich die Zehen in Öl. Besonders kalt gepresste Öle sind nach dem Öffnen nur wenige Wochen lagerfähig. Außerdem bringt Knoblauch Wasser mit. Für eine längere Haltbarkeit ist dies nachteilig. Der Kühlschrank ist deshalb zur Aufbewahrung für 2–3 Wochen notwendig.

Die Knoblauchzehen schmecken – im Gegensatz zur Essigeinlage – recht mild. Etwas Würze bringt der harzige Geschmack des Rosmarins mit. Dieses Kraut ist wasserarm und behält länger die Farbe als andere Kräuter.
Verwendung: für Salate, Gegrilltes, kalten Braten, Brotaufstriche.

So wird's gemacht: Knoblauch schälen, den frischen Rosmarin fein schneiden. Beides in ein Glas geben. Mit Salatöl bedecken, verschließen, kühl und dunkel stellen. Bald verbrauchen.
Varianten: Wer Schärfe liebt, gibt ein Stück getrocknete Chilischote dazu. Anstelle von Rosmarin können auch andere Kräuter verwendet werden, möglichst in getrockneter Form, damit nicht zu viel Wasser ins Öl kommt (Schimmelgefahr).

Knoblauch in Salz
Geschälte Knoblauchzehen durchpressen, mit Salz (z. B. 100 g Knoblauch, 25 g Salz = 2 gestr. EL) vermischen, in kleine Gläser füllen, verschließen. Sparsam verwenden.

Schnittknoblauch

Schnittknoblauch spielt in der asiatischen Küche eine große Rolle. In China werden dieser mit dem Knoblauch verwandten Pflanze tumorfeindliche Wirkungen zugeschrieben.

Ernte

Der ausdauernde Schnittknoblauch bildet keine Knollen, liefert aber 25–50 cm lange, schmale, grasähnliche Blätter mit mildem Aroma. Der Geruch hält nicht sehr lange an. Das flache Laub kann geschnitten und auf Vorrat getrocknet (30 °C) oder frisch in Schraubgläsern (Aromaschutz) ohne Wasser eingefroren werden.

Auch die weißen bis rosaroten sternförmigen Blütendolden, die im August und September erscheinen und an Bärlauch erinnern, sind essbar. Ausgegrabener Schnittknoblauch lässt sich auch wie Schnittlauch im Winter treiben.

Bärlauch (Wilder Knoblauch)

Bärlauch hat ähnliche Inhaltsstoffe wie Knoblauch. Er steht frisch manchmal schon im März, sicher aber im April/Mai zur Verfügung. „Ewig kränkelnde Leute, Leute mit Flechten und Aissen (Furunkeln), Mehlgesichter und Rheumatische sollten den Bärlauch verehren wie Gold", schrieb der berühmte schweizerische Kräuterpfarrer Künzle.

Der wilde Knoblauch ist ein Bewohner der Auen, gedeiht aber auch an schattigen Stellen im Garten gut bis üppig. Lässt man ihn aussamen, vermehrt er sich prächtig.

Ernte

Verwendet wird in erster Linie das Blattgrün im April/Mai, weniger das kleine Zwiebelchen im Herbst. Da die Blätter nur etwa 2 Monate zur Verfügung stehen, gewinnt die Konservierung von Bärlauch an Bedeutung.

Hinweis: Bärlauch nicht mit den Blättern der Herbst-Zeitlosen und des Maiglöckchens verwechseln. Beide Arten sind stark giftig.
Unterscheidungsmerkmale: Bärlauch hat gestielte Blätter mit nur einem Blatt. Beim Maiglöckchen sind die Blätter ebenfalls gestielt, erscheinen aber immer paarweise. Bei Herbstzeitlosen haben die Blätter keine Stiele.
Der Geruch ist kein sicheres Erkennungsmerkmal.

Blühender Bärlauch

Konservierungsmöglichkeiten

Tiefgefrieren

Bärlauch und Schnittknoblauch lassen sich geschnitten einfrieren. Am besten in gut verschließbare Gläser (ohne Wasserzugabe) geben, sonst erfüllt der intensive Duft die gesamte Gefriertruhe.

Bärlauchbutter
Zutaten: 250 g Butter, 50–100 g frischer Bärlauch, Salz, wenige Tropfen Zitronensaft oder Essig.
Zubereitung: Butter schaumig rühren, sparsam Salz, Zitronensaft oder Essig zugeben. Bärlauch fein schneiden, sehr gut mit Butter vermischen. Nach Belieben Kugeln oder Rollen formen und in Scheiben schneiden. In Gläser mit Schraubverschluss geben und einfrieren. Zum Gebrauch einige Stunden vorher entnehmen.
Verwendung: Brotaufstrich, als Beigabe zu mageren Fleisch- und Fischspeisen (z. B. Gegrilltes).
Die Kräuterbutter kommt auf die heißen Gerichte, sie schmilzt und gibt dabei den Geschmack frei.

Trocknen

Gewaschene Bärlauchblätter etwas zerschneiden (2–3 cm), damit das Wasser schneller entweicht. Auf Siebe geben, trocknen (höchstens bei 30 °C). Die Blätter rebeln und in Gläser füllen.
Variante: Das Trockengut fein mit Salz verreiben (z. B. in einem Porzellanmörser), dann in Schraubgläser geben.

Einlegen

Bärlauchsuppengewürz

Zutaten: 100 g Gelbe Rüben, 200 g Sellerie, 100 g Bärlauch, 100 g Salz.

Zubereitung: Gelbe Rüben, Sellerie, Bärlauch putzen, waschen. Durch den Fleischwolf drehen, mit Salz vermischen, in Schraubgläser geben. Kühl und dunkel lagern. Die Masse hält sich auch ohne Kühlschrank monatelang.

Kohlrabi

Kohlrabi ist kalorienarm. Seine Inhaltsstoffe (z. B. Senföle) regen Galle und Nieren an. Der Vitamin-C-Gehalt liegt über dem von Zitrone und Orange. Erwähnenswert sind auch Selen und Magnesium. Gesunde Blätter (zumindest Herzblätter) mit verwerten, sie enthalten wesentlich mehr Vitalstoffe als die Knolle. Hier ist der Karotingehalt sehr hoch, auch Eisen und Phosphor sind im Blatt reichlicher vorhanden. Junger Kohlrabi braucht nicht unbedingt geschält zu werden.

Ernte

Im Treibhaus und Frühbeet beginnt die Ernte einige Wochen früher als im Freiland. Auch dort ist eine Verfrühung durch Folie oder Vlies möglich. Überreife (zu langes Stehenlassen auf dem Beet) kann zu Verholzung führen. Gefördert wird dies noch durch heißes Wetter und Trockenheit. Kohlrabi vertragen im Herbst einige Minusgrade. Bei günstiger Witterung und einer Abdeckung ist die Ernte bis in den November hinein möglich. Haltbarmachungsarten, die den rohen Zustand möglichst gut erhalten, sollten bevorzugt werden.

Süßsaures Kohlrabi-Gelbe-Rüben-Gemüse

Lagerung

Frühkohlrabi sind nicht so gut lagerfähig wie Spätkohlrabi im Herbst, die sich viele Wochen bei kühlen Temperaturen und hoher Luftfeuchtigkeit (z. B. in der Erdtrommel) gut halten. Das Blattwerk abschneiden, es entzieht sonst der Knolle zu viel Wasser. Auch auf dem Lager ist eine Verholzung noch möglich, die beim Stängelansatz beginnt. Blauer Kohlrabi, der etwas kräftiger im Geschmack ist, bleibt länger zart als die weiße Knolle. Auch die Sorte spielt eine nicht unerhebliche Rolle.

Konservierungsmöglichkeiten

Milchsaure Gärung

Kohlrabi macht beim Einsäuern keine Schwierigkeiten. Das grob geraspelte oder streifig geschnittene Gemüse mit Salz (1 gestr. EL auf 1 kg Kohlrabi) gut durchmischen, etwas stampfen. Kohlrabi in Einmachgläser geben. Fest pressen, damit sich Gemüsewasser bildet. Einige Zentimeter unter dem Rand freilassen. Holzscheibe mit Abstandshalter auflegen. Gut andrücken, das Brettchen muss von der Lake bedeckt sein. Mit Gummiring, Deckel, Bügelverschluss oder Klammer verschließen. Etwa eine Woche an einem warmen Ort (bei 18–20 °C) gären lassen, dann kühler stellen. Nähere Beschreibung der milchsauren Gärung im Allgemeinen Teil.

Verwendung: Als Beigabe zu Rohkostsalaten, Suppen, Gemüse. Schmackhaft auch gemischt mit Weißkraut und Gelben Rüben.

Tiefgefrieren

Jungen, zarten Kohlrabi schälen, zerkleinern (Würfel, Stifte oder Scheiben), blanchiert (2–4 Minuten) oder roh einfrieren. Gefroren für Suppen, Gemüseeintöpfe, Aufläufe verwenden. Haltbarkeit 6–8 Monate, Fertiggerichte 3–6 Monate.

Trocknen

Vom Blattansatz ausgehend Haut abziehen, grob raspeln oder in Scheiben hobeln, auf Trockensieb geben. Bei 30–50 °C im Dörrgerät trocknen. Verwendung für Suppen, Eintöpfe, Aufläufe.

Kohlrabi werden milchsauer eingemacht

Pasteurisieren (heiß einfüllen – einwecken)

Kohlrabi ist kein typisches Einmachgemüse, der Kohlgeschmack ist spürbar. Einladender und geschmacklich besser ist eine Mischung mit Gelben Rüben.

Süßsaure Kohlrabi mit Gelben Rüben
Kohlrabi verfärben sich beim Einkochen leicht. Die Zugabe von etwas Zitronensaft oder eine Messerspitze Vitamin C wirkt dem entgegen.
Zutaten: 250 g geschälter Kohlrabi, 250 g geputzte Gelbe Rüben, 400 ml Wasser, 100 ml Apfelessig (5% ig), 30 g (3 gestr. EL) Honig/Zucker, 10g (1 gestr. EL) Salz, nach Belieben kleine Zwiebelchen oder Zwiebelstücke, Pfefferkörner oder Chilischote.
Zubereitung: Kohlrabi und Gelbe Rüben würfelig schneiden. In der Flüssigkeit mit etwas Zitronensaft oder Vitamin C bissfest kochen. Dann Essig, Salz, Süßungsmittel und Gewürze zugeben. Kochend heiß in Schraubgläser füllen, verschließen.
Größere Mengen schwach vorkochen, in Gläser füllen, mit Sud bedecken. 30 Minuten lang bei 85 °C im Wasserbad pasteurisieren.

Kohlrübe – Steckrübe

Diese gelb- oder weißfleischige, große Rübe wächst teilweise oberirdisch und besitzt einen ausgeprägten Halsansatz. Die Schale ist gelblich weiß, rotbraun bis violett. Die Kohlrübe wird oft mit der Speiserübe (Wasserrübe, Weiße Rübe) verwechselt. Diese hat aber rettichartige Blätter, die auch einen leichten Rettichgeschmack aufweisen. Die Kohlrübe ist dagegen mit den typischen blaugrünen Kohlblättern ausgestattet.

Die Kohl- oder Stechrübe schmeckt herb süßlich und deutlich intensiver als Kohlrabi. Obwohl das Wurzelgemüse verhältnismäßig viel Zucker, vor allem in Form von Traubenzucker (2,5–3 %), enthält, ist es kalorienarm (100 g/35 kcal/146 kJ).

Auch die gesundheitsfördernden Stoffe sind reichlich vertreten. So sind wesentlich mehr Vitamin C, Kalium und Kalzium als im Kopfsalat enthalten. Als Mitglied der Kohlfamilie enthält die Kohlrübe auch schwefelhaltige Stoffe, die den Cholesterinspiegel senken, dazu krebsvorbeugend und antimikrobiell wirken.

Ernte

Wenn sich auch gut entwickelte Knollen schon im Laufe des Sommers zum Verzehr eignen, liegt die Haupterntezeit doch im Spätherbst. Möglichst lange auf dem Beet belassen, denn sie vertragen Frost bis -10 °C. Ausländische Ware kann gewachst sein.

Kohlrübe (rechts) und die violette Wasserrübe

Überwinterung – Lagerung

Da es bei uns oft bis weit in den Dezember hinein keine sehr starken Fröste gibt, können die Kohlrüben im Hausgarten lange auf dem Beet bleiben. Das Abräumen kleiner Flächen geht verhältnismäßig schnell. Bei der Einlagerung (Erdtrommel, Erdmiete, kühler, feuchter Keller) nur die Blätter entfernen. Zu warme und trockene Aufbewahrung meiden.

Hinweise zur Verwertung

Kohlrüben werden gerne als minderwertig angesehen und als Grobgemüse eingestuft. Feinschmecker schätzen aber diese Spezialität. Es ist ein ausgezeichnetes, robustes und zudem gesundes Wintergemüse, dessen Kultur nicht schwierig ist. Gelbfleischige Sorten haben das beste Aroma. Sie besitzen zudem auch noch mehr Karotin (Vorstufe von Vitamin A). Kohlrüben schmecken roh geraspelt. Überwiegend werden sie aber wie Kohlrabi zubereitet.
Verwendung: Suppe, Eintopf, Auflauf, paniert, gefüllt, Mischgemüse. Auch die Blätter sind brauchbar.
Passende Gewürze und Kräuter: Kümmel, Liebstöckel, Muskat und Petersilie.

Konservierungsmöglichkeiten

Milchsaure Gärung

In Verbindung mit anderen Gemüsearten (z. B. Weißkraut, Wasserrüben, Sellerie, Kohlrabi) können grob geraspelte oder streifig geschnittene Kohlrüben milchsauer vergoren werden. Für sich allein säuern sie durch ihren relativ hohen Zuckergehalt zu stark. Nähere Beschreibung der Milchsäuregärung im Allgemeinen Teil.

Trocknen

Grob geraspelt oder in Scheiben geschnitten lassen sich Kohlrüben auch trocknen. Weil das Gemüse aber lange im Garten stehen bleiben kann und sich auch gut einlagern lässt, besteht eigentlich kein Anlass zum energieaufwändigen Trocknen.

Tiefgefrieren

Kohlrüben zerkleinern, unblanchiert oder blanchiert (2–4 Minuten) einfrieren. Unaufgetaut verwenden. Haltbarkeit 6–8 Monate, Fertiggerichte 3–6 Monate.

Kraut

Weißkraut, Blaukraut, Schnittkohl

Weiß- und **Blaukraut** enthalten wenig Kalorien, aber viele Ballaststoffe, Mineralien (Kalzium, Phosphor, Magnesium, Eisen, Jod) und Vitamine (vor allem Vitamin C). Die Blätter des Weißkohls finden in der Naturheilkunde als Umschlag bei Geschwüren, Wunden, auch bei Rheuma und Kopfschmerzen Verwendung. Der rohe Saft schützt die Magenschleimhaut und bringt Besserung bei Magengeschwüren. Die schwefelhaltigen sekundären Pflanzeninhaltsstoffe aktivieren die Entgiftungsenzyme für kanzerogene Stoffe im Dünndarm, Dickdarm und in der Leber, senken aber auch den Cholesterinspiegel.

International anerkannt sind die guten Eigenschaften des Sauerkrautes. Dieses milchsaure Gemüse wirkt wie ein Darmbesen, beseitigt Verstopfungen, entschlackt, reinigt, entgiftet, stärkt das Abwehrsystem. Es ist für Diabetiker und Übergewichtige besonders empfehlenswert. Blaukraut (oder Rotkohl) bringt durch seine Farbe noch zusätzliche bioaktive Stoffe mit. Es eignet sich hervorragend zum Einsäuern.

Schnittkohl (Butterkohl, Blätterkohl) ist ein mit dem Weißkraut verwandtes Gemüse, bildet aber je nach Sorte keinen oder nur einen lockeren Kopf mit mehr oder weniger gekrausten Blättern von meist grün-gelber Färbung.

Ernte

Bei allen Kopfkohlarten gibt es Sorten mit sehr unterschiedlichen Eigenschaften. Besonders bei Weißkraut sind die Frühsorten etwas lockerer in der Struktur, zarter, feiner und bekömmlicher, während die Blätter der Spätsorten fester anliegen, haltbarer und würziger sind. Eine Spezialität ist der **Spitzkohl** mit seiner kegelartigen Form. Er zeichnet sich durch besondere Milde aus.

Frühkraut platzt gerne bei Überreife. Es muss deshalb schneller verwertet werden. Bei günstigen Lagerbedingungen (0–5 °C, hohe Luftfeuchtigkeit) lassen sich einwandfreie Köpfe mehrere Wochen lang aufbewahren. Nicht neben reifem Obst und Tomaten lagern.

Schnittkohl kann das ganze Jahr kultiviert werden. Bevorzugt wird der frühe Anbau. Manche Sorten gedeihen auch noch im Herbst, sie können lange auf dem Beet bleiben, weil sie nicht so frostempfindlich sind.

Geerntet werden kann, wie beim Pflücksalat, der lockere Kopf oder die einzelnen Blätter, wenn sie noch jung und zart sind. Ältere Exemplare schmecken weniger gut. Wird das Herz der Pflanze (die Innenblätter) verschont, ist eine längere Ernte möglich.

Blaukraut milchsauer eingemacht.

Blanchiertes Weißkraut zum Einfrieren

Lagerung

Man sollte Kraut möglichst bis in den Spätherbst auf dem Beet stehen lassen. Leichte Fröste schaden nicht.

Festes Kraut soll mit den noch gesunden Außenblättern an einem kühlen, aber frostfreien Ort mit hoher Luftfeuchtigkeit am Strunk oder in Netzen aufgehängt werden. So entstehen die wenigsten Druckstellen. Auch das Lagern auf Lattenregalen ist möglich. Eingetrocknete und vergilbte Blätter nicht entfernen. Sie schützen vor Austrocknung. Je nach Lagerbedingungen halten sich Krautköpfe Wochen oder Monate.

Konservierungsmöglichkeiten

Milchsaure Gärung

Aufgesprungenes oder lockeres Kraut ist nicht lange lagerfähig. Es hält sich aber gut durch Milchsäuregärung. Besonders ideal sind Kleingefäße (z. B. Einmachgläser). So steht das Frühkraut bis zum Herbst zur Verfügung, der Spätkohl sogar bis zur nächsten Ernte.

Rotes und weißes Sauerkraut

Während bei Weißkraut die Einsäuerung eine lange Tradition hat, ist die schnelle und äußerst gesunde Haltbarmachung bei Blaukraut bei uns fast völlig unbekannt. In angelsächsischen Ländern wird Blaukraut schon lange eingesäuert.

Das intensive Rot, das durch die sich bildende Milchsäure entsteht, wirkt appetitanregend. Dazu kommt, dass rote Farbstoffe, hier das Anthocyan, in hohem Maße gesundheitsfördernd sind. Gesäuertes rohes Blaukraut schmeckt milder, wenn es zusammen mit geschnittenen Äpfeln in einem Blitzhackgerät kurz zerkleinert wird.

So wird Kraut zum Sauerkraut

Das Kraut von schlechten Außenblättern befreien, halbieren, Strunk entfernen, fein hobeln. In einer großen Schüssel das zerkleinerte Kraut mit Salz (1 gestr. EL auf 1 kg Kraut) kräftig durchmischen. In Behälter geben, fest eindrücken oder stampfen, bis sich Krautsaft bildet. Gefäße nur zu 4/5 füllen. Mit einem passenden Holzbrett abdecken und mit einem säurefesten Stein (z. B. Granit) beschweren.
Bei Einmachgläsern Holzscheibe mit Abstandshalter auflegen. Das Brettchen muss von der Gemüselake bedeckt sein. Mit Gummiring, Glasdeckel, Bügelverschluss oder Klammern verschließen. Etwa eine Woche bei warmen Temperaturen (18–20 °C) gären lassen, dann kühler stellen. Nach 4–6 Wochen ist die Gärung in der Regel abgeschlossen.

Eine ausführliche Beschreibung der Milchsäuregärung finden Sie im Allgemeinen Teil ab Seite 6

Tiefgefrieren

Weißkraut, Blaukraut und Schnittkohl lassen sich blanchiert (1–2 Minuten) oder als Fertiggericht einfrieren. Da der Lagerraum oft knapp ist, kommt in der Regel nur eine kleine Menge in Frage. Haltbarkeit 3–6 Monate. Auch das Einfrieren von Sauerkraut ist möglich. Wenn die Gärung frühzeitig unterbrochen wird, erhält man ein mildes Kraut.

Pasteurisieren (heiß einfüllen – einwecken)

Der Handel bietet reichlich pasteurisiertes Sauerkraut an. Die milchsaure Gärung wird hier gestoppt, wenn das Kraut noch mild ist. Durch Erhitzen werden die Milchsäurebakterien abgetötet, es entsteht also keine Säure mehr. Leider ist dies mit dem Verlust vieler gesundheitsfördernder Stoffe verbunden.

Wer das Sauerkraut milder wünscht, kann zerkleinertes Frischgemüse (z. B. Kohlrüben, Kraut, Gelbe Rüben, Pastinaken, Sellerie, Wasserrüben), auch Äpfel oder Birnen vor dem Verzehr zugeben.

Kressearten

Gartenkresse – Löffelkraut – Barbarakraut – Kapuzinerkresse

Gartenkresse

Die Gartenkresse enthält doppelt so viele Mineralstoffe (vor allem Eisen) wie die Blattsalate. Der Vitamin-C-Gehalt liegt höher als bei der Zitrone. Stark vertreten sind auch Provitamin A und Vitamine der B-Gruppe. Die pikante Schärfe wird durch Senföle und Bitterstoffe hervorgerufen. Bemerkenswert sind antibiotische Substanzen. Mit nur 10 g Gartenkresse pro Tag lässt sich das Wachstum von Krankheitserregern im Harn bremsen.

Kresse regt die Magen-, Bauchspeichel- und Gallensekretion an, stärkt das Immunsystem, fördert die Blutbildung und wirkt entzündungshemmend.

Ähnliche Inhaltsstoffe besitzen die wild wachsende **Brunnenkresse** und das fast gleich aussehende **Bittere Schaumkraut**. Beide wachsen an Quellen und feuchten Gräben. Sie können im zeitigen Frühjahr bis zur Blüte (April–Mai) verwendet werden. Wo die Gewässer als Viehtränken genutzt werden, können sich jedoch auf den Pflanzen die Zysten des Großen Leberegels befinden.

Löffelkraut im Winter

Ernte

Die Ernte der Gartenkresse ist das ganze Jahr über möglich (im Winter auf der Fensterbank). Bevorzugt wird Kresse in den Winter- und Frühlingsmonaten angebaut. In der Wärme des Zimmers schreitet die Entwicklung (1–3 Wochen) schneller fort als auf Gartenbeeten (3–5 Wochen). Dort lässt man sie sich kräftiger entwickeln. Besonders ertragreich sind die großblättrigen Sorten.

Die Samenhüllen, die oft mit der Pflanze hochwachsen, werden mit der Gabel entfernt. Das junge Grün lässt sich mit einer Schere schneiden. Wird nicht zu tief abgeschnitten, gibt es eine 2. Ernte.

Gesundheitstipps: Alle Kressearten, insbesondere die Wildformen, reizen bei zu reichlicher Aufnahme Magen, Nieren und Blase. Daher sparsam einsetzen, da bereits geringe Mengen gesundheitsfördernd wirken. Das gilt besonders für die getrocknete Form. Sehr gut wird Kresse im Kartoffelbrei vertragen. Kresse während der Schwangerschaft meiden.

Verwendung: für Mischsalate, Suppen, Quarkaufstriche, Kartoffelgerichte, Roquefortsoße, Eierspeisen, Käse- und Butterbrote.

Löffelkraut (Löffelkresse)

Die salzliebende Pflanze kommt an der Meeresküste, im arktischen Nordamerika und in Sibirien vor. Im Mittelalter galt das Löffelkraut als Mittel gegen Skorbut und wurde von Seefahrern in eingesalzenem Zustand mitgenommen. In unserer Zeit dient es vorwiegend dazu, die Frühjahrsmüdigkeit zu lindern. Die wassertreibende Wirkung ist günstig bei Gicht, Rheuma und Neigung zu Nierengrieß.

Ernte

Die zwei- bis mehrjährige, buschig wachsende Pflanze lässt sich selbst beim härtesten Frost grün ernten. Im Frühjahr erscheint die weiße Blüte. Am besten jedes Jahr neu ansäen.

Barbarakraut (Winterkresse, Wasserkresse)

Das zweijährige Barbarakraut lässt sich vom Frühjahr bis zum Herbst aussäen. Die herbscharf schmeckenden Blätter enthalten viel Vitamin C, Kalzium, Eisen, Senföle, Gerb- und Bitterstoffe.
Verwendung: Barbarakraut wird nur sparsam verwendet, z. B. für Salate, Quark- und Butteraufstrich, Kartoffeln.

Ernte

Bei früher Aussaat stehen die Blätter das ganze Jahr über zur Verfügung. Auch die Ernte im Winter ist möglich. Im 2. Jahr geht das Barbarakraut in Blüte und bildet Samen.

Kapuzinerkresse

Die orangegelb bis rot blühende Pflanze ist eher als Zierpflanze beliebt. Blätter, Blüten und Samen sind aber essbar. Sie schmecken etwas scharf, bitter, senfartig. Die Pflanze enthält Senföle, sehr viel Vitamin C und ein Penicillin-ähnliches pflanzliches Antibiotikum, das hemmend auf das Wachstum krank machender Keime wirkt. Kapuzinerkresse stärkt die Widerstandskraft, wirkt leicht abführend, entzündungshemmend bei Harnwegserkrankungen und Bronchitis. Nicht überdosieren, sonst werden die Schleimhäute gereizt.

Die Senföle aller kresseähnlichen Pflanzen haben fast die gleiche Zusammensetzung, deshalb schmecken und wirken sie ähnlich.

Ernte

Wird die frostempfindliche Kapuzinerkresse vorgezogen, gibt es eine frühe Ernte. Besonders die rankende Pflanze ist sehr ertragreich. Die unreifen Samen werden im Herbst geerntet.

Überwinterung

Auch Brunnenkresse, Bitteres Schaumkraut, Barbarakraut und Löffelkraut sind winterhart. Doch eine Ernte bei niedrigen Temperaturen liefert nur das Löffelkraut. Ab Februar und März stehen bereits die Neuaustriebe der Wildkresse zur Verfügung.

Konservierungsmöglichkeiten für alle Kressearten

Tiefgefrieren

Die gewaschenen Blätter in Schraubgläser geben, tiefgefrieren.
Verwendung: unaufgetaut für Suppen, Kartoffelsalat, Kartoffelbrei, Salate.

Trocknen

Überschüsse aus dem Garten lassen sich trocken. Die gewaschenen feinen Blätter ohne Stiele auf Siebe legen, bei 30 °C trocknen.
Verwendung: sparsam für Suppen, Salate, Gemüse, Quark.

Einlegen

Kapuzinerkresseblüten in Essig
Die Blüten trocknen schlecht. Am besten legt man sie 2–4 Wochen lang in Apfelessig. Der Essig bekommt dadurch eine schöne rötliche Farbe.
Verwendung: für Salatmarinaden und als Getränk (z. B. 1TL Essig, 1 Glas Wasser/Apfelsaft, nach Bedarf 1 TL Honig).

Kapuzinerkressesamen in Essig (Falsche Kapern)
Unreifer grüngelber Samen der Kapuzinerkresse (noch nicht bräunlich und hart) über Nacht in Salzwasser legen (1 TL Salz, 1/4 l Wasser). Dann abseihen, in ein Glas geben, mit Apfelessig bedecken. Nach 2–4 Wochen sind die „Kapern“ verwendbar.

Kürbissalat

Kürbis

Die Familie der Kürbisgewächse ist sehr umfangreich. Die Arten und Sorten weisen verschiedene Formen, Farben, Größen (100 g bis 50 kg) auf. Einige sind im Jugendstadium beliebt (Zucchini, „Ufos", Rondini), andere erst im reifen Alter (z. B. Sorte 'Gelber Zentner'). Beim Spaghetti-Kürbis schätzt man das gekochte fadenähnliche Fruchtfleisch, andere werden wegen des hohen Karotingehaltes bevorzugt. Beim Ölkürbis sind die heilkräftigen, weichschaligen Samenkerne begehrt. Sie enthalten 25–35 % hochwertiges, leicht verdauliches Eiweiß, 50–60 % Fett (v.a. ungesättigte Fettsäuren) und Vitamine (A, B1, B6, E), Mineralstoffe (Phosphor, Eisen, Zink, Selen) und cholesterinähnliche Stoffe, die positiv wirken. Kleinere Früchte sind im Familienhaushalt eher zu verkraften als große Schauobjekte. Sie sind zudem aromatischer.

Das kalorienarme Gemüse mit seinen vielen Mineralstoffen und Vitaminen entwässert mild, kräftigt Nieren und Blase und wird bei Bluthochdruck und für Herzkranke empfohlen. Provitamin A, das besonders in orangefarbenen Früchten (z. B. „Hokkaido"-Kürbis) anzutreffen ist, stärkt das Immunsystem und Sehvermögen.

Ernte

Sommerkürbisse, zu denen auch Zucchini gehören, werden jung geerntet. Das Fruchtfleisch ist dann noch zart, die Kerne kaum ausgebildet. Die weiche Schale wird mitgegessen. Ausgereift ähnelt der Sommerkürbis dem Winterkürbis, mit harter Außenschale, festerem Fleisch, ausgereiften Samenkernen und mehr Farbe.

Der **Winterkürbis** bleibt im Herbst so lange wie möglich draußen. Der Stiel wird allmählich braun und dürr, die Außenhaut fester. Frühe Fröste vernichten nicht selten das Blattwerk, stoppen den Wachstumsprozess und drängen zur Ernte.

Die Früchte am besten an einem warmen, sonnigen Platz 2–4 Wochen nachreifen lassen. Dabei verhärten sich die Schalen und der etwa 10 cm hoch belassene Stielrest. Die Frucht ist damit auch vor Austrocknung geschützt. Fäulnisbakterien gelangen nicht mehr so leicht ins Innere.

Lagerung der Winterkürbisse

Die Lagerung erfolgt bei kühlen Temperaturen (10–15 °C) und trockener Luft, also nicht im feuchten Keller. Die Haltbarkeit wird wesentlich von der Sorte bestimmt. Sie schwankt zwischen Wochen und Monaten schwanken. Ausgereifte, unverletzte Kürbisse haben die besseren Lagerchancen. Regelmäßige Kontrolle ist wichtig. Nicht selten beginnt die Fäulnis beim Stängel. Manchmal werden sie aber auch zunächst unbemerkt von innen aus „morsch".

Hinweise zur Verwertung (Winterkürbis)

Die Verwertung ist bei den Sommer- und Winterkürbissen gleich. Winterkürbisse sind im jungen Stadium genießbar. Geschmack und Farbe sind dann aber noch nicht so ausgeprägt. Die Blüten sind essbar (z. B. in Pfannkuchenteig gebacken oder gefüllt). Nicht ausgereifte Kürbisse mit weicher Schale müssen bald verbraucht werden. Die angeschnittene Frucht innerhalb einer Woche verwerten. Das weiche Innere herausnehmen, die Schnittfläche abdecken.

Kürbisse lassen sich vielseitig (salzig, süß, sauer) zubereiten. Danach richten sich Gewürze und Kräuter (Anis, Chilischote, Dill, Ingwer, Knoblauch, Liebstöckel, Meerrettich, Nelken, Petersilie, Piment, Zimt, Zitrone, Zwiebel).

Die reife, süßliche Frucht harmoniert gut mit säuerlichen Äpfeln, milchsaurem Gemüse, Kartoffeln, Teigwaren, Sauerrahm und Käse. Das volle Aroma entwickelt sich erst beim Kochen. Doch munden auch kleine Mengen roh, z. B. im Mischsalat, Müsli oder als Saft. Beim 'Hokkaido'-Kürbis wird auch die Schale weich und essbar.

Konservierungsmöglichkeiten

Kürbisse lassen sich abwechslungsreich zubereiten zu Suppe, Auflauf, Eintopf, Gemüsestrudel, Soße, Püree, Pizza, Kompott, Kuchen, Plätzchen, Marmelade, als Beigabe zu Pfannkuchen-, Waffel-, Brot-, Hefeteig, Gulasch, Knödeln, Fisch oder paniert als Schnitzel.

Milchsaure Gärung

Kürbisse bringen Farbe ins milchsaure Gemüse (Weißkraut, Wasserrüben, Kohlrabi, Sellerie). Nicht mehr als ein Drittel Kürbis nehmen, sonst wird das Ganze zu weich und zu sauer. Ideal zum Ausprobieren sind Kleingefäße (z. B. Einmachgläser).

So wird's gemacht: Grob geraspelten oder streifig geschnittenen Kürbis zusammen mit dem gehobelten Weißkraut oder einem anderen hellen Gemüse und Salz (1 gestr. EL auf 1 kg) gut vermischen, etwas stampfen. In Behälter füllen, fest zusammendrücken, bis sich Lake zeigt. Holzscheibe mit Abstandshalter auflegen. Das Brettchen muss von der Flüssigkeit bedeckt sein. Mit Gummiring, Glasdeckel und Klammer verschließen. An einem warmen Ort etwa eine Woche gären lassen. Dann kühler stellen.

Eine ausführliche Beschreibung der milchsauren Gärung finden Sie im Allgemeinen Teil.

Tiefgefrieren

Kürbis lässt sich in gekochter und roher Form einfrieren. Er findet Verwendung für Suppen, Eintöpfe, Aufläufe, Kartoffelbrei, Kürbisbrot, Konfitüren. Auch die Kerne des Ölkürbis vertragen das Einfrieren. Man gibt sie gefroren oder aufgetaut den Gerichten zu oder verzehrt sie roh.

Trocknen

Die schalenlosen Kerne des Ölkürbis lassen sich in temperierten Räumen schonend an der Luft trocken. Anschließend kühl und dunkel aufbewahren. Sie enthalten nicht nur konzentrierte Nährstoffe, sondern sind auch ein wertvolles Heilmittel bei Blasen- und Prostataleiden. Werden sie unerhitzt Gemüse- und Obstsalaten, Müsli, Suppen, Eintöpfen und anderen Gerichten zugeben, bleiben die gesundheitsfördernden Wirkstoffe am besten erhalten.

Wer ein Trocknungsgerät besitzt, kann auch das geschälte, grob geraspelte oder streifig geschnittene Fruchtfleisch dörren. Das dauert ca. einen Tag und verleiht Suppen, Aufläufen und Soßen Farbe.

Pasteurisieren (heiß einfüllen – einwecken)

Besonders große, angeschnittene Exemplare zwingen zur Vorratshaltung. Wenig bekannt ist die Verwertung zu Saft.

Kürbissaft mit Äpfeln und Birnen

Kürbis-Apfel-Saft

Kürbis besteht zu 90 % aus Wasser. Mit einem elektrischen Entsafter ist die Ausbeute hoch. Der Saft besticht durch seine gelbe Farbe. Der reine Saft schmeckt weniger gut, ausgezeichnet aber in Verbindung mit Apfelsaft, der mengenmäßig überwiegen soll.

So wird's gemacht: Kürbis in Stücke schneiden, die harte Schale und das weiche Innere entfernen und dann in den elektrischen Entsafter geben. Die gepressten Rückstände mit ihren reichen Ballaststoffen eignen sich noch für Suppen, Kartoffelpüree, Aufläufe, Knödel und Konfitüre. Anschließend geschnittene Äpfel (z. B. Fallobst) pressen. Damit sich der Saft nicht verfärbt, etwas Zitronensaft oder Vitamin C zusetzen. Beide Säfte nach eigenem Geschmack mischen (z. B. 1 l Apfelsaft, 1/4 l Kürbissaft). Möglichst viel frisch trinken.

Für die Vorratshaltung Kürbis-Apfel-Saftgemisch erhitzen (80 °C), Trubstoffe abseihen. Heiß in Flaschen füllen, verschließen.

Feiner Kürbis-Apfelbrei

Zutaten: 500 g geschälter Kürbis, 500 g geschälte oder ungeschälte, entkernte, säuerliche Äpfel, 1/4 l Apfelsaft, Süßungsmittel nach eigenem Geschmack (z. B. 100 g Honig/Zucker), nach Belieben Gewürze (z. B. geriebener Ingwer, Zimtpulver), etwas Zitronen-, Sanddorn-, Rhabarber- oder Weißer Johannisbeersaft.

Zubereitung: Geschnittenen Kürbis und zerkleinerte Äpfel mit dem Apfelsaft sofort kochen, um ein Verfärben der Äpfel zu vermeiden. Die Masse durch ein Passiersieb geben oder mixen. Nach Belieben süßen und würzen. Kochend heiß in Schraubgläser geben.

Tipp: Das Kürbisaroma ist schwächer, wenn mehr Äpfel zum Kochen oder vor dem Verzehr unerhitzter Apfelbrei beifügt wird.

Geraspeltes Kürbis-Apfel-Mus

Durch das Raspeln wird die Struktur besser erhalten, die Masse ist fester. Je nach Verwendungszweck mehr oder weniger Süßungsmittel zugeben. Das Mus hält sich auch ungesüßt.

Zutaten: 250 g geschälter Öl- oder Riesenkürbis, 500 g geschälte, entkernte säuerliche Äpfel, 1/2–1 Zitrone oder eine Messerspitze Vitamin C, beliebiges Süßungsmittel (z. B. 75 g Honig/Zucker).

Zubereitung: Kürbis fein reiben, Äpfel etwas gröber raspeln. Sofort mit Zitronensaft oder Vitamin C vermischen. Bei mittlerer Temperatur weich dünsten, nach Belieben süßen und würzen. Kochend heiß in Gläser füllen. Mit der Gabel mehrmals hineinstechen, damit keine Hohlräume entstehen. Sofort verschließen.

Verwendung: als Aufstrich, für Torten-, Pfannkuchenfüllung, zu Getreidebrei und Müsli.

Tipp: Bei größeren Mengen das Eingefüllte im Wasserbad pasteurisieren (20 Minuten bei 85 °C). Vor dem Verzehr etwas frisch gepressten Zitronensaft oder bei Verwendung als Tortenfüllung nach Belieben etwas „Geist" zugeben.

Kürbis-Apfel-Aufstrich (Marmelade)

Die Grundmasse bildet der feine Kürbis-Apfel-Brei, der stärker gesüßt wird. Ein Geliermittel festigt die Masse. Der Aufstrich schmeckt am besten, wenn er cremeartig ist.

Zutaten: 250 g geschälter Kürbis, 500 g geschälte Äpfel, 1/4 l Apfelsaft, 250 g Honig/ Zucker, nach Belieben Gewürze (z. B. geriebener Ingwer, Zimtpulver, 1/2–1 Zitrone), Geliermittel Agar-Agar (z. B. 3 gestr. TL) oder ein anderes Geliermittel.

Zubereitung: Kürbis und Äpfel zerkleinern, im Saft weich kochen, durchpassieren oder mixen. Agar-Agar mit etwas kalter Flüssigkeit anrühren. Mit dem Süßungsmittel zum Brei geben, nach Belieben würzen. Kurz kochen (2–4 Minuten), dann in Schraubgläser füllen, verschließen.

Bei Verwendung eines anderen Geliermittels die Gebrauchsanweisung beachten.

Süßsaurer Kürbis

Diese Zubereitung hat Tradition. Früher wurde verhältnismäßig viel Zucker und Essig zur Konservierung eingesetzt, weil die gekochten Früchte in offene Steintöpfe kamen. Heute stehen Gläser mit guten Verschlüssen zur Verfügung. Deshalb muss das Eingekochte nicht mehr so sauer und so süß sein.

Zutaten: 3 kg entkerntes, geschältes Kürbisfleisch (Öl- oder Riesenkürbis). Für den Aufguss: 2 l Wasser, 1/2 l Apfelessig mit 5 % Säure, 500 g Honig/Zucker, 5 Pimentkörner, 10 Nelken, 3 Ingwerwurzeln, 2 Stangen Zimt, Prise Salz.

Süßsaurer Kürbis

Zubereitung: Kürbis in 1–2 cm große Würfel schneiden, portionsweise in den kochenden, gewürzten Sud geben, bis sie leicht glasig sind. Mit den Gewürzen in Gläser füllen, verschließen. 30 Minuten bei 85 °C im Wasserbad pasteurisieren.

Varianten: 500 g geschälter, würfelig geschnittener Kürbis, 100 ml Apfelessig (5 %ig), 100 g Honig/Zucker, 400 ml Apfelwein (Most), 2 Nelken, 1/4–1/2 Zimtstange, etwas geriebener Ingwer oder ein kleines Ingwerstückchen.

Oder: 500 g geschälter, würfelig geschnittener Kürbis, 200 ml Essig, 250 ml Wasser, 200 g Zucker, 1/2 Stange Zimt, 2 Nelken, etwas geriebener Ingwer, 1/2 Zitrone.

Zubereitung: Kürbisstücke mit den Gewürzen bei schwacher Hitze im Sud kochen (etwa 10 Minuten), bis sie weich, aber noch kernig sind. Kochend heiß in Schraubgläser (z. B. 2 x 370 ml) geben und verschließen.

Kürbis für Suppe

Zutaten: 500 g geschälter, würfelig geschnittener Kürbis, 500 ml Wasser, 50 ml Apfelessig (5 %ig).

Zubereitung: Kürbisstücke (ohne Weichteile) im Sud etwa 10 Minuten kochen, bis sie weich, aber noch kernig sind. Kochend heiß in Gläser füllen, verschließen.

Dieser eingemachte Kürbis eignet sich besonders für eine pürierte Suppe, die sich mit etwas Sahne noch verfeinern lässt.

Lauch (Porree)

Geschätzt wird beim Lauch vor allem der weiße Schaft, dessen Länge nicht nur von der Sorte, sondern auch von der Kultur bestimmt wird. Tiefes Setzen in Löcher oder Gräben führt zu einem längeren Weißteil, der auch roh gut schmeckt und wie Zwiebeln verwendet wird.

Lauch ist nicht nur für den Boden, sondern auch für unseren Körper eine Wohltat. Die Senföle kurbeln die Verdauung, besonders die Fettverdauung an. Das Liliengewächs wirkt schleimlösend, infektionshemmend und unterstützt die Arbeit der Galle und Nieren. Lauch zeichnet sich durch einen hohen Gehalt an Kalzium, Eisen, Provitamin A und Vitamin C aus. Der höchste Anteil befindet sich in den dunklen Außenblättern.

Lauch und Weißkraut werden zusammen milchsauer eingemacht.

Ernte

Die Erntezeit hängt von der Sorte ab. Der Sommerlauch mit einem langen Schaft und nicht so großen Außenblättern steht bereits im Juli zur Verfügung, wenn er vorgezogen wurde. Er wird später vom Herbst- und Winterlauch abgelöst. Eine frühzeitige Ernte ist manchmal notwendig, wenn ihm die Raupen der Lauchmotte oder Maden der Zwiebelfliege schwer zu schädigen drohen. Oft wird dies zu spät bemerkt und es kommt zu Fäulnis. Den besten Schutz bieten Kulturschutznetze.

Überwinterter Lauch ist durch warme Temperaturen im Frühjahr gefährdet. Im Mai geht er in der Regel in die Blühphase über. Deshalb vorher ernten, sonst bildet sich ein harter, dicker Innenstängel mit dem Blütenansatz aus.

Überwinterung – Lagerung

Für die Überwinterung und Lagerung eignet sich besonders der Winterlauch mit etwas kürzerem Schaft und dunkleren Blättern. Er verträgt mehr Kälte (-15 bis -20 °C) als die Frühsorten. Bei tieferen Temperaturen, verbunden mit hoher Sonneneinstrahlung und Schneearmut, leidet auch der Winterlauch. Das geschädigte Blattgewebe fängt dann zu faulen an.

Empfehlenswert für dicke Lauchstangen ist der Einschlag (mit der Wurzel und dem gesamten Blattwerk) im Frühbeet, Treibhaus, Kellerschacht oder an einer geschützten Gebäudewand. Die Überwinterung auf dem Beet ist nur in milden Wintern ohne Einbußen möglich. Eine 10–15 cm dicke Laubschicht wirkt dem eindringen des frostes etwas entgegen, außerdem erleichtert sie die Ernte. Junger, dünner Lauch übersteht die Kälte im Freien besser als voll ausgereifte Exemplare. Die Pflanzen nehmen im Frühjahr an Umfang zu. Bei einer kurzfristigen Aufbewahrung den Lauch möglichst kühl und nicht zusammen mit geruchsempfindlichem Gemüse oder Obst lagern.

Wenn sich Lauch im Lager gut hält, braucht man sich um keine andere Konservierungsmöglichkeiten bemühen, denn im rohen Zustand ist seine Verwendung äußerst vielseitig.

Konservierungsmöglichkeiten

Tiefgefrieren

Lauch lässt sich gut einfrieren. Dazu die Stangen der Länge nach bis zum Zwiebelboden (Wurzelansatz) durchschneiden. Nur so lässt er sich gründlich waschen. Je nach Zerkleinerung anschließend 2–4 Minuten im kochenden Wasser blanchieren, dann im kalten Wasser abkühlen. Gut abgetropft verpacken. Im Schraubglas „duftet" er am wenigsten aus. Gefroren (Haltbarkeit: 6 Monate) oder angetaut verwenden (z. B. für Pizza, Auflauf).

Lauch lässt sich auch als Fertiggericht (Suppe, Eintopf, Gemüse) einfrieren (3 Monate Haltbarkeit bei gegarter Ware).

Milchsaure Gärung

Da sich Lauch recht gut auf dem Winterlager hält, spielt diese Konservierungsart keine große Rolle. In geringer Menge können Lauchringe beim Einsäuern von Kraut zugegeben werden.

Trocknen

Lauchstücke (1/2–1 cm) geben in einem Trocknungsgerät rasch die Feuchtigkeit ab. Möglichst für sich allein trocknen, damit der intensive Geruch nicht übertragen wird. Nicht zu heiß (ideal bei 30 °C) trocknen, sonst verflüchtigen sich die ätherischen Öle.
Verwendung: z. B. für Suppen, Soßen, Getreide-/Fleischgerichte, Eintöpfe.

Pasteurisieren (heiß einfüllen – einwecken)

Der weiße Teil des Schaftes eignet sich auch zum Einwecken. Den Grünteil besser trocknen, einfrieren oder für Suppen, Eintöpfe, Aufläufe verwenden.

Weißer Lauch süßsauer
Zutaten: 750 g Lauch (weißer Teil), 100 ml Apfelessig (5 %ig), 300 ml Wasser, 30 g Honig/Zucker, 1 TL Salz (5–10 g), nach Belieben einige Pfefferkörner oder ein Stück Chilischote.
Zubereitung: Den geputzten Lauch in etwa 1 cm lange Stücke schneiden. Einige Minuten in der kochenden, gewürzten Wasser-Essig-Lösung bissfest garen. Kochend heiß in kleine Gläser geben (randvoll), verschließen, kurz auf den Kopf stellen.
Verwendung: zu Grillgerichten, Würstchen, kaltem Braten, Fleisch- oder Gemüsepflänzchen.
Variante: Lauch mit anderem Gemüse in sämiger Tomatensoße (siehe Tomaten) einmachen.

Einlegen

Bei der Herstellung einer Suppen- oder Soßenwürze wird gerne Lauch zugegeben. Die Haltbarkeit beruht auf dem hohen Salzgehalt (1/4 der Gemüsemenge). Bei der Zugabe zu Gerichten sparsam dosieren.

Vegetarische Suppenwürze
Zutaten (alles geputzt): 500 g Lauch, 500 g Petersilienwurzeln mit etwas Grün oder Pastinaken, 500 g Knollensellerie mit ein paar Blättern, 500 g Gelbe Rüben, 500 g Salz.
Zubereitung: Das zerkleinerte Gemüse durch den Fleischwolf drehen oder anders zerkleinern. Die Masse gut mit Salz vermischen. In kleine Gläser einfüllen, verschließen. Bei kühler, dunkler Lagerung hält sich die Würze auch ohne Kühlung monatelang.
Verwendung: für Suppen, Soßen, Salatmarinaden, Eintöpfe, Aufläufe, Getreide- oder Fleischgerichte.

Mais – Zuckermais

Zuckermais unterscheidet sich vom Futter- oder Stärkemais durch kleinere Kolben, frühere Reife, mehr Süße, Zartheit und besseren Geschmack. Zuckermais kann durch andere Maissorten in der Nachbarschaft (bis 500 m Entfernung) durch Fremdbestäubung verändert werden.

Neben einem hohen Zuckergehalt besitzt der Gemüsemais auch lebenswichtige Eiweißbausteine, überwiegend wertvolle, ungesättigte Fettsäuren, außerdem Kalium, Magnesium, Provitamin A, Vitamine der B-Gruppe, Vitamin C und Ballaststoffe. Der Nährwert ist ähnlich wie bei Erbsen. Die Zugabe von Bohnen wirkt sich besonders günstig aus.

Durch Vorkultur in Töpfen und durch Abdeckungen lässt sich eine Verfrühung erreichen. Die Ernte (1–2 Kolben pro Pflanze) beginnt etwa 3 Wochen nach Erscheinen des „Bartes" am Kolbenende. Die heraushängenden Samenfäden (Quasten), die für den Pollentransport zuständig waren, trocknen ein und verfärben sich dunkelbraun bis schwarz, während sie innen noch hellgelb sind. Die äußeren Hüllblätter weisen dagegen eine grünliche Farbe auf.

Entscheidender für die Ernte ist der Zustand der Körner. Sie sollen sich in der so genannten Milchreife befinden, voll ausgebildet, prall und glänzend sein. Beim Einritzen mit dem Fingernagel tritt in diesem Stadium noch Saft aus, der Zuckergehalt ist besonders hoch. Bei zu später Ernte schmeckt Zuckermais mehlig und weniger süß. Die Stärke tritt mehr in den Vordergrund. Die Schale wird härter. Bei größeren Mengen ist es vorteilhaft, Mais etappenweise anzubauen. Lücken im Kolben können witterungsbedingt sein (zu hohe Luftfeuchtigkeit, Windstille während der Blütezeit).

Kurzfristige Aufbewahrung

Die Maiskolben möglichst nur kurz lagern, höchstens 2–3 Tage im Gemüsefach des Kühlschrankes. Dabei die Hüllblätter entfernen. Der Traubenzucker wandelt sich schnell in Stärke um. Bei sehr warmen Temperaturen können die Körner innerhalb eines Tages 50 % ihres Zuckergehaltes verlieren. Etwas langsamer verläuft die Umwandlung bei extra süßen Hybridsorten und bei kühlen Temperaturen (möglichst bei 0 °C).

Hinweise zur Verwertung

Die Maiskolben aus den Blättern lösen, Samenfäden entfernen. Kolbenspitze und Ende abschneiden. Die glänzend gelben Körner mit spitzem, scharfem Messer von oben nach unten ablösen. Eine

Süßsaures Mischgemüse mit Zuckermais

Verletzung der milchigen Körner kann nicht völlig ausgeschlossen werden. Mühsamer, aber schonender ist das Lockern der einzelnen Körner. Auch der ganze Kolben lässt sich garen (10–20 Minuten). Die Körner dann vom Kolben abknabbern (am besten vorher in Stücke schneiden) oder ablösen. Kein Salz beim Garen verwenden, die Körner werden sonst zäh. Zuckermais schmeckt nicht nur gedünstet, gekocht oder gegrillt, er ist auch roh beliebt.

Passende Kräuter und Gewürze: Basilikum, Chilischote, Curry, Knoblauch, Petersilie, Pfeffer, Schnittlauch, Thymian.

Konservierungsmöglichkeiten

Tiefgefrieren

Durch die Kälteeinwirkung wird der Umbau des Zuckers zu Stärke gestoppt. Die Kolben etwa 5 Minuten, die Körner 2–4 Minuten blanchieren, im Wasser abkühlen, dann einfrieren. Haltbarkeit 6–8 Monate. Roh essen oder garen.
Verwendung: für Mischsalate, Mischgemüse, Suppen, Eintöpfe, Aufläufe, Garnierungen.

Pasteurisieren (heiß einfüllen – einwecken)

Süßsaures Mischgemüse mit Zuckermais
Zutaten: 1250 g geputztes gemischtes Gemüse (z. B. Blumenkohl, Bohnen, Mais, Gelbe Rüben, Zwiebeln), 500 ml Wasser, 125 ml Apfelessig (5 %ig), 1–2 gestr. EL Honig/Zucker, 1–2 gestr. TL Salz, Gewürze (z. B. Senf-, Pfefferkörner oder Chilischote).

Zubereitung: Das Gemüse mit den Gewürzen in das kochende Wasser geben, bissfest garen. Zum Schluss Essig zufügen, abschmecken. Das Mischgemüse in Gläser schichten, mit dem kochenden Sud übergießen, verschließen.
Bei größeren Mengen das leicht vorgegarte Gemüse in Gläser geben. 35 Minuten bei 85 °C im Wasserbad pasteurisieren.
Tipp: Blumenkohl hat eine kurze Garzeit, verfärbt sich bei längerer Lagerung. Am besten separat kochen mit etwas Zitronensaft oder einer Messerspitze Vitamin C.

Einlegen

Frische oder gekochte Zuckermaiskörner in unverdünnten Apfelessig legen. Sie bleiben in dieser Lösung wochenlang konserviert. Die Körner zum Garnieren von Gerichten verwenden.

Mangold

Noch um das Jahr 1900 war der mit der Roten Rübe verwandte Mangold bekannter als Spinat. Er ist eine der ältesten Kulturpflanzen und gedeiht noch im Halbschatten. Hervorzuheben ist der hohe Mineralstoffgehalt (besonders Kalium, Kalzium, Eisen) und die Vitaminvielfalt (z. B. Provitamin A, Vitamin B1, B2, C, Folsäure). Man schätzt ihn bei Darmträgheit und Nervosität. Personen, die eine Veranlagung zur Bildung von Oxalsäure-Nierensteinen mitbringen, sollten wenig Mangold essen, denn er enthält viel Oxalsäure. Mangold nicht mit Stickstoff überdüngen. Er neigt dazu, reichlich Nitrat einzulagern.

Ernte

Der schnell wachsende, ertragreiche Mangold liefert im ersten Jahr ausschließlich Blätter, die hell- bis dunkelgrün, glatt oder gekräuselt sein können. Erst im zweiten Jahr geht er im Spätfrühling in die Blüte. Zwischen den einzelnen Sorten gibt es Unterschiede in Geschmack und Ertrag.

Die Ernte vom **Schnittmangold** mit seinen etwas kleineren Blättern und schmalen Blattstielen erfolgt bei früher Aussaat schon im Mai bei einer Höhe von 10–15 cm. Je nach Witterungsverlauf ist nach einigen Wochen wieder eine Ernte möglich. Am wohlschmeckendsten ist junger Mangold. Er ist würziger als Spinat. Ältere Blätter können leicht bitter schmecken.

Beim **Stielmangold** werden die fleischigen Stiele der 30–45 cm großen und etwa 10 cm breiten Blätter bevorzugt. Es werden nur

Blanchierter und tiefgefrorener Mangold

die äußeren Blätter entnommen, die Herzblätter bleiben stehen. 6–7 Ernten sind möglich. Die Stiele ergeben ein spargelähnliches, aber derberes Gemüse. Ähnlich wie beim Schnittmangold, wird das ganze Jahr über laufend nach Bedarf geerntet. Dabei nicht mehr als ein Drittel der Blätter abschneiden. Mangold liefert bei mildem Wetter bis in den Spätherbst Blätter.

Hinweise zur Verwertung

Bei einigen Sorten eignen sich Stängel und Blätter auch für eine gemeinsame Verwertung. Normalerweise werden aber die Blätter wie Spinat für Püree, Suppen, Knödel, Nockerln, Füllungen, Eintöpfe, Pizza, Spaghetti und Aufläufe verwendet, die Stiele und Rippen separat (ähnlich wie Spargel) zubereitet, da ihre Garzeit etwas länger ist. Eventuell die dünne, faserige Haut abziehen und wie Spargel, Schwarzwurzeln oder Kohlrabi verarbeiten (z. B. überbacken, in Butter geschwenkt, mit Soße oder Marinade).

Längeres Warmhalten und Aufwärmen vermeiden. Die jungen, zarten Blätter schmecken auch roh. Hellere Sorten sind milder im Geschmack. Roter Mangold sieht im Garten dekorativ aus. Beim Kochen geht die Farbe aber in ein unansehnliches Grau über.

Abgeschnittener Mangold ist nur begrenzt haltbar. Er wird schnell welk und verliert rasch seinen Gehalt an Vitamin C.

Überwinterung

Mangold ist eine zweijährige Pflanze. Er leidet durch den Frost mehr als Spinat. Strenge, schneearme Winter können zum Absterben der Pflanzen führen. Eine Abdeckung mit Laub oder Fichtenreisig, Folientunnel oder Wanderkasten verlängert die Lebenszeit. Im Frühjahr treibt gesunder Mangold wieder aus und wird bis zum Schossen im Frühsommer geschnitten.

Konservierungsmöglichkeiten

Tiefgefrieren

Wie Spinat lässt sich auch Mangold gut einfrieren. Die Ernte möglichst nach ein paar sonnigen Tagen und bevorzugt am Nachmittag vornehmen (weniger Nitrateinlagerung).

Dicke Stiele und Rippen vom Blattwerk entfernen und getrennt blanchieren (4 Minuten). Die Blätter nur 1–2 Minuten ins kochende Wasser geben, dann abkühlen, abtropfen lassen und einfrieren. Haltbarkeit 6 Monate. Unaufgetaut oder leicht angetaut verwenden. Gefrorener, grob geschnittener Mangold lässt sich rasch in einem Blitzhackgerät zerkleinern. Verkürzte Garzeit beachten.
Auch Fertiggerichte mit Mangold sind gefriergeeignet (z. B. Püree, Suppen, Soßen, Knödel).

Meerrettich (Kren)

Der ausdauernde Meerrettich ist eine Gewürz- und Heilpflanze zugleich. Seine antibiotische Wirkung ist bewiesen. Bei Untersuchungen wurde festgestellt, dass bereits 20 g roh geriebener Meerrettich desinfizierend in der Verdauungsstraße wirken

Die Volksheilkunde empfiehlt ihn bei Rheuma, Gicht, Asthma. Bei Halsentzündung bringt Meerrettich mit Honig als bewährter „Rachenputzer“ Linderung. Kreislauf, Durchblutung und Entwässerung werden angeregt. Meerrettich besitzt etwa doppelt so viel Vitamin C wie die Zitrone. Er enthält außerdem reichlich Kalium (wassertreibend), zudem Kalzium, Eisen, Zink und verdauungsfördernde Senföle.

Ernte

Nach einer alten Bauernregel soll Meerrettich ausschließlich in den Monaten mit „r“ (September bis April) geerntet werden. Die mehr oder weniger dicken Stangen werden ausgegraben, wenn das Laub abzusterben beginnt (Oktober). Dabei nur die jeweils benötigte Menge entnehmen. Da Meerrettich absolut winterhart ist, kann der Rest im Boden bleiben. Ausgegraben und ohne Schutz (Erde, Sand) trocknet er schnell aus.

In Essig konservierter Meerrettich

Überwinterung – Lagerung

Damit auch bei gefrorenem Boden Vorrat zur Verfügung steht, den Meerrettich wie Wurzelgemüse in Erde oder Sand einschlagen. Hervorragend bewährt hat sich die Lagerung in der Erdtrommel (siehe Allgemeiner Teil). Die Erdfeuchte hält selbst die kleinsten Fechser (Seitenwurzeln) stramm. Reststücke für ein paar Tage in einen Gefrierbeutel geben, kühl lagern. So erfolgt kein Austrocknen.

Hinweise zur Verwertung

Meerrettich reizt in größerer Menge nicht nur Augen und Nase, sondern auch Magen, Niere und Blase. Durch Vermischen mit milden Nahrungsmitteln (Quark, Joghurt, Rahm, Butter, Nüsse, Äpfel, Birnen, Kartoffelbrei) wird er bekömmlicher.

Den Meerrettich erst kurz vor dem Essen reiben. Durch den Luftkontakt verfärbt er sich. Außerdem „raucht" er aus, das Aroma verflüchtigt sich. Beim Kochen büßt er an Würz- und Gesundheitskraft ein. Fertigpräparate des Handels sind erhitzt oder mit Zusatzstoffen versehen. Da Meerrettich sich in der Erde und im Lager gut hält, ist Konservieren durch Erhitzen unnötig.

Konservierungsmöglichkeiten

Tiefgefrieren

Geputzter Meerrettich eignet sich zum Einfrieren. Er lässt sich im gefrorenen Zustand gut reiben und „beißt" nicht.

Einlegen

Meerrettich in Apfelessig
Geputzte Meerrettichstücke, die an der Luft schnell eintrocknen, lassen sich auch in Essig einlegen. Wenn die Abschnitte immer mit Flüssigkeit bedeckt sind, halten sie sich monatelang.
Verwendung: Geringe Mengen reiben und z. B. Salaten, Aufstrichen, Eintöpfen, Nudel- oder Kartoffelgerichten beigeben. Den aromatischen Essig für Salatmarinaden verwenden.

Möhre (Gelbe Rübe, Karotte)

Die schon im Altertum als Gemüse- und Heilpflanze beliebte Rübe hat in unserer Zeit an Wertschätzung eher noch zugenommen. Bemerkenswert ist der enorm hohe Provitamin-A-Gehalt (Karotin). Damit nimmt die Gelbe Rübe beim Gemüse eine Spitzenstellung ein. Diese Vorstufe von Vitamin A wirkt krankheitsvorbeugend, stärkt das Immunsystem und die Sehkraft. Reichlich ist auch Pektin vorhanden. Es schützt Magen- und Darmwände, wirkt Entzündungen und Fäulnisvorgängen entgegen. Ein Brei mit Gelben Rüben ist sehr mild und daher hervorragend geeignet bei Verdauungsstörungen (z. B. Durchfall) des Säuglings. Durch die vielen wertvollen Stoffe (besonders Kalzium, Eisen, Jod, Vitamin E) sind Gelbe Rüben eine besonders empfehlenswerte Kost für Heranwachsende.

Ernte

Bei früher Aussaat mit Folien- oder Vliesschutz ist die Ernte schon im Frühsommer möglich. Werden Folgesaaten durchgeführt, gibt es bis in den Herbst zarte Rüben. Heutige Sorten sind gleichmäßiger und intensiver in der Farbe und somit auch karotinreicher. Bei der Reife verfärbt sich das Laub gelblich-rötlich (kann aber auch durch die Maden der Möhrenfliege zur Notreife kommen).

Überwinterung – Lagerung

Die Sommersorten sind für den alsbaldigen Verbrauch bestimmt. Ihre Lagerfähigkeit ist nicht so groß wie die der Spätsorten. An der Luft welken die Rüben schnell, sie werden schlapp, v. a. wenn das Grün nicht entfernt wird und dadurch der Rübe das Wasser entzieht. Für eine kurzfristige Aufbewahrung die Gelben Rüben mit gekürztem Laub ins Wasser stellen.

Muss im Sommer ein Beet geräumt werden, ist das Einschlagen in Gartenerde an einer schattigen Stelle günstiger als die Aufbe-

Kurzfristige Aufbewahrung von Gelben Rüben mit dem Laub in Wasser

Milchsaures Mischgemüse

wahrung in trockenen Räumen. Auch in der Erdtrommel bleiben die Rüben der Sommersorten frisch. Lagersorten für den Winter möglichst lange auf dem Beet lassen. Sie nehmen an Umfang und Inhaltsstoffen zu und zehren noch nicht von den eigenen Vorräten.

In milden Gegenden ist die Überwinterung (mit Laubabdeckung oder Schutz durch Wanderkasten) möglich. Allerdings leidet die Rübe durch Temperatursprünge. Deshalb gräbt man sie besser mit der Grabgabel im Oktober oder November aus. Nach Möglichkeit ein paar sonnige Tage abwarten und dann am Nachmittag ernten. In Erde oder Sand geben und an einem kühlen Ort (um 0 °C) oder in einem luftfeuchten Keller aufbewahren. Hervorragend halten sich die Rüben auch in der Erdtrommel (siehe Allgemeiner Teil) ohne Einschlag. Dort ist sie noch im Mai frisch und stramm.

Madige Rüben, die an gelbbraunen, mit Kot verschmutzten Fraßgängen erkennbar sind, nicht einlagern, sondern möglichst bald verwerten. Derart beschädigte Rüben faulen schnell. Außerdem ist die Möhrenfliege ziemlich kälteunempfindlich und setzt ihre Aktivitäten fort.

Hinweise zur Verwertung

Junge Rüben nur schrubben, nicht schaben oder schälen. Das Beste liegt unter der Außenschicht. Das frische, junge Kraut mit verwerten. Fein gehackt dem Gericht beifügen. Provitamin A wird im Körper mit etwas Fett (Butter, Öl, Sahne, Nüsse) besser verwertet. Besonders mild schmeckt ein Kartoffel-Gelbe-Rüben-Püree.

Passende Gewürze: Fenchel, Kerbel, Koriander, Kümmel, Petersilie, Schnittlauch, Thymian.

Konservierungsmöglichkeiten

Milchsaure Gärung

Gelbe Rüben lassen sich zwar milchsauer vergären, durch den hohen Zuckergehalt tritt aber eine starke Säuerung ein. Deshalb nicht zu große Mengen herstellen. Besser immer wieder neu ansetzen. Mildern lassen sich milchsaure Gelbe Rüben zum Beispiel durch frisch geriebene Äpfel, Pastinaken, Kohlrüben oder Wasserrüben. In geringer Menge anderen Salaten (z. B. Zuckerhutsalat, Endivie, Feldsalat, Chicorée) beigeben. Günstig ist die Beimischung von Gelben Rüben zu Weißkraut. Es gewinnt an Farbe.

Milchsaure Gelbe Rüben

Die Rüben raspeln (nicht zu fein). Mit Salz (1 gestr. EL auf 1 kg Gemüse) vermischen und stampfen, bis sich etwas Lake bildet. In Einmachgläser geben, gut andrücken. Einige Zentimeter unter dem Rand freilassen. Holzscheibe und Abstandshalter auflegen. Das Holzbrettchen muss von der Flüssigkeit bedeckt sein. Mit Gummiring, Glasdeckel und Klammer verschließen.

Bei 18–20 °C etwa eine Woche gären lassen. Danach kühler stellen. Möglichst bald verbrauchen, damit es nicht zu stark nachsäuert oder nur löffelweise zu anderen Gerichten (Rohkostsalat, Suppe, Auflauf) geben.

Eine ausführliche Beschreibung der milchsauren Gärung finden Sie im Allgemeinen Teil.

Gelbe Rüben-Sauerkraut

Zutaten: 5 kg Weißkraut, 0,5–1 kg Gelbe Rüben, 50 g Salz. Die Mengen lassen sich beliebig verändern. Den Anteil an Gelben Rüben wegen der starken Säuerung nicht zu hoch dosieren.

Zubereitung: Weißkraut hobeln, Gelbe Rüben raspeln oder streifig schneiden. Mit Salz vermischen, stampfen. Weiterbehandlung wie milchsaure Gelbe Rüben.

Tiefgefrieren

Besonders geeignet sind junge Rübchen, die zu dicht stehen. Die Rüben in Würfel, Ringe oder Streifen schneiden. 2–4 Minuten blanchieren, abkühlen, einfrieren. Haltbarkeit: 6–8 Monate. Unaufgetaut weiter verwenden.

Gelbe Rüben lassen sich auch als Mischgemüse (z. B. mit Erbsen, Brokkoli, Blumenkohl) einfrieren. Besser ist die Einzelverpackung, denn die Garzeiten variieren etwas. Ein Zusammenmischen ist jederzeit möglich. Gefriertauglich sind auch Fertiggerichte (z. B. Eintopf, Gemüseallerlei, Kuchen), die eine kürzere Haltbarkeit (3–6 Monate) haben.

Trocknen

Da Gelbe Rüben gut lagerfähig sind, kommt dem Trocknen wenig Bedeutung zu.

So wird's gemacht: Die geputzten Rüben grob raspeln oder streifig hobeln. Auch dünne Scheiben sind brauchbar, z. B. für Suppen und Eintöpfe. Locker auf Siebe geben und bei 30–50 °C trocknen.

Rohe, getrocknete und pulverisierte Gelbe Rüben. Herstellung mit Reibschale oder Universalzerkleinerer. Verwendung für Suppen und Soßen.

Pasteurisieren (heiß einfüllen – einwecken)

Die Rüben am besten im Laufe des Sommers einmachen, wenn sie besonders zart und süß sind. Alte Lagerrüben bringen kein so gutes Ergebnis.

Gelbe Rüben süßsauer

Zutaten: 500–750 g geputzte Gelbe Rüben, 400 ml Wasser, 100 ml Apfelessig (5 %ig), 10 g Salz (1 gestr. EL), 30 g Zucker (3 gestr. EL), nach Belieben Gewürze (z. B. Perlzwiebeln, Schalotten, Pfefferkörner).

Zubereitung: Die geputzten Rüben in Scheiben oder Würfel schneiden. Dann zusammen mit den Gewürzen ins kochende Wasser geben, bissfest garen (etwa 5–10 Minuten, je nach Größe und Zartheit). Zum Schluss Essig zufügen. In Gläser füllen, mit dem kochenden Sud übergießen, sofort verschließen.

Tipp: Sehr schnell lassen sich Gelbe Rüben mit der Juliennescheibe der Küchenmaschine in Streifen schneiden. Sie schmecken gestiftelt ausgezeichnet.

Varianten: Verschiedene Gemüsearten, wie Sellerie, Gelbe Rüben, Bohnen, Blumenkohl, mischen und beliebige Gewürze (Pfefferoni, Pfefferkörner, Zwiebeln, eingelegte Kapuzinerkressesamen) verwenden.

Nach Belieben Buntmesser mit gewellter Klinge einsetzen.

Größere Mengen am besten pasteurisieren. Fast gar gekochtes Gemüse mit Sud in Gläser füllen. 30 Minuten bei 85 °C einwecken (Einmachglas oder Schraubglas).

Gelbe Rüben-Erbsen süßsauer (Rezept siehe Erbsen)

Apfel-Gelbe-Rüben-Saft

Besonders süß ist der Saft von jungen Gelben Rüben. Aber auch ältere Lagerrüben sind zusammen mit Äpfeln brauchbar, deren Säure zur Haltbarkeit beiträgt. Außerdem ist reiner Gelbe-Rüben-Saft etwas streng. Nur bei Überschüssen erhitzen, sonst möglichst roh trinken.

Zutaten: 3 kg Äpfel, 1 kg Gelbe Rüben.

Zubereitung: Bei den Äpfeln das Kernhaus und den Kelch entfernen. Die geputzte Rüben in Stücke schneiden. Im (elektrischen) Entsafter auspressen. Saft erhitzen, heiß in Flaschen füllen. Werden die Gelben Rüben separat entsaftet, lassen sich die Rückstände noch für Suppen oder als Beigabe zu Sauerkraut verwerten.

Gesundheitstipp: Vor dem Trinken noch frisch gepresste Säfte (z. B. Sanddornsaft, Zitronensaft) zugeben.

Einlegen

Gemüse in Salz
Zusammen mit anderem Wurzelwerk sind Gelbe Rüben für Suppenwürze geeignet.
Zutaten: 1 kg geputztes Gemüse (z. B. Gelbe Rüben, Knollensellerie und Petersilienwurzel mit etwas Grün, Lauch), 250 g Salz.
Zubereitung: Das geschnittene Gemüse durch den Fleischwolf drehen (oder Universalzerkleinerer). Die Masse anschließend mit Salz gut vermischen. In Gläser abfüllen. Dunkel, kühl aufbewahren.

Paprika
(Gemüsepaprika, Gewürzpaprika)

Paprika ist ein ausgezeichneter Vitamin-C-Lieferant. Spitzenwerte hat der rote Tomatenpaprika, der bis zu zehnmal mehr davon enthält als die Zitrone. Die Frucht weist auch viel Eisen auf, das einen günstigen Einfluss auf Blutkreislauf, Blutdruck und die Blutgefäße ausübt. Bedeutend ist auch der Gehalt an Provitamin A. Der scharfe Paprika enthält den Reizstoff *Capsaicin*. Leicht dosiert wirkt er anregend auf die Verdauungsarbeit und den Kreislauf. Die meist kleineren Früchte sind unterschiedlich scharf. Seitenrippen und Kerne schmecken am intensivsten.

Ernte

Die Sorten unterscheiden sich nicht nur in Größe, Form, Schärfe, sondern auch in der Reifezeit. Die länglich-schlanken Früchte sind früher reif als die großen bauchigen Sorten. Auch der Standort ist entscheidend. Im Frühbeetkasten oder im Gewächshaus erfolgt die Ernte ab Juni. Vollreife Früchte sind süßlich, aromatisch und zudem vitaminreicher. So enthält der grüne, unreife Gemüsepaprika nur die Hälfte an Vitamin C. Lässt man allerdings die ersten Früchte ausreifen, bildet die Pflanze zu wenig Nachschub aus. Laufende Ernten regen dagegen zur Neubildung der Früchte an. Die Umwandlung von grün zu rot kann, je nach Witterung, Wochen dauern. Anders sieht es im Herbst aus. Fröste zwingen im Freiland zur Abnahme aller Früchte. Kurzfristig lässt sich dies durch Überdeckung mit Folie oder Vlies hinausschieben.

Für einige Tage halten sich die Früchte am besten bei 8–10 °C. Das Problem ist nicht die Fäulnis, sondern der Wasserverlust. Damit die Schrumpfung langsamer abläuft, den Paprika in einen Gefrierbeutel geben, kühl und kurz lagern.

Konservierungsmöglichkeiten

Milchsaure Gärung

Gekochter Paprika verliert an Wert. Im Gärgemüse bleibt er roh haltbar. Sauerkraut gewinnt durch Beigabe von farbigen und feurigen Früchten. Wird Paprika für sich allein gesäuert, muss er mit einer Salzlösung übergossen werden, weil er zu wenig Wasser zieht.

Paprika milchsauer
Paprika (mild oder scharf) waschen, halbieren, Samen- und Scheidewände entfernen. In mehr oder weniger große Stücke schneiden. Kleinen Gewürzpaprika (z. B. Chili) ganz lassen. Dicht in Gläser schichten. Mit Salzlösung (1/2 l Wasser, 15 g Salz, 1 gestrichener TL Honig, 1 TL Essig) übergießen. Günstig ist die Zugabe von unerhitztem Sauerkrautsaft (ein paar EL) aus der eigenen Produktion. Die Gärung beginnt dann besonders schnell. Mit Holzscheibe und Abstandshalter den Paprika niederdrücken. Die Flüssigkeit muss das Holzbrett bedecken. Gummiring und Glasdeckel auflegen. Mit Klammern verschließen. Etwa eine Woche an einem warmen Ort gären lassen. Dann kühler stellen. Ausführliche Beschreibung der milchsauren Gärung im Allgemeinen Teil.
Scharfer Paprika verliert durch die Milchsäuerung etwas an Schärfe, wird milder, verträglicher, aber auch weicher. In kleinen Mengen genossen ist er gesundheitlich sehr wertvoll.
Hinweis: Bei der Verarbeitung von scharfen Paprikaschoten nicht ans Auge kommen. Hände nach der Verarbeitung gut waschen. Bei größeren Mengen Gummihandschuhe anziehen, sonst kann das Brennen höllisch werden.

Tiefgefrieren

Erstaunlich gut überstehen Paprikaschoten das Einfrieren. Die grüne, gelbe und rote Farbe bleibt sehr gut erhalten.
Vorbereitung: Den Stielansatz abschneiden, die Früchte halbieren, Samen entnehmen. Die Hälften ineinander stapeln, in Behälter oder Beutel einfrieren. Raumsparender ist streifig oder in Stücke geschnittene Ware. Blanchieren (2–3 Minuten) ist möglich, aber nicht unbedingt notwendig. Haltbarkeit 6–8 Monate.
Verwendung: für Brotbelag, Salate, und zur Garnierung, wenn noch etwas Kälte zu spüren ist. Für Gulasch, Suppen, Soßen und Pizza den geschnittenen Paprika gefroren verwenden.
Auch Fertiggerichte (z. B. gefüllte Paprikaschoten, Paprikagemüse) sind gut gefriergeeignet. Haltbarkeit 3 Monate.

Frischer und tiefgefrorener Paprika

Trocknen

Schlanke, dünnhäutige, ausgereifte Schoten (z. B. Chili) trocknen an der Luft recht gut und sehen dekorativ aus, wenn sie an Fäden aufgehängt werden. Die rote Farbe ist recht stabil. Großer und dickfleischiger Paprika dagegen wird in schmale Streifen geschnitten und im Trockengerät bei 30–50 °C gedörrt. Rote Früchte schmecken auch getrocknet am besten.

Verwendung: Suppen, Soßen, Eintöpfe, Fleischgerichte, Marinaden

Pasteurisieren (heiß einfüllen – einwecken)

Am besten eignet sich auch hier wieder der vollreife Paprika. Die rote Farbe ist hitzebeständig, während das satte Dunkelgrün in Oliv überwechselt. Das Gelb bleibt verhältnismäßig gut erhalten.

Paprika süßsauer

Zutaten: 750 g roter, gelber oder grüner Paprika, 100 ml Essig (5 %ig) 300 ml Wasser, 5–10 g Salz (1–2 gestr. TL), 25 g (2 gestr. EL) Honig/Zucker, nach Belieben Gewürze (z. B. Chilischote, Zwiebel, Senfkörner, Dill).

Zubereitung: Paprika waschen, halbieren, Inneres entfernen. In Streifen oder in Stücke schneiden, 5–10 Minuten im Sud kochen. Heiß in Gläser füllen, verschließen. Bei größeren Mengen geschnittene Paprikaschoten fest in Gläser schichten, mit Sud übergießen. 35 Minuten bei 85 °C im Wasserbad erhitzen.

Variante: Paprika passt auch gut in ein Mischgemüse (Mixed Pickles). Rezept bei Blumenkohl.

Tomaten-Paprika-Soße

Zutaten: 500 g Tomaten, 200 g rote Paprikaschoten, 100 g Zwiebeln, 1 gestr. EL Salz, 50 g Honig/Zucker, 100 ml Obstessig, nach Belieben Rosmarin, Estragon, Thymian, ein paar Knoblauchzehen, 1 Stück Chilischote.

Zubereitung: Tomaten, entkernte Paprikaschoten, geschälte Zwiebeln und enthäuteten Knoblauch zerkleinern, Gewürze und Kräuter beifügen, weich kochen. Die Masse mixen, durchpassieren. Essig, Salz zugeben, süßen, würzen, nochmals erhitzen. Kochend heiß in Gläser oder Flaschen füllen, verschließen.

Tipp: Soll die Soße dicker werden, den durchpassierten Brei im offenen Topf 15–30 Minuten sanft einkochen, dabei immer wieder umrühren oder mit Agar-Agar (1 gestr. TL) binden.

Pastinake

Die gelblich-weiße, süßlich schmeckende Rübe ist dicker als die Petersilienwurzel. In vielen Ländern gilt sie als Delikatesse. Bei uns war sie früher eine der wichtigsten Gemüsearten im Winter. Die Wildform ist noch häufig an Straßenrändern anzutreffen.

Die robuste Wurzel liefert wenig Energie (22 kcal/92 kJ/100 g), dafür aber außergewöhnlich viele verdauungsfördernde Ballaststoffe und reichlich Kalium, das entwässernd wirkt. Mit Ausnahme von Provitamin A befinden sich in den Pastinaken ähnlich viele Vitamine und Mineralstoffe wie in Gelben Rüben. Der Gehalt an ätherischen Ölen bewegt sich zwischen 1,5 und 3,6 %.

In der Lebensmittelindustrie wird aus Pastinaken Suppenwürze und Babynahrung hergestellt.

Ernte

Pastinaken sind zwar schon bereits im Laufe des Spätsommers für die Küche brauchbar. Für die Lagerung aber möglichst spät ernten, denn im Herbst nehmen sie noch an Umfang zu. Da die Wurzel winterhart ist, kann sie auch auf dem Beet bleiben.

Der volle aromatische Geschmack entwickelt sich aber erst nach dem ersten Frost oder nach mehrwöchiger Lagerung. Stärke wird dabei vermehrt in Zucker umgewandelt.

Pastinaken-Rohkost

Überwinterung – Lagerung

Wenn es im Garten keine Mäuse gibt, dann können die kälteunempfindlichen Pastinaken auch in der Erde überwintern. Um bei Frost ernten zu können, das Gemüse mit reichlich Laub oder Stroh abdecken oder einen Wanderkasten darübergeben.

Pastinaken lassen sich auch wie anderes Wurzelgemüse auch im Keller in Sand einschlagen oder in einer Erdmiete unterbringen. Bei zu warmer Aufbewahrung werden die Rüben leicht schwammig. Bestens bewährt hat sich die Erdtrommel (siehe Allgemeiner Teil).

Hinweise zur Verwertung

Die Pastinaken aus dem Winterlager bereichern roh gerieben Blattsalate, vertragen sich mit Wurzelgemüse, Kartoffeln und Hülsenfrüchten. Gemüsesuppen, Eintöpfe und Aufläufe werden durch diese Wurzel schmackhafter. Selbst Gebäck lässt sich daraus herstellen. Auch junges Grün ist essbar.

Konservierungsmöglichkeiten

Milchsaure Gärung

Mit anderem Gemüse zusammen lassen sich Pastinaken auch milchsauer konservieren. Für sich allein sind die Wurzeln zu würzig und zu süß. Da der Zucker bei der Gärung in Säure umgewandelt wird, schmeckt das Produkt dann zu sauer.
Mögliche Mischungen: Kohlrabi, Rettich, Wasserrüben, Weißkraut.

Tiefgefrieren

Da sich Pastinaken gut im Winterlager halten, kommt dem Tiefgefrieren keine große Bedeutung zu. Das Gemüse wird blanchiert (2–4 Minuten) oder gekocht und z. B. als Eintopf eingefroren. Haltbarkeit 3–8 Monate.

Trocknen

Geputzte Pastinaken grob raspeln oder streifig hobeln (Juliennehobel). Locker auf Siebe verteilen und bei 30–50 °C trocknen. Es tritt kaum eine Verfärbung ein. Die Trocknung geht relativ rasch vor sich. Das Trockengut lässt sich auch zu Pulver mahlen (z. B. im Universalzerkleinerer).
Verwendung: für Suppen, Salate, Fleischteige, Aufläufe, Eintöpfe, vegetarische Pflänzchen.

Pasteurisieren (heiß einfüllen – einwecken)

Pastinaken lassen sich süßsauer einmachen, doch ist der Geschmack so intensiv, dass sie am besten in ein Mischgemüse passen.

Pastinaken-Sellerie-Gemüse
Zutaten: 400 g geputzte Pastinaken, 400 g geputzter Sellerie, 1/2 l Wasser, 10 g Salz (1 gestr. EL), 1/8 l Apfelessig (5 %ig).
Zubereitung: Pastinaken und Sellerie in dünne Scheiben oder Streifen schneiden, ins kochende Wasser geben, bissfest garen. Salz und Essig zugeben, erhitzen. In Schraubgläser füllen, mit dem kochend heißen Sud übergießen, sofort verschließen. Bei größeren Mengen das Gemüse leicht vorkochen. In Gläser geben. Mit dem Sud übergießen. 35 Minuten bei 85 °C im Wasserbad pasteurisieren.

Einlegen

Suppen-Braten-Würze
Zutaten (alles geputzt): 250 g Pastinaken, 250 g Sellerie noch mit etwas Grün, 250 g Gelbe Rüben, 250 g Lauch/Zwiebeln, 250 g Salz.
Zubereitung: Das geputzte Gemüse durch den Fleischwolf drehen oder in einen Universalzerkleinerer geben. Mit Salz vermischen, in Gläser füllen, verschließen. Dunkel und kühl aufbewahren.

Pilze

Da Wildpilze immer seltener zu finden und mehr oder weniger mit den Schwermetallen Quecksilber, Cadmium und dem radioaktiven Cäsium belastet sind, treten an ihre Stelle verstärkt Zuchtpilze. Das Angebot wird immer umfangreicher. Neben dem Champignon lassen sich der Austernpilz (Austernseitling), Samtfußrübling, das Stockschwämmchen, Südländischer Schüppling, Shii-Take, Schopftintling und andere auf Kompostsubstrat, Stroh, Holzstämmen oder Sägemehl kultivieren.

Pilze sind fett- und kalorienarm, aber reich an Aromastoffen. Neben verschiedenen Mineralien sind besonders das im Gemüse kaum vorkommende Vitamin D und das zur B-Gruppe gehörende Niacin anzutreffen (wichtig zur Verwertung von Fett, Eiweiß und Kohlenhydraten). Die Zellwände enthalten viele Ballaststoffe, die für eine gute Darmtätigkeit sorgen, aber etwas schwer verdaulich sind. Der Shii-Take, der älteste Kulturpilz, gilt in Asien als Heilmittel bei Grippe, Bluthochdruck, Diabetes, Blutarmut, Magengeschwüren und Tumoren.

Ernte

Das Wachstum der Pilze ist von der Jahreszeit, aber auch von Witterungseinflüssen (Wärme, Feuchtigkeit) abhängig. Viele Kulturpilze bringen zweimal im Jahr (Frühling und Herbst) eine Ernte, die mehrere Wochen anhalten kann. Der Samtfußrübling, auch Winterpilz genannt, erscheint sogar in der kalten Jahreszeit. Der Champignon ist dagegen an keinen Monat gebunden, da die Aufzucht in warmen Räumen erfolgt. Die Erntezeit erstreckt sich über mehrere Wochen, dann ist das Pilzgeflecht erschöpft.

Geschmacklich intensiver sind gut ausgereifte größere Pilze mit geöffneten Hüten. Kleine, geschlossene Köpfe haben dagegen weniger Aroma. Die Stiele sind essbar, harte und zähe Teile sollten aber entfernen. Alte Pilze nicht verwenden. Das Eiweiß zersetzt sich im Laufe der Zeit und es entstehen giftige Stoffe. Frische Pilze nur kurzfristig und offen aufbewahren, nicht im Plastikbeutel oder Aluminiumgeschirr. Kühl, dunkel und stets ausgebreitet lagern.

Hinweise zur Verwertung

Pilze trocken vorputzen. Möglichst nicht oder nur kurz unter fließendem Wasser abbrausen. Sie saugen sich sonst wie ein Schwamm mit Wasser voll. Die Haut bei den Kulturpilzen nicht abziehen, auch nicht beim Champignon. Bei Wildpilzen das erste Kochwasser wegschütten (Verringerung der Schadstoffe). Alte, schwammige

Champignonpilze in Essigsud

Lamellen entfernen. Zuchtpilze sind auch roh essbar, Wildpilze dagegen immer erhitzen (Fuchsbandwurm-Eier!). Erst nach dem Garen salzen, dann bleiben die Pilze saftig.

Passende Gewürze: Basilikum, Knoblauch, Paprika, Petersilie, Pfeffer, Thymian, Schnittlauch, Zwiebel. Nicht zu stark würzen sondern das Eigenaroma zur Geltung kommen lassen.

Konservierungsmöglichkeiten

Tiefgefrieren

Pilze lassen sich gut einfrieren. Je nach Verwendungszweck entweder ganz lassen (z. B. zum Panieren) oder schneiden. Bei kurzfristiger Aufbewahrung ist Blanchieren nicht notwendig. Bei längerer Lagerung oder aus Platzgründen 2–4 Minuten blanchieren.
Verwendung: für Suppen, Soßen, Gulasch, Pizza, Omelette, Fisch, Wild, Geflügel, Teigwaren. Fertiggerichte sind gefriergeeignet. Unaufgetaut verarbeiten. Haltbarkeit 3–6 Monate.

Trocknen

Das Trocken war schon bei unseren Vorfahren beliebt. Durch den Wasserentzug wird das Aroma intensiver. Dabei größere Pilze mit mehr Würzkraft bevorzugen.

Probleme bereitet oft nebliges, feuchtes Wetter, denn die Pilze müssen schnell trocknen. Sie verderben rasch. Ideal ist daher ein Dörrgerät.

Die trocken geputzten Pilze (nicht waschen) dünn schneiden, die dunklen, schwammigen Lamellen entfernen. Nebeneinander auf Siebe auflegen. Im Trockenapparat bei 30–40 °C dörren. Wird nur an der Luft getrocknet, die Pilze bei schlechter Witterung im Backrohr bei schwacher Hitze nachtrocknen. Dabei einen kleinen Spalt offen lassen, damit die Feuchtigkeit abziehen kann.
1 kg Pilze schrumpft auf etwa 100 g zusammen. Das Trockengut in luftdichte Schraubgläser geben. Dunkel und kühl aufbewahren. Vor Gebrauch am besten einweichen.

Pilzpulver
Gut getrocknete Pilze (sie sollen rascheln und leicht brechen) im Mörser zerreiben oder in einem Universalzerkleinerer (Blitzhacker) oder einer Gewürzmühle zu Pulver mahlen. Das Pilzmehl in gut verschließbare Gläser geben, dunkel und kühl aufbewahren.
Nach Belieben mit Salz vermischen. Pilzmischungen sind besonders aromatisch und ausgeglichen.
Verwendung: für Gemüsesuppen, Kartoffelsuppe, Eintöpfe, Aufläufe, Soßen, Füllungen, vegetarische Pflänzchen.

Pasteurisieren (heiß einfüllen – einwecken)

Beim Einkochen immer feste, junge Ware bevorzugen. Bei Pilzen können sich Sporen bilden, die besonders hitzebeständig sind. Zur Sicherheit nach 2 Tagen nacherhitzen. Pilze sind am besten in einem Essigsud aufgehoben.

Champignonpilze in Essigsud
Bei eigener Pilzzucht kann es durchaus zu einer Ernteschwemme kommen. Sauer eingelegte Pilze sind eine gute Beigabe für verschiedene Gerichte. Die Pilze geben beim Erhitzen viel Wasser ab. Deshalb wenig Sud ansetzen.

Zutaten: 1 kg kleine Champignons, 250 ml (1/4 l) Wasser, 100 ml Apfelessig (5 %ig), 1–2 Zwiebeln (100 g) oder ein paar Knoblauchzehen, nach Belieben ein Stück Chilischote oder einige Pfefferkörner, 1 Lorbeerblatt, 1 rote Paprikaschote (100 g), Salz.

Zubereitung: Pilze halbieren oder vierteln, entkernte Paprikaschote und Zwiebeln in Ringe schneiden. Pilze mit den Gewürzen im Sud 10 Minuten kochen. Gegen Ende der Garzeit Paprikaschoten und Zwiebelringe zugeben, 2–3 Minuten mitkochen. Heiß in kleine Schraubgläser füllen. Nach 2 Tagen den Inhalt nochmals kochen (etwa 5 Minuten), heiß einfüllen, verschließen.

Puffbohnen, zum Einfrieren vorbereitet

Puffbohne (Dicke Bohne)

Es gibt verschiedene Sorten, die mehr oder weniger intensiv schmecken. Braune Samen sind kräftiger als weiße. Puffbohnen enthalten viel Eiweiß, das sich gut mit Getreide ergänzt. Im Samen sind außerdem Mineralstoffe, Vitamine und Ballaststoffe eingelagert.

Ernte

Die anspruchslose Puffbohne kann frühzeitig in den Boden kommen, denn sie verträgt etwas Frost (bis -4 °C). So fällt die Ernte schon in den Frühsommer. Eine Verfrühung lässt sich durch vorgezogene Pflanzen und durch das Überbauen mit einem Folientunnel erreichen. In der Regel werden die Samenkerne gegessen. Junge Hülsen lassen sich aber auch wie grüne Bohnen zubereiten.

Konservierungsmöglichkeiten

Tiefgefrieren

Junge Samenkerne eignen sich gut dazu (blanchiert oder gekocht).
Verwendung: für Suppen, Salate, Gemüse, Eintöpfe, Aufstriche. Haltbarkeit 6–8 Monate, Fertiggerichte 3 Monate.

Trocknen

Dicke Bohnen lassen sich mühelos trocknen, wenn sie gut ausgereift sind. Verwendung wie andere Hülsenfrüchte.

Radicchio

Radicchio zählt wie Endivie, Chicorée, Zuckerhut und Löwenzahn zu den Zichoriengewächsen, die appetitanregende, magenstärkende, verdauungsfördernde und harntreibende Bitterstoffe enthalten. Neben den Mineralstoffen Kalzium, Phosphor und Kalium finden sich verstärkt Provitamin A und C in den Blättern. Der Bitterstoff Intybin, der sich besonders in den weißen Rippen befindet, fördert den Stoffwechsel und gilt als Magenmittel.

Ernte

Der Erntezeitpunkt ist von der Sorte abhängig. Es gibt zwei Typen: Der Herbst-Radicchio (Palla rossa Typ) wird im Juni und Juli gesät. Die weinrot-violette Ausfärbung beginnt erst bei kühleren Temperaturen im Herbst. Geerntet wird der mehr oder weniger feste Innenkopf. Dabei werden die etwas losen, sehr bitteren Außenblätter entfernt. Der Herbst-Radicchio verträgt leichte Fröste (bis -4 °C). Durch Folie, Vlies oder Kulturschutznetze lässt sich die Ernte etwas hinausschieben.
Der **Winter-Radicchio** (Typ Verona) wird ebenfalls im Juni und Juli gesät. Es bilden sich lange, grüne Blätter, die im Oktober handbreit (das Herz bleibt stehen) abgeschnitten werden oder im Winter erfrieren. Erst im Frühjahr treibt die auf dem Beet belassene Pflanze neu aus. Es entstehen kleine, feste Köpfchen.

Überwinterung – Lagerung

Vor Wintereinbruch den Herbstradicchio samt Wurzeln im Frühbeet oder Treibhaus einschlagen. Dieser Salat ist kein ausgesprochenes Lagergemüse und hält sich ähnlich lange wie Endivien.

Der Winter-Radicchio ist eigentlich ein Südländer, der milde Winter braucht. Der Anbau ist bei uns im Freiland problematisch. Bei starken Frösten ohne Schnee leiden und verfaulen die Pflanzen. Winterschutz ist notwendig (Fichtenreisig, Frühbeet, Treibhaus). Die Ernte erfolgt mit einem kurzen Strunk, damit der Kopf nicht auseinander fällt. Abgeschnittene Köpfe halten sich kühl gelagert etwa 1–2 Wochen (am besten in gelochter Folie).

Hinweise zur Verwertung

Radicchio passt gut in Mischsalate, harmoniert auch mit Obst und ist eine beliebte Garnierung. Auch die Wurzel ist essbar. Abgeschabt und klein gehackt kann man sie Salaten beigeben. Im Süden wird Radicchio auch in leicht gekochter Form gegessen.

Rettich, milchsauer eingemacht

Rettich – Radieschen

Der Formen- und Farbenreichtum ist bei Rettichen und Radieschen sehr groß. Die Farbe kann weiß, rosa, rot, braun, violett oder schwarz sein, während das Fleisch stets weiß ist. Neben Vitaminen und Mineralstoffen sind die Senföle besonders wertvoll. Ihnen ist auch die Heilwirkung zu verdanken. Die schärferen europäischen Sorten sind mit diesen Stoffen besser ausgestattet als die milden Vertreter aus Asien.

Der schwarze Winterrettich ist mit seinem hohen Basenüberschuss besonders gesund. Rettich ist eine Wohltat für Leber und Galle, er fördert die Verdauung und entwässert. Man schätzt ihn auch bei Gelenkrheumatismus, Gicht und Ekzemen. Rettichsaft mit Honig wirkt bei hartnäckigem Husten krampf- und schleimlösend.

Ernte

Rettiche und Radieschen haben eine kurze Entwicklungszeit. Durch gestaffelten Anbau und Sorten, die weniger zum Pelzigwerden und Schossen neigen, stehen Rettiche und Radieschen vom Frühjahr bis zum Herbst zur Verfügung. Insektenschutznetze verhindern den Befall durch Rettichfliegen und Erdflöhe. Warmes Wetter führt schnell zu Überreife. Ein zu langes Stehen auf dem Beet begünstigt das Pelzigwerden, besonders bei Frühsorten.

Anders sieht es hingegen bei den Herbst- und Winterrettichen aus, die möglichst lange im Gartenbeet verbleiben können. Sie neigen mit ihrer etwas festeren Struktur kaum einmal zum Pelzigwerden.

Kurzfristige Aufbewahrung

Rettiche und Radieschen trocknen an der Luft aus. Man kann den Wasserentzug verringern, wenn man sie in einen Folienbeutel gibt und kurze Zeit kühl lagert. Die Blätter werden vorher entfernt, denn sie entziehen den Rüben das Wasser.

Rettiche und Radieschen lassen sich auch mit einem Stängelanteil von mehreren Zentimetern Länge ins Wasser stellen. Dadurch wird Feuchtigkeit aufgenommen und sie bleiben länger fest.

Lagerung

Rettiche vertragen im Herbst einige Minusgrade. Auch das Blattwerk trotzt verhältnismäßig lange der Kälte. Vorräte lassen sich recht gut in Erde oder Sand lagern. Hervorragend bewährt hat sich die Erdtrommel, die auch in den Sommermonaten einen Ernteüberschuss für eine etwas kürzere Zeit aufnehmen kann.

Für die Aufbewahrung der Winterrettiche das Laub knapp abschneiden. Zu lange Stängelansätze faulen leicht. Madige Exemplare aussortieren und möglichst bald verbrauchen.

Milchsaure Gärung

Rettiche und Radieschen lassen sich sehr gut milchsauer vergären. Die Bekömmlichkeit nimmt dadurch zu. Milchsaures wird noch milder, wenn es vor dem Verzehr mit frisch geriebenen Rettichen, Gelben Rüben und Äpfeln gestreckt oder in geringen Mengen Blattsalaten zugefügt wird.

So wird's gemacht: Geputzte, geraspelte oder in Streifen gehobelte Rettiche und Radieschen mit Salz (1 gestr. EL pro kg) gut vermischen, etwas stampfen. In Gläser einfüllen, fest andrücken, bis Flüssigkeit kommt. Einige Zentimeter unter dem Rand freilassen. Mit Holzscheibe und Abstandshalter abdecken. Das Brettchen muss von der Lake bedeckt sein. Gummiring und Glasdeckel auflegen, mit Klammern verschließen. Etwa eine Woche im warmen Raum (18–20 °C) gären lassen, dann kühler stellen (ausführliche Beschreibung der Milchsäuregärung im Allgemeinen Teil).

Rosenkohl

Rosenkohl hat eine sehr lange Wachstumszeit (etwa 200 Tage). Die aus der Achsel der Stängelblätter wachsenden Krautköpfchen bilden sich erst spät aus. Sie sind zart und von feinem Geschmack. Das Abbrechen der Triebspitze gegen Mitte September lässt die Röschen besser und gleichmäßiger ausreifen. Die übrigen Blätter stehen lassen, sie schützen vor Wind und Frost.

Frischer, blanchierter und tiefgekühlter Rosenkohl

Rosenkohl enthält doppelt so viel Vitamin C wie die Zitrone. Gut vertreten sind auch die Vitamine der B-Gruppe und die Mineralstoffe Kalium, Kalzium, Magnesium und Eisen. Rosenkohl wirkt der Übersäuerung des Magens und der Verstopfung entgegen. Als Mitglied der Kohlfamilie besitzt Rosenkohl zellschützende Eigenschaften und wird zur Vorbeugung gegen Krebs und Arteriosklerose empfohlen.

Ernte

Bei älteren Sorten reifen die Röschen nacheinander von unten nach oben. Bei neueren Züchtungen werden sie zur gleichen Zeit erntereif. Die Ernte beginnt am besten nach den ersten Frösten, denn Rosenkohl gewinnt durch Minustemperaturen. Der Zuckergehalt erhöht sich, der Geschmack wird feiner, das Zellgewebe lockert sich und ist damit leichter verdaulich.

Überwinterung

Da der Sprossenkohl Kälte bis -12 °C verträgt, kann er verhältnismäßig lange auf dem Beet bleiben. In einem milden Winter oder durch Einschlagen der ganzen Pflanze an einem geschützten Platz (z. B. Treibhaus, Hauswand) ist eine längere Ernte möglich.

Die abgetrennten Röschen sind nicht sehr lange lagerfähig. Sie welken, die Deckblätter werden gelblich, ein Nachputzen ist erforderlich, der Geschmack leidet. Deshalb nach Bedarf abernten.

Hinweise zur Verwertung

Röschen an der Schnittstelle kreuzweise einschneiden. So garen sie gleichmäßiger und schneller. Der Kohlgeschmack lässt sich durch Zugabe von Milch verringern. Wird Rosenkohl fein geraspelt (z. B. mit einer Küchenmaschine), schmeckt er auch roh. Verwertbar sind auch die Blätter.

Passende Beigaben: Basilikum, Liebstöckel, Muskat, Pastinakengrün, Zitronensaft, Thymian, Butter, Käse, Sahne, Semmelbrösel.

Tiefgefrieren

Rosenkohl am besten einfrieren, wenn er durch starken Frost gefährdet ist. Die geputzten, gewaschenen Röschen 3 Minuten blanchieren, kalt abschrecken, abtropfen lassen und einfrieren. Haltbarkeit 6–8 Monate. Unaufgetaut weiter verwenden. Auch Fertiggerichte sind tiefkühlgeeignet (3 Monate lang haltbar).

Rote Rübe (Rote Bete)

Die dunkelroten, vereinzelt auch gelben oder weißen Knollen, sind mit Mangold und Spinat verwandt. Rote Rüben enthalten beachtenswerte Inhaltsstoffe, die bei Grippe, Erkältung, Fieber und Blutarmut einen guten Einfluss ausüben, das Abwehrsystem stärken und auch krebsvorbeugend wirken. Der tiefrote Farbstoff, der wieder ausgeschieden wird, regt Leber und Galle an. Das Gemüse aus der Gänsefußfamilie gilt als harntreibend, harnsäureausschwemmend und antibakteriell. Es soll auch dabei helfen, Ablagerungen an den Arterienwänden zu verringern.

Rote Rüben nehmen viel Nitrat auf. Die Pflanzen deshalb nur sparsam mit Stickstoff düngen.

Ernte

Die Ernte kann teilweise schon im Sommer erfolgen, besonders bei dicht stehenden Beständen. Junge Knollen sind besonders zart, aromatisch, garen schneller und eignen sich gut zum Einwecken.

Haupterntezeit für den Wintervorrat ist der Spätherbst. Da die Roten Rüben leichte Fröste vertragen, das Abräumen möglichst hinausschieben. Sie nehmen noch an Umfang zu. Wurden die Pflanzen nicht mit Stickstoff überdüngt, bleiben die Rüben zwar kleiner, sind aber auch nitratärmer, haltbarer und besser im Geschmack.

Für die Vorratshaltung die Knollen möglichst nach sonnenreichen Tagen und am späten Nachmittag ernten.

Lagerung

Das Laub vorsichtig abdrehen oder abschneiden, damit es zu keinem Saftverlust kommt. Beschädigte Rüben faulen schneller. Rote Rüben sind im Einschlag (Erde, Sand) in einem kühlen Raum mit hoher Luftfeuchtigkeit und hervorragend in der Erdtrommel lagerfähig (bis in den Sommer hinein). Bei zu trockener und warmer Aufbewahrung schrumpfen sie und treiben aus.

Hinweise zur Verwertung

Rote Rüben sind nicht nur gekocht genießbar. Fein gerieben schmecken sie roh mit Äpfeln, Sahne, Nüssen, Meerrettich, auch in Verbindung mit geraspeltem Wurzelgemüse (z. B. Rettich) und Sauerkraut. Die Garzeit der Knollen verkürzt sich im Dampfdrucktopf wesentlich. Essig lässt sich bei der Marinade auch durch saure Sahne oder Joghurt austauschen.

Passende Gewürze: Anis, Dillsamen, Estragon, Ingwer, Knoblauch, Koriander, Kümmel, Lorbeer, Meerrettich, Nelken, Pfeffer, Thymian, Zwiebel.

Konservierungsmöglichkeiten

Milchsaure Gärung

Da Rote Rüben reichlich Zucker enthalten, werden sie durch längere Gärung sehr sauer. Deshalb nicht zu lange aufbewahren. Besser nach Bedarf in Einweckgläsern neu ansetzen. Die Säure mit frisch geriebenem Gemüse, Äpfeln mildern.

So wird's gemacht: Rote Rüben raspeln, mit Salz (1 gestr. EL auf 1 kg Rote Rüben) vermischen, etwas stampfen. In Gläser geben, fest andrücken, bis Flüssigkeit kommt. Einige Zentimeter unter dem Rand freilassen. Holzscheibe mit Abstandshalter auflegen, gut andrücken. Das Brettchen muss von Lake bedeckt sein. Mit Gummiring, Deckel und Klammern verschließen. Bei 18–20 °C etwa eine Woche gären lassen, dann kühler stellen (ausführliche Beschreibung der Milchsäuregärung im Allgemeinen Teil).

Variante: Rote Rüben mit Weiß- oder Blaukraut einsäuern.

Tiefgefrieren

Wird eine größere Menge Roter Rüben gekocht, lässt sich ein Teil bei einem nicht ausgelasteten Tiefkühlgerät auch einfrieren.

Verwendung: z. B. für Suppen, Borschtsch, Gemüse oder auch für einen Heringssalat.

Pasteurisieren (heiß einfüllen – einwecken)

Rote Rüben süßsauer

Besonders junge, kleinere Knollen liefern gute Ergebnisse.

Zutaten: 700–900 g Rote Rüben, 300 ml Wasser, 100 ml Apfelessig (5 %ig), 10 g Salz (1–2 gestr. TL), 20–40 g Honig/Zucker (2–4 gestr. EL), nach Belieben Gewürze (z. B. Chilischote, Kümmel, Lorbeerblatt, Meerrettich, Nelken, Koriander, Pfefferkörner oder Zwiebeln).

Zubereitung: Gekochte Rüben schälen, in Scheiben schneiden, würfeln, stifteln oder raffeln.

Sud aufkochen, Rote Rüben hineingeben, kurz erhitzen. Heiß in Gläser geben, verschließen.

Varianten: Die geputzten Roten Rüben in Streifen hobeln (Spezialscheibe der Küchenmaschine oder Spezialhobel). In 300 ml Wasser bissfest garen. Dann Essig und Gewürze zugeben, nochmals kurz erhitzen. Heiß in Gläser füllen, verschließen.

Diese Art der Zubereitung ist besonders für große Rüben empfehlenswert, die eine lange Garzeit haben. Der austretende Saft bleibt im Sud erhalten.

Bei größeren Mengen die vorgekochten Roten Rüben im Wasserbad 30 Minuten bei 85 °C pasteurisieren.

Rote Rüben-Apfelsaft

Gegen Ende des Winters kommt es bei einer nicht idealen Lagerung zu Verlusten durch Schrumpfung oder Fäulnis. Eine schnelle Verwertung ist durch elektrisches Entsaften möglich. Da der Saft für sich allein zu intensiv ist, am besten mit einem mehr säuerlichen Apfelsaft mischen. Der unerhitzte Saft bietet die meisten Wertstoffe. Er hält sich gekühlt einige Tage. Für eine längere Aufbewahrung ist Erhitzen notwendig. Dabei sollte der Apfelsaft mit seiner Säure (notwendig für die Haltbarkeit) überwiegen.

So wird's gemacht: Gewaschene Rote Rüben schälen, in maschinengerechte Stücke schneiden. In den elektrischen Entsafter geben. Feste Äpfel halbieren, Kernhaus entfernen, vierteln, entsaften. Beide Säfte vermischen. Auf etwa 80 °C erhitzen, heiß in Flaschen füllen, verschließen.

Saft aus Roten Rüben und Äpfeln

Salate

Die Vielfalt der Sommersalate ist inzwischen sehr groß (Kopfsalat, Eissalat, Bataviasalat, Pflücksalat, Schnittsalat, Römersalat). Salat enthält neben geringen Mengen an Eiweiß, Fett, Kohlenhydraten die Mineralstoffe Kalium, Kalzium, Phosphor, Eisen und eine Vielzahl von Vitaminen. Die dunkelgrünen oder roten Außenblätter sind reicher an Chlorophyll, Karotin und Kalzium sowie, durch den stärkeren Lichteinfall, ärmer an Nitrat.

Während beim Kopfsalat die zarten Herzblätter nur 5% Vitamin C enthalten, besitzen die Außenblätter das Fünf- bis Zehnfache davon. Umgekehrt sieht es beim Nitrat aus. Die gelben Herzblätter enthalten fünfmal, die Strunk- und Blattrippenansätze sogar zehnmal mehr Nitrat als die dunkelgrünen Außenblätter. Bei den nicht geschlossenen Salattypen (z. B. Schnitt- und Pflücksalat) sind die Wertstoffe gleichmäßiger und intensiver in den Blättern verteilt.

Salate wirken appetitanregend, krampflösend und beruhigend. Sie werden deshalb bei Schlaflosigkeit, Nervosität und Husten empfohlen.

Ernte

Durch die verschiedenen Sorten sind Ernten vom Frühjahr bis in den Spätherbst hinein möglich. Winterfeste Salatpflanzen liefern den ersten grünen Salat. Verfrühungen lassen sich unter Glas, durch Folie oder Vlies erzielen.

Schnittsalate sind sehr schnell erntereif. Werden sie nicht zu tief abgeschnitten, bleibt das „Herz" stehen und ergibt eine weitere Ernte.

Beim **Pflück- und Kraussalat** frühzeitig die Außenblätter je nach Bedarf abrupfen, das Innere bleibt verschont. Je nach Witterung ist die Ernte über viele Wochen hinweg möglich, denn diese Salatart ist relativ schossfest. Allmählich wächst der Salat immer höher und bildet zum Schluss kleine Bäumchen.

Der knackige **Eissalat**, der große, feste Köpfe bildet, ist weniger hitzeempfindlich und schießt nicht so schnell.
Römischer Salat, früher Bindesalat genannt, wächst mehr in die Länge und ist nicht so fest geschlossen.

Salate am besten satzweise in kleinen Mengen alle 2–3 Wochen aussäen und dabei schossfeste Sorten bevorzugen.

Kurzfristige Aufbewahrung

Salat besteht zu 95% aus Wasser. Nach der Ernte kommt es schnell zu Wasser- und Wertstoffverlusten (vor allem von Vitamin C). Bei ungünstiger Aufbewahrung bewegt sich der stündliche Verlust bei 2 bis 4%. Deshalb den Salat erst kurz vor dem Verzehr ernten.

Für die Aufbewahrung über längstens 2–3 Tage die Salate in einen gelochten Folienbeutel geben. Am empfindlichsten ist der Eichblattsalat, am längsten hält sich der krautähnliche Eissalat.

Konservierungsmöglichkeiten

Blattsalate werden nicht nur frisch verzehrt, sie lassen sich auch kochen oder dünsten (vor allem Römer- oder Kochsalat). Beimischungen zu Spinat, anderem Kochgemüse und Füllungen sind möglich. In gegarter, und hier besonders in pürierter Form, ist auch Tiefkühlen möglich.

Schwarzwurzel

Die Schwarzwurzel mit ihrer schwarzbraunen, oft etwas borkigen Rinde und dem weißen Fleisch ist mit Löwenzahn und Bocksbart (Haferwurzel) verwandt. Die sehr feinen, zarten Wurzeln werden auch als Winterspargel bezeichnet. Bei der Aussaat im Herbst werden die Stangen kräftiger. Im zweiten Jahr gehen zwar einige Schwarzwurzeln in Blüte (Blütenstängel dann ausbrechen), aber im Gegensatz zu anderen blühenden Pflanzen bleiben ihre Wurzeln weich und fleischig.

Schwarzwurzeln sind reich an Vitaminen (besonders Vitamin E) und Mineralstoffen (v. a. Eisen, Kupfer, Mangan). Sie enthalten das Kohlenhydrat Inulin. Diese Vorstufe des Fruchtzuckers wird von Diabetikern gut vertragen, sie belastet den Blutzuckerspiegel nicht.

Schwarzwurzeln unterstützen die Entgiftungsfunktion der Leber positiv und fördern den Schlaf. Sie enthalten viele Ballaststoffe, wenig Kalorien, sind leicht verdaulich und werden deshalb von Magen- und Darmempfindlichen geschätzt.

Ernte

Die Ernte erfolgt möglichst spät im Herbst, denn Schwarzwurzeln sind nicht frostempfindlich. Der Geschmack wird durch Kälteeinwirkung noch süßer.

Beim Abräumen die Wurzeln mit der Grabgabel lockern und vorsichtig herausnehmen. Die Stangen brechen leicht. Dabei tritt gelblich-weißer Milchsaft aus, der eintrocknet und die Wunden verschließt. Abgebrochene Wurzeln sind deshalb lagerfähig.

An der Luft werden Schwarzwurzeln bald schlapp. Deshalb möglichst bald in Erde oder Sand einschlagen oder in eine Erdtrommel geben. Das Laub vorher auf 1–2 cm Länge abschneiden. Für eine kurzfristige Aufbewahrung die Stangen in einen Folienbeutel geben und kühl lagern.

Überwinterung – Lagerung

Da Schwarzwurzeln vollkommen winterhart sind, können sie auf dem Beet bleiben und bei ungefrorenem Boden den ganzen Winter über nach Bedarf geerntet werden. Da die länglichen Blätter in einem milden Winter kaum erfrieren, geht das Wachstum weiter. Damit auch bei Frost eine Entnahme möglich ist, das Beet dick mit Laub abdecken, besser noch einen Wanderkasten darüber stellen.

Hinweise zur Verwertung

Beim Schaben und Schälen tritt klebriger Saft aus, der die Finger etwas bräunt (evtl. Gummihandschuhe anziehen). Die schwarze Haut ist auch nach dem Kochen abziehbar. Die geputzten Stangen verfärben sich bald bräunlich. Wer dies als störend empfindet, kann sie ins Wasser legen und etwas Essig, Zitronensaft oder eine Messerspitze Vitamin C zugeben.

Rohe Schwarzwurzeln schmecken fein gerieben, etwas nussartig. Sie lassen sich mit Äpfeln, Nüssen, Gelben Rüben, aber auch mit Blattsalaten kombinieren. Junge, zarte Blätter sind essbar (z. B. als Beigabe zu anderen Salaten).

Konservierungsmöglichkeiten

Tiefgefrieren

In blanchierter Form (4 Min.) oder als Fertiggericht sind Schwarzwurzeln gefriergeeignet.
Verwendung: z. B. für Suppen, Gemüse, Auflauf, Eintopf, Omelettefüllungen. Haltbarkeit 6–8 Monate, Fertiggerichte 3 Monate.

Schwarzwurzeln pasteurisiert

Pasteurisieren (heiß einfüllen – einwecken)

Zutaten: 450–500 g geputzte Schwarzwurzeln, 300 ml Wasser, 100 ml Apfelessig (5 %ig), 10 g Salz (1–2 gestr. EL), 20 g Honig/ Zucker (2 gestr. EL), 1 Messerspitze Vitamin C oder etwas Zitronensaft, nach Belieben Gewürze (z. B. weiße Pfefferkörner).
Zubereitung: Die gewaschenen und geschabten Wurzeln in kurze Stücke schneiden, in 300 ml Wasser bissfest garen. Übrige Zutaten zufügen, nochmals aufkochen lassen. Dicht in Gläser füllen, mit dem kochenden Sud übergießen, sofort verschließen. Dunkel und kühl aufbewahren.
Bei größeren Mengen das schwach vorgegarte Gemüse bei 85 °C etwa 30 Minuten lang im Wasserbad pasteurisieren.

Sellerie

Knollen-, Stangen-, Schnittsellerie

Sellerie ist sowohl Gemüse- als auch Würzpflanze. Bekannt ist der Knollensellerie, später kam der Stangen-, Stauden- oder Bleichsellerie hinzu. Beim knollenlosen Schnittsellerie werden nur die aromatischen Blätter verwendet.

Sellerie ist kalorienarm, schmackhaft und gesund. Der hohe Anteil an ätherischen Ölen, Vitaminen (besonders der B-Gruppe) und Mineralstoffen (Kalzium, Kalium) wirkt günstig auf Kreislauf und Verdauung, trägt zur Entwässerung bei, fördert die Entschlackung.

Besonders reich an gesundheitsfördernden Stoffen sind die Blätter. Stangensellerie enthält mehr Ballaststoffe als Knollensellerie.

Ernte

Wenn sich der Schnittsellerie gut entwickelt hat, beginnt die Ernte der Blätter. Sie wachsen laufend nach. Im Hausgarten verträgt auch der Knollensellerie die Laubentnahme in geringer Menge.
Beim **Stangensellerie**, dessen Ernte im Juli/August beginnt und sich bis zum Frost hinzieht, werden nur einzelne Stangen entnommen. Sie schmecken roh besonders aromatisch. Am zartesten sind die Stängel der Innenblätter.
Der **Knollensellerie** bleibt im Herbst so lange wie möglich auf dem Beet, denn er nimmt an Umfang noch zu. Die Pflanze verträgt Fröste bis -4 °C.

Kurzfristige Aufbewahrung

Kurzfristig lässt sich Selleriegrün kühl in einem Folienbeutel aufbewahren. An der Luft wird das Laub schnell welk. Auch der Stangensellerie verliert bei ungünstigen Verhältnissen nach 1–2 Tagen seine Straffheit. Deshalb das Laub abschneiden (es entzieht zu viel Wasser), in ein feuchtes Tuch wickeln oder in einen Plastikbeutel geben und kühl lagern. Der Knollensellerie bleibt am längsten fest. Angeschnittene Knollen abdecken, damit sie nicht so schnell austrocknen.

Lagerung – Überwinterung

Um lange Zeit frisches Grün zu haben, empfehle ich, 1–2 Knollen- oder Schnittselleriepflanzen im Herbst im Hausgarten stehen zu lassen. Bei stärkeren Frösten abdecken. Bei milden Temperaturen überstehen manche Pflanzen den Winter.
Staudensellerie ist frostempfindlicher. Die Stangen werden schnell glasig. Die Ernte verlängert sich durch Abdeckung mit Vlies oder Folie und durch Ausgraben des recht gut zusammenhaltenden Wurzelballens. Eingepflanzt in größere Gefäße und geschützt aufgestellt (Gewächshaus, Veranda, Wintergarten) ist das Ernten bis in den Dezember hinein möglich.
Beim **Knollensellerie** das Laub abschneiden und die Wurzeln kürzen. Die Lagerung in kühlfeuchten Kellerräumen oder ein frostfreier Einschlag in Sand oder Erde hält die Knollen frisch. Ohne Erd- oder Sandzugabe halten sich die Knollen hervorragend in einer Erdtrommel (siehe Allgemeinen Teil). Der Sellerie bleibt hier bis April–Mai verwendungsfähig. Dadurch ist es möglich, dieses Gemüse roh anzubieten (z. B. Sellerie-Gelbe-Rüben-Salat, Sellerie-Apfel-Salat, Sellerie-Rettich-Salat, Sellerie-Sauerkraut-Salat, Sellerie-Feldsalat, Selleriesalat mit Roten Rüben und Äpfeln).

Konservierungsmöglichkeiten

Milchsaure Gärung

Knollensellerie lässt sich milchsauer vergären. Allerdings verfärbt er sich etwas. Zudem bringt er wenig Feuchtigkeit mit. Der Geschmack ist etwas streng. Ausgleichend wirken Weißkraut, Wasserrüben, Rettiche oder Gelbe Rüben.
So wird's gemacht: Sellerie schälen, nicht zu fein raspeln oder in feine Streifen hobeln (z. B. mit Spezialscheibe der Küchenmaschine oder Juliennehobel). Mit Salz (1 gestr. EL auf 1 kg Sellerie) vermischen, stampfen. Das Gemüse in das Einweckglas geben, fest pressen bis Wasser kommt. Einige Zentimeter unter dem Rand freilassen. Holzscheibe mit Abstandshalter auflegen. Das Brettchen muss mit Lake bedeckt sein. Glas mit Gummiring, Deckel und Klammern verschließen.

Etwa eine Woche in einem warmen Raum gären lassen, dann kühler stellen. Genauere Beschreibung der Milchsäuregärung im Allgemeinen Teil.

Tiefgefrieren

Für das Einfrieren ist vor allem der Stangensellerie geeignet. Haltbarkeit 6–8 Monate. Unaufgetaut oder leicht angetaut verwenden.

Stangensellerie

Den Stangensellerie in kurze Stücke schneiden, eventuell zähe Fasern abziehen. 2–4 Minuten ins kochende Wasser geben, abkühlen, einfrieren.
Verwendung: für Suppen, Eintöpfe, Semmelbröselgemüse, Risotto, Mischsalate, Gulasch, Geschnetzeltes, Fischeintopf, Gratin.

Knollensellerie

Geputzten Sellerie beliebig zerkleinern (z. B. Streifen, Würfel, Scheiben). 2–4 Minuten blanchieren, abkühlen, einfrieren.
Verwendung: für Suppen, Salate, Mischgemüse, Eintöpfe.

Selleriegrün

Die gewaschenen, unblanchierten Blätter ganz oder zerkleinert in Glasbehältern einfrieren. Gefroren verwenden.

Stangensellerie und Knollensellerie

Trocknen

Selleriegrün
Bei der Ernte von Stangen- und Knollensellerie fällt viel Grün an, das sich recht gut trocknen lässt. Die besten Ergebnisse liefert ein Trockengerät. Während in der warmen Jahreszeit der Wasserentzug auf dem Speicher oder in gut durchlüfteten Räumen erfolgt, ist dies in nebligen, feuchten Herbstmonaten schwierig. Die Blätter trocknen dann zu langsam.
So wird's gemacht: Die Blätter von den dicken Stielen befreien. Eventuell grob schneiden, damit das Wasser schneller verdunsten kann. Selleriegrün locker auf Siebe legen. Bei 30 °C im Spezialgerät trocknen. Sellerie zerreiben, in Gläser geben, dunkel aufbewahren.
Verwendung: z. B. für Suppen, Eintöpfe, Fleischgerichte, Gemüsebrühe, Hackfleisch, Knödel.

Selleriesalz
Das getrocknete Selleriegrün lässt sich in einem Universalzerkleinerer leicht pulverisieren und dann mit Salz vermischen (z. B. 100 g Salz für 10 g getrocknetes Selleriegrün). Nach Belieben den Sellerieanteil erhöhen. Das Trockengut lässt sich zusammen mit Salz auch in einer Porzellanreibschale reiben.
Verwendung: für Suppen, Soßen, Fleischgerichte, Füllungen, Kartoffel-, Nudelteige, Marinaden.

Getrockneter Knollensellerie
Geputzten Sellerie grob raspeln, in Scheiben oder Streifen hobeln (Juliennehobel). Locker auf Siebe geben, bei 30–50 °C trocknen (geht relativ schnell). Bei weiß kochenden Sorten (z. B. 'Monarch') gibt es kaum eine Verfärbung.
Das gut getrocknete Gemüse lässt sich auch zu Pulver mahlen (Reibschale, Universalzerkleinerer).
Verwendung: z. B. für Suppen, Salate, Fleischteige, Aufläufe und Fülllungen.

Pasteurisieren (heiß einfüllen – einwecken)

Süßsaurer Selleriesalat
Für den Salat weiß kochende Sorten ('Monarch', 'Alba') bevorzugen, die nicht stark zur Rostfleckenbildung neigen.
Zutaten: 800–900 g geschälter Sellerie, 1/2 l Wasser, 10 g Salz (1 gestr. EL), 25 g Honig/Zucker (2 gestr. EL), 1/8 l Apfelessig (5 %ig).
Variante: 400–500 g geputzter Sellerie, 100 ml Essig, 300 ml Wasser, 10 g Salz, 25–50 g Zucker/Honig.
Zubereitung: Sellerie in Scheiben, Streifen oder Stücke schneiden, ins kochende Wasser geben, bissfest garen (etwa 5–10 Min., je nach Größe). Mit Salz, Süßungsmittel und Essig abschmecken. In Gläser füllen, mit dem kochend heißen Sud übergießen, sofort verschließen.
Bei größeren Mengen das bissfest vorgekochte Gemüse mit dem Sud in Einmach- oder Schraubgläser geben. 30 Minuten bei 85 °C im Wasserbad pasteurisieren.

Süßsaurer Selleriesalat, Sellerie im Mischgemüse

Einlegen

Selleriegrün in Salz
Sellerielaub waschen, trocken tupfen oder abtrocknen lassen. Die dicken Stiele entfernen, fein schneiden, wiegen. Mit Salz (2 gestr. EL auf 100 g Blätter) gut vermischen, fest in Gläser einfüllen, verschließen. Kühl (Speisekammer) und dunkel aufbewahren. Sparsam dosieren.

Eingesalzenes Wurzelwerk
Zutaten (alles geputzt): 500 g Sellerie (mit etwas Grün), 500 g Gelbe Rüben, 500 g Petersilienwurzeln (mit etwas Grün), 500 g Lauch, 500 g jodiertes Salz.
Zubereitung: Das Gemüse zerkleinern, durch den Fleischwolf drehen. Alles mit Salz gut vermischen. In Gläser fest einschichten, verschließen. Kühl und dunkel lagern.

Spargel (Bleich-, Grünspargel)

Spargel ist eine mehrjährige Staude. Verzehrt werden im Frühjahr die jungen Austriebe (Sprossen). Damit der Bleichspargel weiß bleibt und lange Stangen bildet, wird er in Dämmen kultiviert. Ragt der Kopf nur ein wenig aus der Erde, verfärbt er sich violett-blau, später grün. Der schon im 17. Jh. bei uns kultivierte Grünspargel darf die Sonne sehen. Er bildet reichlich gesundheitsförderndes Chlorophyll (Blattgrün), Vitamin C und Provitamin A aus, zudem schmeckt er würziger. Durch eine Abdeckung mit schwarzer Folie bleibt auch der Grünspargel weiß.

Spargel hat einen niedrigen Energiegehalt, Kohlenhydrate, Fett und Eiweiß sind nur in geringen Mengen vorhanden. Diabetiker haben mit diesem Gemüse keine Probleme. Spargel regt den Stoffwechsel, die Nieren- und Darmtätigkeit an, entschlackt, reinigt und entwässert. Etwas Zurückhaltung ist bei Neigung zu Nierensteinen und bei hohen Harnsäurewerten geboten.

Ernte

Bleichspargel bringt mehr gerade und dickere Stangen (ca. 20 Stück je kg) als der oberirdisch sprießende Grünspargel (ca. 40 Stück je kg). Auch krumme und dünnere Stangen sind geschmacklich gut. Der Beginn und Verlauf der Ernte wird stark von der Witterung beeinflusst. Bei kaltem Wetter wächst der Spargel langsamer und ist nicht so zart. Gestochen wird der Bleichspargel mit einem Spezialmesser, sobald sich an der Oberfläche Risse zeigen.

Anbau von Spargel im Hausgarten. Es ist eine Frage der Kulturmethode. Bleichspargel funktioniert auch ohne Dammaufschütten, durch Abdecken der Reihen mit schwarzer Folie. Grünspargel wird über dem Boden abgeschnitten. Die übliche Länge liegt bei 20 cm. Letzter Stichtag ist der 24. Juni, dann lässt man die Sprossen wachsen.

Kurzfristige Aufbewahrung

Frischer Spargel glänzt, ist stramm und bricht leicht. Durch Austrocknung wird er matt und biegt sich. Deshalb die Stangen nicht lange aufbewahren. Ungeschälten Spargel in ein mäßig feuchtes Tuch wickeln und kühl lagern (z. B. im Gemüsefach des Kühlschranks). Grünspargel am besten stehend aufbewahren und gebündelt in etwas Wasser stellen. Liegend strecken sich die Köpfe zum Licht und die Stangen werden krumm.

Konservierungsmöglichkeiten

Tiefgefrieren

Bleichspargel unterhalb des Kopfes bis zur Schnittfläche schälen, Grünspargel ungeschält lassen, evtl. nur das untere Drittel von unten nach oben schälen. So lässt sich der Beginn der zarten Teile leichter feststellen. Blanchieren ist in der Regel nicht notwendig. Nur bei längerer Aufbewahrung (6–8 Monate) 2–3 Minuten ins kochende Wasser geben, dann abkühlen. Die Stangen werden in voller Länge oder als Teilabschnitte in Gefrierbehälter oder in Folienbeuteln eingefroren.
Verwendung: für Suppe, Omelett, Salat, Risotto, Strudel, Mischgemüse (z. B. zarte GelbeRüben, Erbsen, Kohlrabi), Auflauf, Eintopf.

Unaufgetauten Spargel ins kochende, leicht gesalzene Wasser geben oder im Dampf garen. Ideal sind hohe Spezialtöpfe mit Drahtkorb, die ein aufrechtes Kochen ermöglichen. So bleiben die empfindlichen Köpfe (vor allem beim Grünspargel) geschont. Die Garzeit liegt, je nach Dicke und Zartheit, bei frischem Bleichspargel bei 15–20, bei Grünspargel bei 5–15 Minuten. Die Kochzeit gefrorener Ware ist kürzer (bis zur Hälfte). Geschmack und Nährwert bleiben am besten beim wasserarmen Garen oder Dämpfen erhalten. Gefrorener Spargel lässt sich gut reiben oder in Scheiben schneiden. Die Rohkost eignet sich für Quark, belegte Brote, Salate, Suppen.

Pasteurisieren (heiß einfüllen – einwecken)

Spargel ist ein empfindliches Gemüse. Zum Konservieren nur ganz frische Stangen verwenden. Zugabe von etwas Essig trägt zur Haltbarkeit bei. Beim Spargel können sich nach dem Erhitzen widerstandsfähige Pilzsporen ausbilden. Sie werden abgetötet, wenn das Gemüse nach 2 Tagen nachpasteurisiert wird.
Zutaten: 400–500 g geputzter Spargel, 300 ml Wasser, 100 ml Apfelessig (5 %ig), 10 g Salz (1 gestr. EL), 20 g (2 gestr. EL) Zucker.
Zubereitung: Geschälten Spargel in der Länge des Glases (hoch, gerade) schneiden. Bissfest im Wasser vorkochen. Essig, Salz und Zucker zugeben. Kurz aufkochen lassen. Dann in Gläser einschichten, mit dem kochenden Sud übergießen, verschließen. Nach 2 Tagen 30 Minuten bei 85 °C im Wasserbad pasteurisieren.
Variante: Spargelabschnitte in niedrige Gläser geben. Die sehr empfindlichen Köpfe separat kurz vorkochen und einfüllen.

Frischer, geschälter und gefrorener Spargel

Speiserübe

Die Speiserübe, die sich von der Kohlrübe durch behaarte hellere Blätter, kleinere Knollen und den mehr rettichartigen Geschmack unterscheidet, ist sehr formenreich. Die Wachstumszeit ist allgemein kurz, deshalb eignet sie sich gut als Vor- und Nachkultur. Speiserüben enthalten viel Vitamin C, Kalium, Folsäure, Schwefel und Ballaststoffe, aber wenig Kalorien. Die Senföle wirken bakterizid. Sie aktivieren Entgiftungsenzyme. Die Blätter, die sich ähnlich wie Spinat zubereiten lassen, sind vitamin- und mineralstoffreich.

Die Ernte der Speiserüben ist unterschiedlich. Sie hängt nicht nur von der Art, sondern auch von der Anbauzeit ab.

Mairübe

Mairüben, die im zeitigen Frühjahr ausgesät werden, sind im Mai/Juni schon erntereif. Man erntet sie bevorzugt bei einem Durchmesser von5 cm. Es gibt Sorten, die sich auch für den Herbstanbau eignen.

Teltower Rübchen

Sie sind eine kleine Abart der Mairübe. Folgesaaten sind bis in den Juli hinein möglich. Die Erntezeit erstreckt sich somit von Mai bis Oktober.

Herbstrübe (Weiße Rübe, Wasserrübe, Saatrübe)

Sie folgte früher oft als Nachfrucht auf die Getreideernte. Die Entwicklungszeit beträgt etwa 8 Wochen. Das Fruchtfleisch ist weiß. Die helle Schale ist am oberen Teil oft rötlich bis violett gefärbt.

Rübstiel (Stielmus)

Im Rheinland, in Nordrhein-Westfalen und Holland ist das Blattwerk der Speiserübe, das als Rübstiel oder Stielmus bezeichnet wird, so beliebt, dass es eigens angebaut wird. Es steht teilweise das ganze Jahr zur Verfügung, weil der Anbau auch unter Glas erfolgt. Rübstiel wird ähnlich zubereitet wie Spinat.

Gesät wird sehr eng. Dadurch entwickelt sich mehr Blattmasse. Wenn die Pflanzen 15–25 cm hoch sind, wird geerntet. Man kann schon bei einer Höhe von 10 cm schneiden. Dann ist nach einiger Zeit ein weiterer Schnitt möglich.

Lagerung

Für die kurzfristige Aufbewahrung die Rüben mit dem Stielansatz nach unten ins Wasser geben, nicht umgekehrt. Speiserüben, deren Ernte in die warme Jahreszeit fällt, halten sich nicht so gut wie die Ernten in den kühleren Herbstmonaten. Wer eine Erdtrommel besitzt, kann sie darin lagern. Sie bleiben durch die Erdfeuchte frisch und fest.

Für die Winterlagerung bietet sich die Erdmiete, Erdtrommel, der Einschlag in feuchtem Sand oder in Erde und ein kühler, feuchter Keller an. Bei zu langer Lagerung werden die Rüben leicht schwammig oder sie fangen an zu faulen. Sie sind nicht so lange lagerfähig wie Gelbe oder Rote Rüben.

Hinweise zur Verwertung

Speiserüben schmecken auch roh, doch werden sie überwiegend in gegarter Form (gedünstet, gebraten, gegrillt, glasiert, gratiniert) verzehrt. Passende Gewürze: z. B. Kümmel, Kerbel, Liebstöckel, Petersilie, Sellerie, Zwiebel.

Konservierungsmöglichkeiten

Milchsaure Gärung

Rübenkraut
Speiserüben lassen sich wie Kraut einsäuern. Besonders die Herbst- oder Stoppelrübe wurde früher gerne zu Rübenkraut verarbeitet.
So wird's gemacht: Die geputzten, gewaschenen Rüben nicht zu fein raspeln oder streifig hobeln (Juliennehobel). Mit Salz (1 gestr. EL auf 1 kg Rüben) gut vermischen. In Steinguttöpfe geben, einstampfen, bis sich Flüssigkeit bildet. Dann mit Brett und Stein beschweren.
Bei kleineren Mengen Einmachgläser verwenden. Die geraspelten Rüben mit Salz vermischen, etwas stampfen oder durchdrücken und in Gläser füllen. Fest pressen, damit sich Gemüsewasser bildet. Einige Zentimeter unter dem Rand freilassen. Mit Holzscheibe und Abstandshalter beschweren. Das Brettchen muss von der Lake bedeckt sein. Gummiring und Deckel auflegen, mit Klammern verschließen. Etwa eine Woche lang in einem warmen Raum gären lassen. Dann kühler stellen.
Eine ausführliche Beschreibung der milchsauren Gärung finden Sie im Allgemeinen Teil.

Verwendung: warm oder kalt als Beilage z. B. zu Geräuchertem.

Milchsauer eingemachte Speiserüben

Tiefgefrieren

Während die Speiserübe länger haltbar ist, sind die Blätter nicht lagerfähig. Hier bietet sich das Tiefgefrieren an. Gewaschene Blätter 2 Minuten ins kochende Wasser geben, im kalten Wasser abkühlen, abtropfen lassen, einfrieren. Unaufgetaut oder angetaut verwenden. Das Grün lässt sich gefroren gut schneiden oder in einem Blitzhackgerät zerkleinern.

Tiefkühlgeeignet sind auch gegarte Speiserübengerichte. Haltbarkeit 3–6 Monate.

Pasteurisieren (heiß einfüllen – einwecken)

Wasserrüben lassen sich zwar einwecken, aber der Kohlgeschmack ist noch sehr intensiv. Er kann aber durch Mischung mit anderen Gemüsearten etwas gemildert werden.

Zutaten (netto): 200 g Wasserrüben, 150 g GelbeRüben, 150 g Sellerie, 300g Wasser, 100 ml Apfelessig (5 %ig), 10 g Salz (1–2 gestr. TL), 20 g Honig/Zucker (1–2 gestr. EL), Pfefferkörner oder ein Stück Pfefferoni.

Zubereitung: Das gewürfelte Gemüse mit den Gewürzen im Wasser bissfest garen. Zum Schluss Essig zufügen. Nochmals aufkochen lassen. Heiß in Gläser geben, verschließen. Bei größeren Mengen das schwach vorgegarte Gemüse 30 Minuten bei 85 °C im Wasserbad pasteurisieren.

Spinat

Mit seinen vielseitigen Inhaltsstoffen nimmt der Spinat eine Spitzenstellung ein. Er ist außergewöhnlich reich an Kalium, Kalzium, Magnesium, Eisen, Provitamin A, Vitaminen der B-Gruppe und Vitamin C. Spinat besitzt eine ideale Kombination an Wirkstoffen für die Blut- und Blutfarbstoffbildung. Auch Leber, Gallenblase, Bauchspeicheldrüse, Magen und Darm profitieren von den vielen gesundheitsfördernden Stoffen.

Nicht verwandt mit dem Gartenspinat ist der einjährige Neuseeländer Spinat, der ebenfalls reich an Inhalts- und Geschmacksstoffen ist. Er ist sehr wärmebedürftig und kommt erst vorkultiviert nach den Eisheiligen ins Freiland.

Ernte

Im April/Mai steht überwinterter Spinat zur Verfügung, ab Mai die zarte Frühjahrsaussaat. Unter dem Einfluss von viel Licht (über 12 Stunden) und höheren Temperaturen kommt der Spinat im Sommer schnell zum Blühen. Nur träge schossende Sorten ermöglichen auch im Sommer eine Ernte. Der unproblematische Anbau erfolgt erst wieder im August/September.

Wird bei der Ernte nicht zu tief abgeschnitten, bleibt das Herz unverletzt, und der Spinat treibt noch brauchbare Seitentriebe. Auch das Pflücken der Außenblätter ist möglich. Junge Spinatblätter der Frühjahrsaussaat eignen sich besonders gut zum Rohverzehr. Der Anbau in mehreren Etappen verlängert die Saison.

Vom Neuseeländer Spinat werden im Sommer bis in den Herbst hinein die fleischigen Triebspitzen mit den zarten Blüten geschnitten. Dadurch gibt es immer wieder Neutriebe und die Samenbildung wird unterbrochen. 1–2 Pflanzen sind für eine Person ausreichend.

Überwinterung

Der Herbstspinat kann nach der Ernte stehen bleiben. Er überwintert und treibt im Frühjahr wieder aus. Allerdings sind Ausfälle durch starke Kälte ohne Schnee möglich, wenn der Spinat keinen Winterschutz erhält.

Hinweise zur Verwertung

Spinat nicht überdüngen, die Pflanzen nehmen sonst zu viel Stickstoff auf. Auch Lichtmangel fördert die Einlagerung von Stickstoff. Für die Vorratshaltung am besten nach lichtreichen Tagen am Spätnachmittag ernten. Möglichst bald verarbeiten. Spinat verliert bereits nach einem Tag der Lagerung im Kühlschrank über 50 % an Vitamin C, nach zwei Tagen liegt der Verlust schon bei 80 %.

Das meiste Nitrat befindet sich in den Leitbahnen. Blanchieren verringert den Nitratgehalt (40–70 %). Für Empfindliche (Kleinstkinder) Stängel und Blattrippen entfernen. Säuglingen unter 5 Monaten keinen Spinat geben. Da Spinat viel Oxalsäure enthält, wird bei einer Neigung zur Bildung von Nierensteinen Zurückhaltung empfohlen.

Gekochten Spinat nicht lange warm halten, sondern möglichst schnell abkühlen oder einfrieren, um die Umwandlung von Nitrat in das gesundheitsgefährdende Nitrit zu verhindern. Eine Zugabe von Vitamin C wirkt dem entgegen. Auch die Mischung mit Wildgemüsen (Giersch, Bärlauch), Rettichblättern oder Grünkohl bringt einen Ausgleich.

Konservierungsmöglichkeiten

Tiefgefrieren

Junge, zarte Blätter waschen, 1 Minute im kochenden Wasser blanchieren, im kalten Wasser (evtl. mit Eiswürfeln) schnell kühlen, gut abtropfen lassen. Nach Belieben Blätter ganz lassen, schneiden oder passieren. Haltbarkeit 6–8 Monate. Unaufgetaut verarbeiten. Gefrostete Blätter lassen sich in einem Blitzhackgerät recht gut zerkleinern. Auch das Einfrieren von Fertiggerichten ist möglich (3 Monate haltbar).

Trocknen

Spinat waschen, Stiele entfernen, 2–3 cm breit schneiden (der Wasserentzug erfolgt dann wesentlich schneller). Nicht blanchieren, da die Blätter sonst matschig werden. Spinat auf Siebe legen, bei 30–40° C im Dörrgerät zügig trocknen. Rascheln die Blätter, lassen sie sich leicht zerreiben.

Verwendung für Suppen, Soßen, Hackfleisch-, Getreide- und Gemüsepflänzchen, Aufläufe.

Pasteurisieren (heiß einfüllen – einwecken)

Gewürzte Spinatsoße

Zutaten (netto): 100 g Lauch, 200 g grüne oder gelbe Paprikaschoten, 100 g Zwiebeln, 200 g Sellerie, 100 ml Wasser, 100 g Spinat, 50 g Honig/Zucker, 1 gestr. EL Salz, 100 ml Apfelessig (5 %ig), 2 Knoblauchzehen, etwas Selleriegrün, Estragon, Liebstöckel.

Zubereitung: Lauch, Paprikaschoten und Zwiebeln zerkleinern, Sellerie raspeln, in Wasser kochen. Zum Schluss Spinat, Kräuter und Gewürzzutaten beifügen, fertig garen, mixen. Kochend heiß in Flaschen oder in kleine Gläser füllen, verschließen.

Variante: 200 g Lauch, 200 g Sellerie, 100 g Gelbe Rüben, 100 g Zwiebeln, 100 ml Wasser, 100 g Spinat, 50 g Honig/Zucker, 1 gestr. EL Salz, 100 ml Apfelessig, 2 Knoblauchzehen, etwas Selleriegrün, Estragon, Liebstöckel.

Tomate

Tomaten sind äußerst kalorienarm. Dazu trägt der hohe Wassergehalt (über 90 %) und der geringe Anteil an Eiweiß, Fett und Kohlenhydraten bei (insgesamt nur 5%). Vitamine und Mineralstoffe liegen reichlich vor. Der Geschmack der Tomate wird stark von den Zucker- und Säurewerten bestimmt. Voll ausgereifte, sonnenverwöhnte Früchte haben das beste Aroma. Die bioaktiven Stoffe, zu denen auch die vielen Farbstoffe zählen, beleben und verjüngen den Organismus und stärken die Abwehrkräfte. Tomaten regen Magen, Leber, Bauchspeicheldrüse und Kreislauf an. Die Schlafbereitschaft wird gefördert. Tomaten werden bei Rheuma, Gicht, Blutarmut, Durchblutungsstörungen und Depressionen empfohlen.

Ernte

Gewächshaus, Folienüberdachung und eine sonnige Hauswand tragen zur Ernteverfrühung bei. Leichte Unterschiede gibt es bei den einzelnen Sorten. In regenreichen Jahren fällt die Tomatenernte durch Pilzbefall gering aus, wenn die Pflanzen nicht überdacht wurden. Nur ein sonnenreicher Sommer bringt auch im Freiland gute Erträge. Die Früchte so lange wie möglich an der Pflanze reifen lassen (besserer Geschmack, mehr gesundheitsfördernde Stoffe). Überreife Früchte verlieren aber an Qualität. Sinken die Temperaturen im Herbst auf etwa 10 °C ab, färben sich die Tomaten langsamer. Manchmal werden sie nur noch gelborange.

Bei noch mehr Kälte bekommen sie ein glasiges Aussehen. Der Geschmack leidet darunter. Bei Frostgefahr deshalb alles ernten und an einem dunklen, warmen Standort nachreifen lassen.

Hinweise zur Verwertung

Die Tomaten sind mit Schale und Samenkernen besonders ballaststoffreich. Wer die Haut nicht wünscht oder verträgt, kann sie nach kurzem Eintauchen in kochendes Wasser abziehen.

Konservierungsmöglichkeiten

Lagerung

Reife, weiche Früchte sind nur kurzfristig lagerfähig. Im Kühlschrank verlieren sie an Aroma. Nicht zusammen mit anderen Gemüsearten (Gurken, Blumenkohl) aufbewahren, sie werden schneller alt. Auch in unmittelbarer Nachbarschaft von reifen Äpfeln läuft dieser Prozess rascher ab. Richtig gelagert, können bis in den Dezember hinein Tomaten aus dem eigenen Garten zur Verfügung stehen. Das Aroma ist allerdings geringer als bei sonnengereiften Früchten.

Milchsaure Gärung

Geschnittene Tomaten in geringer Menge zum Weißkraut geben und milchsauer vergären. Sie bringen Farbe ins Sauerkraut.

Tiefgefrieren

Sie ist die schonendste und schnellste Konservierungsart. Tomaten eignen sich nach dem Auftauen nicht als Salat, dafür sind sie zu weich. Für die Saftgewinnung ist das Einfrieren ideal. 1 kg Früchte liefern etwa 3/4 l helle Flüssigkeit. Ungewürzt oder gewürzt (z. B. mit Zitronensaft, etwas Pfeffer und Salz) oder mit anderen Säften vermischt, ist dies ein wertvolles, erfrischendes Getränk. Werden die ganzen Tomaten gemixt und durchpassiert, entsteht ein dickerer, gut gefärbter Saft. Die Tomatenstücke oder die Flüssigkeit bereichern Suppen, Soßen, Fleischgerichte, Nudeln, Salatmarinaden.

Tiefgefrorene und aufgetaute Tomaten. Tomatenpüree und -saft, frostentsaftet

Trocknen

Tomaten lassen sich trotz ihres hohen Wassergehaltes in einem Trocknungsapparat dörren. Geeignet sind besonders festfleischige Tomaten. Sie werden durch den Wasserentzug in der Farbe und im Aroma kräftiger.
So wird's gemacht: Reife, feste Tomaten waschen und in dünne Scheiben schneiden, nebeneinander auf Trockensiebe legen. Bei 30–50 °C im Dörrapparat trocknen.
Verwendung: für Suppen, Soßen, Fleischgerichte, Eintöpfe, Salate (eingeweicht).
Tipp: Wesentlich verkürzen lässt sich die Trocknungszeit durch Einfrieren der halbtrockenen Ware.

Pasteurisieren (heiß einfüllen – einwecken)

Am schnellsten werden Tomaten durch Erhitzen haltbar gemacht, wenn sie zu Brei verarbeitet werden. Durch längeres Kochen entsteht das dickere Mark. Dies ist aber mit mehr Energieaufwand und größeren Vitaminverlusten verbunden.

Tomatenpüree ungewürzt
Tomaten waschen, grob zerteilen und kochen. Kurz mixen, durchpassieren und nochmals erhitzen. Kochend heiß in Gläser oder Flaschen füllen, verschließen. Ein paar Minuten umgekehrt auf den Deckel stellen.
Verwendung: Dieses einfache, ungewürzte Mus ist vielseitig verwendbar (Getränk, Suppe, Soße, Marinade, vegetarische Gerichte, Fleischspeisen).
Hinweis: Säurearmes Tomatenpüree kann manchmal Probleme durch seine geringe Haltbarkeit machen. Die Zugabe von 4 EL Essig auf 1 l Püree oder nochmaliges Erhitzen nach 2 Tagen bringt mehr Sicherheit.

Tomatenketchup
Zutaten: 1 kg sehr reife Tomaten, 100–200 g Zwiebeln, 1 gestr. EL Salz, 2–4 EL (50 g) Honig/Zucker oder anderes Süßungsmittel, 50–75 ml Apfelessig (5 %ig), 1 TL Paprika.
Zubereitung: Die Tomaten und geschälte Zwiebeln zerkleinern. Gewürze und Kräuter beifügen, weich kochen. Die Masse mixen, durchpassieren. Essig, Salz zugeben, süßen, würzen und erhitzen. Dann kochend heiß in Gläser oder Flaschen füllen, verschließen. Soll die Soße dicker werden, den durchpassierten Brei im offenen Topf 15–30 Minuten sanft einkochen, dabei öfter umrühren oder mit Agar-Agar (1 TL auf 1 l Brei) binden.

Gemüseallerlei in Tomatensoße

Variante: 1 kg Tomaten, 200 g rote Paprikaswürfel, 100 g Zwiebelwürfel, 1 gestr. EL Salz, 50 g Honig/Zucker, 50–75 ml Apfelessig, nach Belieben Rosmarin, Estragon, Thymian, ein paar enthäutete, zwerkleinerte Knoblauchzehen, 1 Chilischote.

Gemüseallerlei in Tomatensoße
Zutaten: 1 kg Tomaten, 1 kg geputztes Gemüse (Paprikaschoten, Stangensellerie, Fenchel, Zucchini, Lauch), 100–150 ml Apfelessig (5 %ig), 1 EL Salz, 50 g Honig/Zucker, etwas Paprika, Pfeffer.
Zubereitung: Tomaten zerkleinern, ohne Wasser kochen. Durch ein Passiergerät treiben. Gemüse in kleine Stücke schneiden, bissfest vorkochen. Mit den übrigen Zutaten zur Tomatensoße geben, nochmals kurz aufkochen. Heiß in Gläser füllen, verschließen.
Verwendung: z. B. für Spaghetti, Beigabe zu kaltem Braten, Wurst, Getreide-, Gemüse- oder Fleischpflänzchen.
Dieses Gemüseallerlei in Tomatensoße wird durch die Zugabe von etwas Sahne (vor dem Servieren) noch milder.

Einlegen

Gemüseallerlei in Salz (Suppen- und Bratenwürze)
Zutaten (netto): 250 g Tomaten, 50 g Petersilienwurzeln, 100 g Lauch, 200 g Gelbe Rüben, 200 g Sellerie, 200 g jodiertes Salz.
Zubereitung: Das zerkleinerte Gemüse durch den Fleischwolf drehen oder anderweitig zerkleinern. Mit der Salzmenge gut vermischen. In Gläser geben, verschließen. Kühl und dunkel stellen. Diese Würze hält sich monatelang. Wegen des hohen Salzgehaltes sparsam verwenden.

Wirsing

Der Wirsing unterscheidet sich vom Weiß- und Blaukraut durch seine mehr oder weniger stark gekrausten Blätter, die locker übereinander liegen. Er ist außerdem weicher und leichter verdaulich, besonders in der gegarten Form.

Wie alle Kohlarten, enthält auch der Wirsing sehr viele gesundheitsfördernde Stoffe, die nicht nur segensreich in der Verdauung wirken, sondern auch die Abwehrkräfte stärken und eine wichtige Rolle spielen bei der Vorbeugung von Krebs.

Ernte

Unterschieden wird zwischen Früh-, Sommer-, Herbst-, Dauer- und Winterwirsing. Die Ernte ist somit auf mehrere Monate verteilt. Der so genannte Adventswirsing, der in klimatisch begünstigten Gebieten im Herbst gepflanzt wird und Fröste von -10 bis -15 °C verträgt, steht schon im Frühjahr zur Verfügung.

Ab Juni bis Juli ist der Frühwirsing mit seinen kleineren grau- bis dunkelgrünen Köpfen und seinen goldgelben zarten Innenblättern erntereif. Abgelöst wird er vom Sommerwirsing. Ausgeprägter im Geschmack sind die Sorten für den Herbst und Winter.

Überwinterung – Lagerung

Ausgesprochene Wintersorten möglichst lange auf dem Beet belassen. Sie vertragen leichten Frost. Geernteter Wirsing hält sich wegen seiner lockeren Struktur nicht so lange wie Weiß- oder Blaukraut. Bei der Lagerung in kühlen, nicht zu trockenen Räumen die gesunden Außenblätter stehen lassen. Sie bilden einen Schutz vor Austrocknung. Auch die im Laufe der Zeit etwas gelb oder trocken werdenden Außenschichten nicht entfernen, sonst verdunstet das Innere mehr Wasser.

Wirsing ist nicht nur gesund, sondern macht auch im Gartenbeet eine gute Figur.

Konservierungsmöglichkeiten

Milchsaure Gärung

Geputzten Wirsing vierteln, Strunk entfernen, fein hobeln oder schneiden, mit Salz (1 gestr. EL auf 1 kg Wirsing) stampfen, bis sich etwas Saft bildet. In Einmachgläser geben, fest zusammenpressen. Einige Zentimeter freilassen. Mit Holzscheibe und Abstandshalter beschweren. Das Brett muss von der Gemüselake bedeckt sein. Gummiring und Glasdeckel auflegen, mit Klammern verschließen. Etwa eine Woche im warmen Raum gären lassen, dann kühler stellen. Beschreibung der milchsauren Gärung im Allgemeinen Teil.

Tiefgefrieren

Geschnittenen oder gehobelten Wirsing 2 Minuten ins kochende Wasser geben (blanchieren). Dann in kaltem Wasser abkühlen. Gut abgetropft in Gefrierbeutel oder Behälter füllen. Haltbarkeit 6–8 Monate. Bei Fertiggerichten (geschnitten oder durch den Fleischwolf gedreht) beträgt die Haltbarkeit etwa 3 Monate.

Zucchini

Zucchini gehören in die Familie der Kürbisgewächse. Sie sind sehr fruchtbar und unempfindlicher als die Gurke. Die kalorienarmen Früchte gibt es in vielen Formen und Farben. Sie enthalten mehr Vitamine und Mineralstoffe als die Gurke. Zucchini sind vielseitig verwertbar, leicht verdaulich und helfen bei der Harnsäureausscheidung. Gichtkranke, Diabetiker und Schlankheitsbewusste profitieren davon.

Ernte

Durch Vorkultur, Überdeckung mit Folie, Vlies oder Glas ist eine Verfrühung der Ernte möglich. Sie beginnt bei einer Fruchtlänge von 15–20 cm. Schale und Samen sind noch weich und können bedenkenlos mitgegessen werden. Durch das ständige Abnehmen der Früchte wird die Pflanze zu neuer Produktion angeregt.

Bei günstigen Witterungsbedingungen wachsen Zucchini zügig. Wiederholtes Ernten in einer Woche ist nicht selten. Die Produktivität übersteigt oft den aktuellen Bedarf. Die Früchte lassen sich bei kühlen Temperaturen (z. B. im Gemüsefach des Kühlschrankes) etwa 1–2 Wochen aufbewahren. Nicht zusammen mit reifem Obst oder Gemüse lagern.

Nicht abgenommene Zucchinifrüchte entwickeln sich zu beachtlicher Größe. Die Schale wird härter, das Fruchtfleisch schwammiger. Voll ausgereift halten sie sich mehrere Wochen. Sie lassen sich dann ähnlich wie Kürbisse verwerten. Nur ältere Exemplare werden geschält und von Kernen befreit. Junge schmecken auch roh.

Konservierungsmöglichkeiten

Tiefgefrieren

Zucchini werden entweder blanchiert (2 Minuten), meistens aber unblanchiert oder als Fertiggericht (z. B. Suppe, Zucchini-Eintopf mit Hackfleisch, Zucchinikuchen) eingefroren. In der Regel das Gemüse unaufgetaut weiterverarbeiten.

Frostentsaften

Wird Wert auf Saft gelegt, lässt man das zerkleinerte Zucchinifleisch restlos auftauen. Dabei verliert es viel an Flüssigkeit (etwa 50 %), die leicht süßlich schmeckt. Wird nachgepresst (z. B. mit einer Handfruchtpresse), ist die Ausbeute noch höher. Zusammen mit Apfelsaft, Most und anderen Fruchtsäften entsteht ein gutes Getränk. Den schönsten Saft bringen goldgelbe Zucchini. Diese Mischung kann auch Grundlage für Gelee sein.

Trocknen

Junges Gemüse in dünne Scheiben schneiden, auf Trockensiebe legen. Bei 30–50 °C in einem elektrischen Dörrgerät trocknen. Dann in Gläser abfüllen, verschließen, dunkel aufbewahren. Verwendung für Suppen und Eintöpfe.

Auch Pulverisieren unmittelbar nach dem Trocknen in einem Universalzerkleinerer ist möglich. In kleinen Mengen Hackfleisch- und Knödelteigen, Gemüse- und Getreidepflänzchen beigeben.

Pasteurisieren (heiß einfüllen – einwecken)

Süßsaures Zucchini-Paprika-Gemüse

Zutaten: 1 kg gewürfelte Zucchini (dafür eignen sich ältere, geschälte Früchte), 250 g geschälte Zwiebeln, 500 g entkernte rote Paprikaschoten, 1/4 l Obstessig (5 %ig), 1/2 l Wasser, 1/4 l Apfelsaft, 100 g Honig/Zucker, 2 TL Salz, 1 TL Curry, 1 TL Senf, 1 EL Senfkörner, 1 EL Pfefferkörner, etwas Dill, nach Belieben Chilischote.

Variante: Pfeffer- und Senfkörner durch 1 TL Piment, 1 TL Fenchel, 1 TL Koriander ersetzen.

Der Zucchini-Hackfleischeintopf ist gefriergeeignet.

Zubereitung: Zucchini halbieren, die Hälften vierteln, das weiche Innere entfernen (evtl. für Zucchini-Cremesuppe verwenden), würfelig schneiden (Buntmesser). Zwiebeln in Ringe, Paprikaschoten in Streifen oder Stücke teilen. Essig, Wasser, Apfelsaft mit Zucker/Honig und den Gewürzen aufkochen. Zucchini und Paprikaschoten zugeben, zum Schluss die Zwiebeln. Einige Minuten kochen, dann in Schraubgläser füllen, verschließen.
Größere Mengen nur aufkochen. Sofort in Gläser füllen, mit Sud übergießen. 20 Minuten bei 85 °C im Wasserbad pasteurisieren.

Süßsaure Zucchinistücke

Zutaten: 1–1,5 kg Zucchini mit Schale, 3/4 l Wasser, 1/4 l Apfelessig (5 %ig), 70 g Honig/Zucker, Chilischoten, Ingwer, Nelken, Pfefferkörner, Piment, Zimtstangen.
Zubereitung: Zucchini in längliche Stücke schneiden (hängt von der Höhe des Glases ab). Das weiche Innere entfernen. Eng in Gläser schichten. Pro Glas einige Pfefferkörner oder ein kleines Stück Chilischote, nach Belieben auch 1 Nelke, 1 Pimentkorn, ein kleines Stück Ingwer und Stangenzimt zugeben. Wasser, Essig, Honig/Zucker erhitzen, über das Gemüse geben. 25 Minuten bei 85 °C im Wasserbad pasteurisieren.

Zucchini auf indische Art

Zutaten: 1 kg gehobelte Zucchini, 50–100 ml Apfelessig (5 %ig), 50–100 g Honig/Zucker, 2 gestr. TL Salz, 2 gestr. TL Curry, 1/2 TL Kurkuma, evtl. 1 Msp. Cayennepfeffer oder 1 Stück Chilischote.
Zubereitung: Zucchini hobeln, mit Essig 5–10 Min. dünsten. Gewürze zugeben. Heiß in kleine Schraubgläser füllen, schließen.
Verwendung: zu kaltem Braten, Würstchen, Käse, Gemüse-, Getreide- oder Fleischpflänzchen. Besonders mild Sauerrahm.
Variante: 1 kg gehobelte Zucchini, 250–500 g gehobelte Äpfel, 100 g Honig/Zucker, 2 gestr. TL Salz, 2 gestr. TL Curry, 100 ml Apfelessig. Zucchini lassen sich auch durch jungen Kürbis ersetzen.

Gemüseallerlei in Tomatensoße (u. a. mit Zucchini)

Rezept siehe Tomaten.

Zucchini-Apfel-Saft

Bei Überangebot Zucchini elektrisch entsaften oder den Saft durch Gefrieren gewinnen. 1 kg Zucchini liefern etwa 1/2–3/4 l Saft. Am besten mit säurehaltigen Obstsäften (Apfelsaft, Beerensäfte) vermischen. Das erfrischende Getränk hält sich im Kühlschrank einige Tage. Wird der Saft gekocht und heiß in gut schließende Flaschen gefüllt, ist eine monatelange Aufbewahrung möglich. Der Apfelsaft mit seiner Säure sollte dabei überwiegen (etwa 2/3). Dies ist für den Geschmack, aber auch für die Haltbarkeit wichtig.

Zucchini-Apfelgelee

Zutaten: 1/2 l Zucchinisaft, 1/2 l Apfelsaft, Saft einer Zitrone, 500 g Gelierzucker extra.
Zubereitung: Gewaschene, geschnittene Zucchini und säuerliche ungeschälte Äpfel mit der Schale in der elektrischen Saftzentrifuge pressen. Die Säfte mit Gelierzucker vermischen, zu Gelee kochen. Heiß in gut schließende Gläser füllen.
Variante: Die Saftmischung durch 200 ml Zucchinisaft, 500 ml Johannisbeersaft und 300 ml Apfelsaft ersetzen.

Zucchini auf indische Art

Zucchinikuchen im Glas

Wenig bekannt ist das Einwecken von Kuchen. Notwendig sind dafür Einmachgläser, die nach oben etwas weiter werden, sonst ist der Kuchen schlecht entnehmbar. Der Teig lässt sich aber auch in Kastenformen backen und dann einfrieren.

Zutaten: 3 Eier, 300 g Honig/Zucker, 200 ml Öl, 3 gehäufte TL Zimt, 3 gehäufte TL Kakao, 1 TL Haushaltsnatron oder 1 Backpulver, 400 g Vollkornweizenmehl, 400 g Zucchini.

Zubereitung: Die Eier mit Honig/Zucker und Öl gut verrühren. Die Gewürze und das Backtriebmittel mit Mehl vermischen und zur flüssigen Masse geben. Zum Schluss die grob geraspelten Zucchini beifügen. Die gut verrührte Kuchenmasse in gefettete Gläser geben (reicht für 8 Stück mit 3/8 l Inhalt) und nur zur Hälfte füllen. Die Gläser (ohne Glasdeckel) in das kalte Backrohr geben und etwa 60 Minuten bei leichter Mittelhitze backen.

Nach dem Backen die Gläser etwas abkühlen lassen, damit man weiterarbeiten kann. Ist ein Kuchen zu hoch geworden, mit einem scharfen Messer abschneiden. Einkochring auf den sauberen Rand legen, mit Glasdeckel und Klammer verschließen. 30 Minuten bei 90–100 °C im Wasserbad pasteurisieren. Ungeöffnet hält sich der Kuchen monatelang.

Zwiebel

Die gelbbraune, weiße oder rote Speisezwiebel hat ein kräftiges Aroma. Mild und saftig dagegen ist die große Gemüsezwiebel, zart schmecken die Perl- oder Silberzwiebeln, würzig und pikant die Schalotten. Auch die Schläuche sind aromatisch.

Die Zwiebel ist nicht nur ein Gewürz, sie hat den Ruf eines Allheilmittels: appetitanregend, verdauungsfördernd, harntreibend, blutdrucksenkend, mildernde Wirkung bei Hustenreiz und Insektenstichen. Magen, Leber, Galle, Bauchspeicheldrüse, Herz, Kreislauf und Blutgefäße werden günstig beeinflusst. Sie gilt als pflanzliches Antibiotikum. Besonders im Verdauungstrakt macht sich diese desinfizierende Eigenschaft positiv bemerkbar. Viele gesundheitsfördernde Substanzen (besonders schwefelhaltige ätherische Öle) werden als krebsvorbeugend und tumorhemmend eingestuft. Wirkstoffe sind sowohl in der Zwiebel wie auch im Laub anzutreffen.

Ernte

Das erste Grün ist im Frühling von den frostharten Winterheckzwiebeln zu erwarten. Geschätzt sind auch bei den Lauch- oder Bundzwiebeln, die nur einen verdickten Wurzelhals besitzen, die saftig grünen Röhren. Sie stehen schon im Mai/Juni zur Verfügung. Eigentlich kann man alle Zwiebelarten im jungen, unreifen Zustand ernten, wenn in der Küche Bedarf besteht.

Eine Besonderheit ist die Etagen- oder Ägyptische Zwiebel, die oberirdisch kleine Brutzwiebelchen ausbildet. Sowohl das Laub als auch die kleinen harten Knöllchen sind in der Küche verwertbar.

Lagerzwiebeln lässt man voll ausreifen. Der Erntezeitpunkt ist von der Sorte und vom Anbau abhängig. Den Anfang machen die winterharten Zwiebeln, die im Vorjahresherbst gesteckt wurden.

Steckzwiebeln, die im März/April in den Boden kommen, stehen im Juli zur Verfügung. Den Abschluss bilden Zwiebeln, die im Frühjahr gesät werden. Sie beenden ihr Wachstum erst im August/September, werden nicht übermäßig groß, sind aber haltbarer.

Gelb werdende Schlotten kündigen die beginnende Reife an. Niederliegendes Laub beschleunigt diesen Prozess, ebenso ein leichtes Lockern oder Umknicken der Zwiebeln mit der Grabgabel. Zu viel Stickstoff im Boden fördert die Blattmasse, verzögert die Reife und verkürzt die Haltbarkeit.

Lagerung

Zwiebeln nach der Ernte etwa 2 Wochen trocken lagern. Dann putzen, nach Belieben Zöpfe flechten, luftig an einem trockenen Ort aufhängen oder lose in Kisten geben. Dadurch verhärten sich die äußeren Schalen, sie werden goldbraun. Am besten trocken und dunkel lagern (Dachboden, Schuppen, Gartenlaube). Zwiebeln vertragen einige Minusgrade. In gefrorenem Zustand möglichst nicht drücken oder transportieren. Bei starkem Frost mit Decken schützen. Für die Haltbarkeit sind niedrige Temperaturen günstig. Die ausgereifte Zwiebel verfügt über eine faszinierende Verpackung, die sie lange Zeit frisch hält. Erst gegen Ende des Winters neigt die Zwiebel zum Austreiben, vor allem bei zu warmer Lagerung. Sie wird weich, schwammig, ein grüner Trieb erscheint. Überschüsse deshalb am besten schon vor diesen Symptomen haltbar machen.

Konservierungsmöglichkeiten

Tiefgefrieren

Lauchzwiebeln sind frisch nur begrenzt lagerfähig. Sie lassen sich, geschnitten und leicht in Fett angeschwitzt, einfrieren. Wegen des starken Geruchs dicht schließende Behälter verwenden.

Verwendung: für Suppen, Pizza, Gemüse-/Fleischgerichte.

Gefriergeeignet sind auch Fertiggerichte (Zwiebelsuppe, Zwiebelkuchen, Zwiebelgulasch, Zwiebelpizza). Haltbarkeit 3 Monate.

Pasteurisierte Schalotten, Zwiebeln in Essig und in Öl

Trocknen

Zwiebelringe auf Siebe legen, im Dörrgerät bei 30 °C trocknen. Besonders attraktiv sind rote Zwiebeln. Trocknungszeit 1/2–1 Tag, je nach Beschickung und Gerät. Verwendung für Suppen, Eintöpfe, Soßen, Braten.

Zwiebelpulver

Die gut getrockneten Zwiebeln in einer Porzellanreibschale oder in einer Küchenmaschine (am besten mit Schlagwerk) pulverisieren. Nach Belieben mit Salz vermischen. Verwendung für Suppen, Salate, Knödel, Teigwaren, Aufstriche.

Pasteurisieren (heiß einfüllen – einwecken)

Zwiebeln sind eine beliebte Beigabe beim eingemachten Gemüse. Sie schmecken aber auch für sich allein.

Schalotten – Perlzwiebeln eingemacht

Zutaten: 1/2 l Wasser, 125 ml Apfelessig (5 %ig), 10 g Salz (1–2 gestr. TL), Perlzwiebeln oder Schalotten, nach Belieben ein paar Pfefferkörner.
Zubereitung: Die geschälten Zwiebelchen in kleine Gläser geben, mit dem Sud übergießen. 25 Minuten bei 85 °C im Wasserbad pasteurisieren.

Einlegen

Zwiebeln in Essig

Nicht so mild, aber wochenlang haltbar sind Zwiebeln in Essig. Dazu Zwiebeln in Stücke oder Ringe schneiden. Mit so viel Apfelessig übergießen, dass sie bedeckt sind.
Verwendung: für Beize, Marinade, Salate.

Zwiebeln in Öl

Diese Haltbarmachung ist auf 2–3 Wochen beschränkt. Gute Kühlung ist notwendig. Solche Zwiebeln schmecken recht mild.
Zutaten: Kalt gepresstes Öl, Zwiebeln.
Zubereitung: Kleine Zwiebeln ganz lassen oder halbieren, große Exemplare in Stücke oder Scheiben schneiden. In kleine Gläser geben, mit Öl bedecken, kühl und dunkel lagern (Kühlschrank).
Verwendung: Als Beigabe zu Wurst, kaltem Braten, für Salate. Das aromatisierte Öl eignet sich gut für Marinaden.

Zwiebeln in Salz

Bevor die Zwiebeln im Frühjahr weich und schwammig werden, können sie auch durch den Fleischwolf gedreht werden.
Zutaten: 500 g Zwiebeln, 100–125 g Salz.
Zubereitung: Zwiebeln schälen, durch die grobe Lochscheibe der Fleischmaschine drehen oder mit einem anderen Küchengerät zerkleinern (nicht mixen). Mit Salz gut vermischen. In kleine Gläser geben, verschließen. Kühl und dunkel aufbewahren. Sparsam verwenden.
Variante: Zwiebeln mit anderem Wurzelwerk (z. B. Petersilie, Pastinaken, Gelbe Rüben, Lauch, Sellerie) einsalzen.

Rohe, getrocknete und pulverisierte Zwiebeln

Kräuter – Kostbarkeiten der Natur

Von den zahlreichen Pflanzen, die auf unserem Planeten gedeihen, sind im Laufe der Menschheitsgeschichte einzelne Arten als besonders wertvoll erkannt worden. Sie dienten in erster Linie zur Linderung und Heilung von Krankheiten. Doch auch die Würzkräfte, die Speisen schmackhafter machen, fanden Beachtung. In den letzten 150 Jahren verdrängte oder ersetzte die Pharmaindustrie die Naturapotheke immer mehr. So geriet manches in Vergessenheit. Erst in den letzten Jahrzehnten gewannen die Kräuter wieder an Ansehen. Mit modernen Analysemethoden entdeckt man immer wieder neue Inhaltsstoffe. Daneben gibt es noch viele Substanzen, die sich selbst den Messgeräten entziehen, deren Aufgaben nicht begreifbar oder schwer zu entschlüsseln sind. Isolierte Stoffe wirken manchmal anders als im Verbund, wo sie sich gegenseitig unterstützen, verstärken und beeinflussen (Synergismus). Das macht den Nachweis ihrer Wirksamkeit, die oft erst nach längerer Aufnahme der Kräuter eintritt, so schwierig.

So helfen Gewürz- und Heilpflanzen

- regen mit Aroma-, Duft- und Farbstoffen den Appetit an
- bringen Vitamine und Mineralstoffe mit
- fördern Bildung von Speichel, Magen- und Darmsäften
- machen die Speisen bekömmlicher
- steigern die Leistungsfähigkeit der Verdauungsorgane
- verbessern Herz- und Kreislaufleistungen
- beruhigen und stärken die Nerven
- fördern den Schlaf
- unterstützen die Selbstheilungskräfte des Körpers
- stärken die Abwehrkräfte
- schützen vor schädlichen Ablagerungen
- vernichten oder hemmen Mikroorganismen
- beugen Krankheiten vor
- wirken entzündungshemmend und krampflösend

Kräuter aus dem Garten bevorzugen

Für die Versorgung stehen uns Wild- und Gartenkräuter zur Verfügung. Beim Sammeln in der freien Natur ist das Erkennen der Pflanzen durch die Artenvielfalt wesentlich schwieriger, die Vergiftungsgefahr größer, die Einwirkung von Schädlingsbekämpfungsmitteln oder Düngemitteln nicht oder kaum erkennbar. So sind die Kamillenblüten im Getreidefeld, der Löwenzahn auf jauchegedüngten Wiesen oder der Beifuß am Wegesrand nicht immer von bester Qualität. Vieles spricht deshalb für die Kräuterernte aus dem eigenen Garten.

Eine Kräuterecke gehört in jeden Garten.

- Die Pflanzenbestimmung ist in der Regel einfacher und sicherer.
- Der eigene, umweltverträgliche Anbau ohne Chemie bürgt für Qualität.
- Der richtige Erntezeitpunkt ist durch die unmittelbare Beobachtung leichter erkennbar und nicht so schnell übersehbar (z. B. Beifuß, Löwenzahn).
- Kräuter im küchennahen Garten erleichtern die Verwendung.
- Die Zeitspanne zwischen Sammeln und Verwerten ist kurz. Inhaltsstoffe bleiben so besser erhalten.
- Die Ernte im Hausgarten ist im Gegensatz zur Ernte in Intensivkulturen noch Handarbeit. Das bedeutet mehr Schonung und eine bessere Auslese kranker, schmutziger und nicht einwandfreier Ware.

Sammeln für den Vorrat

Leider stehen nicht das ganze Jahr über frische Kräuter zur Verfügung. In der Zeit der Fülle gewinnt die Haltbarmachung an Bedeutung. Es gibt keinen einheitlichen Erntetermin. Standort, Witterungsverlauf, Verfrühung durch Vorziehen in warmen Räumen, Überdecken mit Folie und Vlies oder etappenweiser Anbau verschiebt oder verlängert die Erntezeit.

Für das Sammeln gibt es ein paar allgemeine Grundsätze:
- Feuchtes Wetter für die Ernte meiden. Nach einer Regenperiode einige sonnige Tage abwarten. Die späten Vormittagsstunden bevorzugen.
- Blätter von Gewürz- u. Heilpflanzen i.d.R. vor der Blüte pflücken.
- In den Triebspitzen konzentrieren sich die Aroma- und Duftstoffe. Durch das Zurückschneiden wird die Blütenbildung zurückgedrängt, die Pflanze entwickelt mehr Seitentriebe und wird buschiger. Oft ist dadurch eine zwei- bis dreimalige Ernte möglich.
- Für Blüten ist die beste Erntezeit kurz nach dem Aufblühen. Halbverblühtes ist keine erstklassige Qualität.

Konservierungsmöglichkeiten

Trocknen – Aufbewahrung – Verwendung

Nach wie vor ist das **Trocknen** (ausführliche Beschreibung im Allgemeinen Teil) eine bewährte Methode. Die meisten Kräuter sind geeignet. Einige bereiten Probleme, vor allem ohne Trocknungsgerät. So dauert der Wasserentzug bei Basilikum lange. Blüten der Königskerze werden schnell dunkel, wenn keine zügige Trocknung erfolgt. Manches verliert seinen typischen Geschmack (z. B. Schnittlauch). Trotzdem sind Kräuter mit weniger Aroma nicht wertlos. Mineral- und Ballaststoffe bleiben recht gut erhalten.

Einige Kräuter (z. B. Bohnenkraut, Rosmarin, Salbei, Thymian) sind auch nach dem Trocknen noch ausdrucksstark.

So wird's gemacht:
- Das Trockengut von dicken Stängeln befreien. Blätter abzupfen, Dolden zerlegen, nach Bedarf auch zerkleinern (z. B. Wurzeln).
- Flach auf farblose Baumwolltücher oder Siebe ausbreiten.
- Blüten und abgeschnittene Samenstände gebündelt aufhängen (mit dem Kopf nach unten).
- Nicht in der prallen Sonne oder im Backofen trocknen. Kräuter enthalten besonders viele leicht flüchtige Aromastoffe.
- Günstig ist ein schattiger, luftiger, staubfreier Ort.
- Elektrische Trocknungsgeräte leisten besonders bei ungünstiger Witterung gute Dienste. Die Temperatur auf 30 °C einstellen. In manchen Geräten ist sie für Kräuter zu hoch (über 35 °C).
- Wasserentzug bei Wurzeln ist langwieriger (evtl. tiefgefrieren).
- Die Ware ist trocken, wenn die Blätter rascheln, die Stängel und Wurzeln brüchig sind. Zu wenig Getrocknetes schimmelt auf dem Lager und riecht muffig.
- Wertstoffe bleiben bei zügiger, schonender Trocknung weitgehend erhalten. Farbe, Geruch sind gute Kennzeichen für Qualität.

Kräuter beim Trocknen im selbst gebauten Trockenschrank

Aufbewahrung: Getrocknete Kräuter und Gewürze locker in die Gläser geben, nicht zu fest stopfen.

Die Blüten müssen besonders gut getrocknet sein. Beschriftung (Inhaltsangabe, Datum) nicht vergessen. Dunkel, trocken und kühl (Speisekammer) aufbewahren. In luftdurchlässigen Kartonschachteln, Papier- oder Stoffsäckchen nehmen die Kräuter bei hoher Luftfeuchtigkeit Wasser auf, es besteht Schimmelgefahr.

Die Unterbringung von Gewürzen in einem offenen Regal über dem Küchenherd ist zwar praktisch, sie sind hier aber zu stark den Kochdämpfen und dem Licht ausgesetzt.

Verwendung: Große Samenkörner (z. B. Anis, Fenchel, Koriander, Kümmel, Mariendistel) vor der Anwendung etwas zerstoßen oder quetschen, damit die Wirkstoffe leichter frei werden.
Unmittelbar nach dem Trocknen, wenn alles noch raschelt und knistert, lassen sich Küchenkräuter auch rebeln oder pulverisieren (Porzellanreibe, handbetriebene Tee- oder Kaffeemühle). Harte, grobe Teile aussieben.

Kräutersalz

Durch Verreiben mit Salz lässt sich aromatisches Kräutersalz herstellen. Der Kräuteranteil liegt bei 10–20 %. Er kann ohne Weiteres erhöht werden, weil das Getrocknete im Gegensatz zu frischer, wasserreicher Ware nicht auf die konservierende Wirkung des Salzes angewiesen ist. Nach Belieben eigene Mischungen herstellen. Es darf experimentiert werden.

Tiefgefrieren

Wenn die Witterung für das Trocknen nicht ideal ist, bietet sich die Tiefkühlung an. Die Gefriertauglichkeit ist wie beim Trocknen unterschiedlich. Manches wird allerdings durch längere Lagerung (über 3 Monate) strenger und intensiver im Geschmack (Basilikum, Dill, Estragon, Salbei, Thymian), anderes schwächer (Bohnenkraut, Oregano). Die Gefriertauglichkeit mit kleinen Mengen testen.

Diese Art der Konservierung benötigt nicht viel Zeit und Platz. Grundsätzlich werden Kräuter nicht blanchiert. Sie verlieren sonst an Würzkraft. Kräuter als Büschel oder zerkleinert eingefrieren. Gefrostete Ware lässt sich meist auch gut zerreiben (Petersilie).

Eiswürfel

Zerkleinerte Kräuter in die Eisschale geben, mit Wasser übergießen, eingefrieren. Nach dem Festwerden herausnehmen, teilen. Einzeln in ein Stück Gefrierfolie wickeln, dann erst zusammen in einen Gefrierbeutel oder Behälter geben. So kleben die Teile nicht zusammen und sind dann leicht einzeln entnehmbar.

Kleine Glasbehälter mit Schraubverschluss

Manche Kräuter „duften" im Tiefkühlgerät (besonders Schnittlauch und Bärlauch), wenn sie nicht dicht verpackt sind. Gläser lassen das Aroma nicht nach außen dringen. Nach der Kräuterentnahme ist ein erneutes Verschließen leicht möglich.

Tipp: Kräuter möglichst gefroren verwenden, nicht auftauen, denn Geschmack und Aussehen leiden sonst.

Einlegen

Kräuter in Essig

Kräuter lassen sich wochenlang in Essig konservieren, ohne dass sie verderben. Wasserlösliche Bestandteile werden dabei ausgelaugt. Ganze oder geschnittene Kräuter 2–4 Wochen ziehen lassen, dann abseihen oder mitverwerten. Ist der Geschmack zu intensiv, ist eine Verdünnung durch Zugabe von Essig leicht möglich.

Verwendung: für Salatmarinaden, zum Konservieren von Gemüse oder verdünnt als Getränk (1 TL Kräuteressig, ein Glas Wasser/Apfelsaft, nach Bedarf Honig).

Kräuter in Salz

Für sich allein oder zusammen mit aromatischem Wurzelgemüse (z. B. Sellerie, Gelbe Rüben, Pastinaken, Petersilienwurzeln) lassen sich Kräuter auch durch Salz haltbar machen. Dazu die Kräuter und das Gemüse sehr fein zerkleinern, aber nicht mixen. Am besten durch den Fleischwolf drehen. 4 Gewichtsteile Kräuter/Gemüse (z. B. 100 g) mit 1 Gewichtsteil Salz (z. B. 25 g) gut vermischen. In Gläser füllen, verschließen, dunkel aufbewahren. Das Gemisch hält sich auch außerhalb des Kühlschrankes monatelang.

Vorbereiten der Kräuter für das Einsalzen

Verwendung: für Suppen, Soßen, Aufläufe, Eintöpfe, Fleisch- und Gemüsegerichte verwenden verwenden.

Kräuter in Öl

Das sonst so wertvolle kalt gepresste Öl ist kein gutes Konservierungsmittel, denn es hält sich nach dem Öffnen gekühlt nur ein paar Wochen. Es wird durch den Sauerstoff der Luft leicht ranzig. Besonders empfindlich reagiert das Öl auf die Zugabe frischer Kräuter, die viel Wasser mitbringen. Bei größeren Mengen besteht leicht Schimmelgefahr.

Besser ist das Ergebnis bei Verwendung getrockneter Kräuter. Einlegen in Öl ist eigentlich keine Konservierung, sondern nur eine Aromatisierung des Öls durch die fettlöslichen Aroma-, Duft- und Farbstoffe.

So wird's gemacht: Küchenkräuter (am besten etwas angetrocknet) schneiden, in kleine Gläser geben, mit Oliven- oder Sonnenblumenöl übergießen, sodass sie gut bedeckt sind. Keine großen Mengen herstellen, lieber regelmäßig neu ansetzen. Kräuteröl kühl und dunkel (Kühlschrank) aufbewahren. Innerhalb von 2–4 Wochen verbrauchen. Die Haltbarkeit lässt sich durch Zugabe von Salz etwas verbessern.

Verwendung: für Salat, gekochtes Gemüse, zum Einlegen oder Einreiben von Fleisch (z. B. Lamm in Rosmarinöl), für Kräuterkartoffeln und Kräutersoßen.

Kräuterbutter mit Schnittlauch, Bärlauch, Kerbel und Rukola

Kräuterbutter

Kräuter wie Basilikum, Boretsch, Dill, Estragon, Gundelrebe, Kerbel, Lavendel, Liebstöckel, Melisse, Petersilie, Portulak, Salbei, Sauerampfer, Schnittlauch, Thymian oder Ysop bringen Aroma in die Butter. Zuerst immer nur mit einem Gewürzkraut und mit einer kleinen Menge Butter experimentieren, bevor Mischungen zusammengestellt werden.

So wird's gemacht: Die Kräuter fein schneiden. Mit nicht zu kalter Butter, wenig Salz und Zitronensaft gut vermischen. Für den baldigen Verbrauch in den Kühlschrank geben oder längerfristig eingefrieren. Um Geruchsbelästigungen zu vermeiden, Gläser für die Aufbewahrung bevorzugen.

Verwendung: als Brotaufstrich, zu Fisch- und Fleischgerichten, Krustentieren.

Kräuter in Alkohol

Die Inhaltsstoffe der Pflanzen können wasser-, fett- oder alkohollöslich sein. Bekannt ist z. B. die Waldmeisterbowle. Pfefferminze, Rosmarin, Zitronenmelisse und Ysop lassen sich ebenfalls in Wein einlegen. Sie geben dann einen Teil ihrer Aromastoffe ab.

Kräuter in Honig

Kräuter, die bei Erkältungskrankheiten, besonders bei Husten Linderung bringen, lassen sich in geringer Menge im Honig konservieren. Geeignet sind Engelwurz, Pfefferminze, Thymian und Ysop. Die Kräuter fein schneiden, in den flüssigen Honig einlegen.

Verwendung: Als Brotaufstrich essen oder in den warmen, aber nicht heißen Tee geben.

Frische Küchenkräuter und ihre Verwendung

In frischem Zustand enthalten Kräuter all ihre guten Eigenschaften. Deshalb möglichst viel unerhitzt genießen oder erst zum Schluss den Gerichten beifügen. Um die jeweilige Geschmacksnote besser kennen zu lernen, eine kleine Menge kauen oder das Butterbrot damit belegen. Zum Testen eignen sich auch gekochte, zerdrückte Kartoffeln und zerkleinerte, mit Öl vermischte Kräuter sehr gut.

Bei Blattsalaten die Kräuter nicht immer nur schneiden, hacken, pressen oder quetschen, denn dadurch entweichen Säfte, Aroma- und Vitalstoffe. Besser einzelne Blätter (z. B. Pfefferminze, Rukola, Zitronenmelisse, Sauerampfer, Gänseblümchen) unzerteilt einem Mischsalat beigeben. Bei Gerichten zuerst nur ein Küchenkraut einsetzen. Erst später mit Mischungen experimentieren.

Erprobte Mischungen:

- Basilikum, Bohnenkraut, Rosmarin (Pfefferersatz)
- Beifuß, Liebstöckel, Majoran, Selleriegrün
- Estragon, Kerbel, Petersilie
- Dill, Estragon, Petersilie, Zitronenmelisse
- Bohnenkraut, Dill, Lavendel, Salbei
- Oregano, Rosmarin, Thymian
- Estragon, Pimpinelle

Wildkräuter

In die Liste der Küchenkräuter wurden auch Wildpflanzen (Franzosenkraut, Gänseblümchen, Giersch, Löwenzahn, Sauerampfer) aufgenommen, die sich in jedem naturnahen Garten in der Regel von selbst einstellen. Obwohl sie nicht besonders gepflegt und gehegt werden müssen, sind sie eiweißreicher und haben wesentlich höhere Vitamin- und Mineralstoffgehalte als die Kulturpflanzen.

Das als Unkraut eingestufte Franzosenkraut liefert 10- bis 15-mal mehr Eisen und Kalzium als die Blattsalate. Das Gänseblümchen hat überwiegend bessere innere Werte als der ohnehin schon gut ausgestattete Feldsalat. Mit dem Vitamin-C-Gehalt vom Giersch und dem Eisengehalt des Sauerampfers kann sich kein Kulturgemüse messen. Der Löwenzahn wiederum hat sehr gute Kalzium-, Eisen- und Provitamin-A-Werte.

Dazu kommen noch die vielen bioaktiven Substanzen, die sich einer Messung in Zahlen entziehen. Die Beigabe von Wildpflanzen ist somit eine wirklich äußerst sinnvolle Bereicherung unserer täglichen Kost.

Im klassischen alten Bauerngarten war für alles Platz, Obst, Gemüse, Blumen, Sträucher und natürlich auch für Kräuter.

Küchenkräuter – Konservierungsmöglichkeiten

	Trocknen	Tiefgefrieren	Einlegen	Besonderheiten
Anis	***	*	Essig – Öl	
Basilikum	*	**	Essig – Öl – Salz	trocknet langsam, verträglich mit Rosmarin, Bohnenkraut
Beifuß	***		Essig – Öl	Rispen vor der Blüte ernten
Bohnenkraut	***	*	Essig – Öl	verträglich mit Majoran, Liebstöckel, Selleriegrün
Boretsch		*	Essig (Blüten)	gute Bienenweide
Dill	*	*	Essig (Dolden) – Öl	Samen sind Kümmelersatz
Engelwurz	*		Zucker (Stängel) – Wein	auch die Wurzel ist aromatisch
Estragon	*	*	Essig – Öl	Deutscher Estragon ist aromatischer
Franzosenkraut	*	*		Spitzenwerte bei Eisen- und Karotingehalt
Gänseblümchen	* (Blüten)	*		viel Vitamin C, Provitamin A
Giersch	*	*		jung ernten – reichlich Karotin
Gundelrebe	*			steht schon frühzeitig zur Verfügung
Kerbel	*	**	Salz – Essig	verträglich mit Estragon und Schnittlauch
Koriander	** (Samen)	* (Blätter)		vor der Vollreife trocknen
Kümmel	** (Samen)			schmeckt auch pulverisiert
Lavendel	***	**	Essig – Öl	Duftkissen – Gebinde
Liebstöckel	***	*	Essig – Öl	vorsichtig dosieren
Löffelkraut			Salz	winterharte Blätter
Löwenzahn	** (Blüten)	* (Wurzeln)	Essig (Blüten)	viel Vitamin C
Majoran	***	*	Essig – Öl	Duftkissen – verträglich mit Thymian
Melisse	**	*	Essig – Wein	gute Bienenweide
Oregano (Dost)	***	*	Öl	Duftkissen – Gebinde, verträgl. m. Rosmarin, Thymian
Petersilie	**	***	Salz	
Pfefferminze	***	*	Essig – Öl – Wein	
Pimpinelle	*	*	Essig – Öl – Salz	verträglich mit Estragon und Thymian
Portulak			Salz	Winter- und Sommerportulak
Rosmarin	***	*	Essig – Öl – Wein	verträglich mit Thymian, Oregano
Rukola		*		wiederholt aussäen
Salbei	*	*	Essig – Öl	Duftkissen
Sauerampfer				viel Vitamin C, Provitamin A
Schabziger Klee	***		Essig	Blätter und Samen trocknen
Schnittlauch	*	*	Essig – Öl	Blüten (Gebinde)
Senf	*	**	Essig	Blätter enthalten viele Biostoffe
Thymian	***	*	Essig – Öl	Winterschutz geben
Weinraute	*			schwach dosieren
Ysop	*	*	Öl – Wein	

Küchenkräuter – Verwendung

Anis	Blätter für Gemüse, Salate; Samen für Birnenkompott, Blaukraut, Brot, Gebäck, Kohl, Gelbe Rüben, Obstsalat, Rote Rüben, Süßspeisen, Tee, Zwetschgenmus
Basilikum	Auberginen, Eierspeisen, Fleisch, Grüne Soße, Hülsenfrüchte, Kaninchen, Kräuterbutter, südliche Gerichte, Teigwaren, Tomaten – nicht mitkochen
Beifuß	Rispen für Aal, Eier, Ente, Gans, Hammel, Hülsenfrüchte, Kartoffeln, Gelbe Rüben, Leberwurstgewürz, Salatgewürz (ungetrocknet), Schmalz, Schweinebraten (fett)
Bohnenkraut	Eierspeisen, Eintöpfe, Fisch, Gurken, Hülsenfrüchte, Kartoffelsuppe, Leberwurstgewürz, Pilze, Kohlrüben, Schaffleisch, vegetarische Bratlinge, Tomaten, Tee
Boretsch	Brotaufstrich, Eierspeisen, Fisch, Garnierung (Blüten), Gemüse, Gurken, Kräuterbutter, Kräutersoße, Quark, Salate, Tee – nicht mitkochen
Dill	Butterbrot, Fisch, Eierspeisen, Grüne Soße, Gurken, Kartoffeln, Kräuterbutter, Gelbe Rüben, Quark, Sauerkraut (Samen), Tee – Dillgrün nicht mitkochen
Engelwurz	Junge Blätter für Gemüse, Salat, Suppe; Stängel zum Kandieren, Aromatisieren von Zucker, Verwendung für Süßspeisen, Gebäck
Estragon	Eierspeisen, Fisch, Fleisch, französische Gerichte, Grüne Soße, Kartoffeln, Kräuterbutter, Pilze, Sauergemüse, Salat-, Suppengewürz, Senf, Sauerbraten
Franzosenkraut	Butterbrot, Gemüse, Kartoffeln, Kräuterpfannkuchen, Kräutersoße, Quark, Salat- und Spinatbeigabe, Suppe
Gänseblümchen	Beigabe zu Feldsalat, Frühlingssalat, auf das Butterbrot, Garnierung (Blüten), Kräutersoße, Quark, Suppe, Tee (Blüten)
Giersch	Beigabe zu Spinat, Brennnesseln, Bärlauch, Gemüseauflauf, Kartoffeln, Kräuterpfannkuchen, Omelett, Suppe
Gundelrebe	Kartoffeln, Kräuterbutter, Kräuterpfannkuchen, Salatgewürz, Suppe, Tee – nicht mitkochen
Kerbel	Butterbrot, Fisch, Kartoffeln, Kräuterbutter, Gelbe Rüben, Quark, Rühreier, Salatgewürz, Suppe, Tee – nicht mitkochen
Koriander	Blätter für asiatische Gerichte, Samen für Blaukraut, Brot, Eintopf, Fleisch, Kartoffelaufstrich, Lebkuchen, Gelbe Rüben, Pflaumenmus, Rote Rüben, Sauerkraut, Wild
Kümmel	Blätter für Salatbeigabe; Samen für Brot, Fleisch, Gebäck, Hülsenfrüchte, Kartoffeln, Kohl, Quark, Rote Rüben
Lavendel	Fisch, Hammelfleisch, Kräuterbutter, Tee
Liebstöckel	Eintopf, Fisch-, Fleisch-, Gemüsebrühe, Hülsenfrüchte, Kartoffeln, Kräuterbutter, Quark
Löffelkraut	Butterbrot, Kartoffeln, Kräuterbutter, Quark, Rote Rüben, Sauermilch, Salatbeigabe. Sehr intensiv (bitter) – sparsam verwenden

Küchenkräuter – Verwendung

Löwenzahn	Blätter, fein geschnittene Wurzeln und Blüten (ohne Grün) für Salatbeigabe; Blüten für Tee und zum Einlegen in Essig
Majoran	Brotaufstrich, Eierspeisen, Eintopf, Fleisch, Hülsenfrüchte, Kartoffeln, Leberknödel, Pilze, Schmalz, Wurstgewürz, Tee
Melisse	Butterbrot, Fisch, Getränke, Kräuterbutter, Lammfleisch, Gelbe-Rüben-Rohkost, Pilze, Quark, Salatbeigabe – nicht mitkochen
Oregano (Dost)	Auberginen, Brotaufstrich, Fleisch, Hülsenfrüchte, italienische Gerichte, Kartoffeln, Pilze, Pizza, Tomaten, Zucchini
Petersilie	Auflauf, Eierspeisen, Fleisch, Garnierung, Gemüse, Hülsenfrüchte, Kartoffeln, Kräuterbutter, Suppe
Pfefferminze	Auberginen, Erbsen, Erfrischungsgetränke, Fisch, Fleisch, Gelee, Kartoffeln, Kräuterbutter, Gelbe Rüben, Salatbeigabe, Tomaten
Pimpinelle	Butterbrot, Fisch, Eierspeisen, Gemüse, Kartoffeln, Kräuterbutter, Quark, Salatgewürz, Tomaten – nicht mitkochen
Portulak	Butterbrot, Eierspeisen, Gemüse, Gurken, Kartoffeln, Kräuterbutter, Paprikaschoten, Salatgewürz – nicht mitkochen
Rukola/Rauke	Brotbelag, Kartoffeln, Quark, Salatbeigabe, südländische Gerichte, Teigwaren, Tomaten
Rosmarin	Auberginen, Eierspeisen, Fisch, Geflügel, Gegrilltes, Gurken, Kartoffeln, Lamm, Omlett, Pilze, Quark, Wild, Zucchini
Salbei	Aal, Gans, Grillspieße, Hammel, italienische Gerichte, Kaninchen, Kartoffeln, Kräuterbutter, Lamm, Pizza, Teigwaren, Tomaten, Tee, Truthahn, Wild
Sauerampfer	Eier, Fisch, Frühlingssalate, Grüne Soße, Kräuterbutter, Quark, Suppe
Schabziger Klee	Brot, Kartoffeln, Käse, Quark, vegetarische Bratlinge
Schnittlauch	Brotaufstrich, Garnierung, Grüne Soße, Gurken, Kartoffeln, Kräuterbutter, Quark, Rührei, Salatgewürz, Suppe, Tomaten – nicht mitkochen.
Senf	Blätter für Brotbelag, Salate, Quark, Spinat; Samen für Einmachen von Sauergemüse (Bohnen, Gurken, Kürbis, Rote Rüben, Zucchini)
Thymian	Auberginen, Ente, Erbsen, Fleisch, Gänseschmalz, Griebenfett, Kartoffeln, Kohl, Kräuterbutter, Leberknödel, Pizza, südländische Gerichte, Wild, Wurstgewürz
Weinraute	Butterbrot, Kartoffeln, Quark, Fleisch, Salatgewürz – Überdosierung ist schädlich
Ysop	Bohnen, Fisch, Fleisch, Hülsenfrüchte, Kartoffeln, Kräutersoße, Kräuterbutter, Quark, Sellerie, Tomaten, Tee – nicht mitkochen

Rezeptverzeichnis

Stichwortverzeichnis

Aus dem Verlagsprogramm

Gesundheit aus dem Garten

Hermine Hofbauer

Aus dem Garten in die Küche

Die 271 Rezepte sind abgestimmt auf die Jahreszeiten. Im Mittelpunkt stehen Gerichte mit Obst und Gemüse, ergänzt durch Vollkorn, Fisch und Fleisch. Großer Wert wird auf das Eigenaroma, auf Kräuter und auf die Erhaltung der Nährstoffe gelegt.

21 x 20 cm, gebunden, 300 Seiten, 291 Farbbilder

€ 15,00

Dr. Eleonore Hohenberger

Gewürzkräuter und Heilpflanzen

Beschrieben werden der Anbau, die Ernte sowie die Inhaltsstoffe und deren medizinische Wirkung und Anwendung. Zu den wichtigsten Pflanzen gibt es Rezepte für die Verwendung in der Küche bzw. für die Herstellung von Tees, Salben, Säften, Tinkturen.

21 x 20 cm, broschiert, 84 Seiten, 109 Farbbilder, 89 Pflanzen

€ 7,50

Gemüse

Siegfried Stein

Gemüse und Kräuter

Das Buch enthält in der notwendigen Kürze, aber fachlichen Tiefe alles Wichtige zum Gemüseanbau: Fruchtfolge und Mischkulturen, Hoch-, Hügel-, Kraterbeete, Anbau auf Balkon und Terrasse, Freiland und Gewächshaus, Standardkulturen und Raritäten.

21 x 20 cm, broschiert, 160 Seiten, 265 Farbbilder, 10 Grafiken und Zeichn.

€ 17,90

Garten

Dr. Eleonore Hohenberger

Der Bauerngarten im Wandel der Zeit

In Bauerngärten steckt die Gartenweisheit von Generationen. Diese Gärten ändern sich zwar ebenso wie die Zeit, jedoch viel behutsamer. Sie bilden heute mit ihrer Vielseitigkeit einen guten Kompromiss zwischen übertrieben gepflegten und allzu naturnahen Gärten.

21 x 20 cm, broschiert, 56 Seiten, 78 Farbbilder

€ 4,50

Die Garten- und Versandbuchhandlung des Obst- und Gartenbauverlages

- Über 2.000 verschiedene Fachbücher
- Modernes Antiquariat
- Qualitäts-Gartenwerkzeuge wie Scheren, Sägen, Messer
- Fachzeitschrift »Der praktische Gartenratgeber«

Obst- und Gartenbauverlag
Herzog-Heinrich-Straße 21 · 80336 München
Telefon (0 89) 54 43 05-14/15 · Fax (0 89) 54 43 05 41
E-Mail bestellung@gartenbauvereine.org
Online-Shop www.gartenratgeber.de/shop

U-Bahnstation Goetheplatz, Parkplätze direkt vor dem Haus
Öffnungszeiten: Mo–Do 8–16.30 Uhr, Fr 8–14 Uhr